부처님께 다가서는
법사의 고백

불광출판부

부처님께 다가서는
법사의 고백

1997. 3 . 15 초판 인쇄
1997. 3 . 18 초판 발행

펴낸곳/불광출판부
펴낸이/고병완
지은이/목정배

등록번호 제 1-183호(1979.10.10)
ISBN 89-7479-306-7

138 · 190 서울 송파구 석촌동 160-1

대표전화 420 · 3200
편 집 부 420 · 3300
팩시밀리 420 · 3400

잘못된 책은 바꾸어 드립니다.

값 9,000원

부처님께 다가서는
법사의 고백

머 리 말

　한시도 부처님을 떠나 있지 않으려고 기도하였다. 아니 한 찰나의 순간일지라도 부처님과 함께 살려고 정진하였다. 불자로서 당연한 일임에도 불구하고 이러한 말을 하는 것은 스스로 불자라고 하는 자부심을 갖기 위한 욕심에서 비롯된 것일는지도 모른다.

　어찌 사람의 생활이 한시 한 찰나 중에도 일행삼매로써 부처님께 귀명하고 예경하면서 살 수 있을까 하고 반문해 본다. 이렇게 반성하고 참회하는 것이 올바른 생각일 것이다. 그렇지만 한시의 그림자 속에서도 한 찰나의 번갯불 속에서도 부처님께 다가서는 믿음이 있어야 한다고 생각한다. 애타게 염념하고 상속하는 일념이 있어야 한다. 그 일념이 한시와 찰나에서 솟구쳐 올라오는 빛이 되어야 하므로….

　어릴 때부터 부처님께 꽃공양을 올리거나 향불을 사를 때 어디서 오는지 모르지만 나는 번개전기를 맞은 사람처럼 전율을 느꼈다. 어떤 때는 백팔배를 드리려고 하다 삼배도 올리지 못하고 마룻바닥에 눈물을 떨어뜨릴 때도 있었다.

　믿음이 상향하는 기별인지 모른다. 이러한 세월 속에서 나는 부처님 세계에서 성장하며 구법자가 되었다. 용케도 지금 이러한 말을 하는 것은 가피 입은 본유가 아닌가 하고 생각해 본다.

해마다 새해가 될 때마다 부처님의 일을 더 올곧게 하겠다는 새로운 발원을 세워보았지만 급기야는 어제의 생각에 머물고 더 나아가지 못한 채 다릿목에서 멈추어 서 있는 허망한 몸체를 볼 때 나는 또 자신을 매질하고 싶었다. 그러나 그 매질을 맞을 몸매가 허환으로 날아다니고 있는 신기루이니 이 망상을 어쩌랴.

그리하여 열심히 글도 써보고 강의도 하고 법회에도 참여하였지만 무슨 말을 어떻게 쓰고 하였는지 무명실행이 되었으니 스스로가 가엾기 그지없다.

부처님께서도 발제하를 건너면서 한 말씀도 남기지 아니 하였다고 하셨는데 웬 변명이 이렇게 너절한가.

참으로 부끄럽다. 오늘 새벽에도 참회하는 발원을 부처님께 드리고 싶다. 그러나 한 십여 년 말해 온 것을 버릴 수 없다는 허욕이 앞서 이러한 책을 엮게 되었다. 망념의 푸닥거리일 것이다.

고맙게도 차차석 박사, 한중광 석사가 정리하고 불광출판부 남동화 보살이 살펴주어 이만한 책이 나오게 되었으니 감사하다.

다시 한번 이 책은 나 자신이 부처님께 다가서는 고백록임을 밝혀 두는 바이다.

1997년 3월 1일
목정배 씀

목차

제1장
불교의 생명사상

대승불교의 생명관 ·· 13

무상의 생명철학 ·· 30

생명해방의 노래 ·· 34

어둠 속에서 터져나온 생명의 광명이여 ·· 38

생명의 원무(圓舞) ·· 42

초목성불 ·· 47

사람은 제 몸 아픈 줄은 알건만 ·· 51

여래자연(如來自然) ·· 56

그린운동은 중생그린으로 ·· 59

산에게 물어보라 ·· 63

소에 코뚜레를 씌운 것이 자랑인가 수치인가 ·· 68

숲 속의 생각 ·· 72

제2장
부처님께 다가서는 법사의 고백

정법안장을 위한 깃발 ·· **77**
법사의 행군 ·· **81**
법사의 생명 ·· **87**
법사는 구법하자 ·· **89**
법사는 수행하자 ·· **92**
법사는 교화하자 ·· **95**
전법도생의 선구자가 되자 ·· **99**
화합의 복밭을 가꾸자 ·· **101**
부루나와 이차돈의 정신으로 법사의 길 나서자 ·· **103**
대중불교결사의 좌표 ·· **107**
대중불교의 나아가야 할 방향 ·· **110**
불교교설의 현대화 ·· **116**
불교의식의 참뜻 ·· **121**
포교의 길 ·· **127**
만해의 포교정신 ·· **132**
청소년은 불교의 보고이다 ·· **136**

제3장
불교의 미래에 대한 연서(戀書)

한국불교의 어제와 오늘 ·· 143
종교다원사회에서의 한국불교의 역할 ·· 153
한국불교 최상대승선(最上大乘船)으로 ·· 158
삼국유사에 나타난 불교이야기 ·· 162
역사의 공간 ·· 173
역사를 재생하는 힘은 신앙을 재생함으로써 가능하다 ·· 177
한국의 멋 ·· 180
우리 나라 모두 사랑 ·· 189
보여지는 선심(禪心) ·· 194
비밀을 깨고 잠을 깨고 ·· 199
토종을 찾습니다 ·· 203
사찰의 본질 ·· 207
사찰의 위치 ·· 210
사원경제의 활성화 ·· 214

제4장
삼성반월(三星半月)과 그 파문

오늘은 광명의 날, 부처님 오신 날 ·· 221
초파일의 큰 잔치 ·· 225
네 마음 내 마음 ·· 231
비켜서는 마음 ·· 234
밝은 마음, 맑은 얼굴 ·· 237
선생님의 어떤 말씀 ·· 240
무더운 여름날은 부처님의 농사 ·· 243
위대한 자비 그 힘살 ·· 246
원한 저쪽의 한마음 ·· 252
단상(斷想)의 가을소식 ·· 257
내외명철(內外明徹)한 깨달음의 삶 ·· 260
다시금 태어난다 ·· 264
민주의식과 불교 ·· 268
제법실상을 여실히 보려면 심안이 열려야 한다 ·· 273
그리운 금강산아 ·· 276
욕망의 늪은 스스로가 만든다 ·· 278

방종은 정업을 좀 먹는다 ·· **280**

지나친 것은 모자람만 못하다 ·· **282**

중국인이 바라고 있는 물은 자유라는 감로이다 ·· **284**

애욕의 습지에는 번뇌가 무성하다 ·· **287**

자기청정을 희구하려면 물을 맑히라 ·· **289**

악인은 침묵으로 대하라 ·· **292**

공영방송은 중도를 지켜라 ·· **297**

제5장
귀의삼보하는 능동자

답답한 여름, 시원한 바람을 그리며 ·· **303**

귀의삼보하는 능동자 ·· **307**

관용만이 자비는 아니다 ·· **311**

어쨌거나, 항상 남을 위하여 ·· **315**

우리 하나가 되어 ·· **319**

밀어 붙이는 것만이 힘인가 ·· **323**

뒤섞인 문화구조 ·· **327**

아부지는 할 말이 없데이 ·· 331

순수 너는 고요함이어라 ·· 336

우리가 살고 있는 세계에도 아귀는 있다 ·· 340

인과에는 엄연한 질서가 있다 ·· 344

불자들 마음 속의 최루의 미진은 누가 세척하여 줄 것인가 ·· 349

거품으로 채우는 그대의 마음 ·· 354

이 세상 아무렇게나 살아서는 안 된다 ·· 359

잘못 했으면 고칠 줄 알자 ·· 363

하고 싶은 대로 함은 자유가 아니다 ·· 368

행복과 불행을 가르는 업장 ·· 373

발심한 선덕화 ·· 378

삶의 질 유감 ·· 382

제1장
불교의 생명사상

유마경에도 말씀하고 있다.
마음이 청정하면 국토가 청정하게 된다고.
마음이 그린이 되어야 자연도 그린이 되는 것이다.
여기에서 우리는 연기 상응의 교설과 맞닿게 된다.
연기사상은 하나와 하나의 생성은 일체의 생성과
깊은 관계가 있는 연기무진의 관계임을 인식하여야 한다.
이것이 화엄의 연기사상이다.
불교를 신앙하는 불자들은 이 연기무진의 법을 깨치고서
다른 사람들을 깨우치기 위하여
길거리로 나와야 한다.

대승불교의 생명관

생명의 존엄성을 현양하는 계율은 대중들에게 더욱 부각되고 있다. 열반을 추구하는 아라한의 길을 소승이라 비판하고 깨달음을 구하면서도 중생을 제도하는 자리이타적인 보살을 이상적인 인간상으로 부각시킨 대승불교는 자비의 실천적 입장을 강조하여, 생명에 대한 존중이 나타나는 것이다.

대승계율에 대하여 밝히고 있는 『범망경』 또한 뭇 생명 있는 존재의 가치를 여실하게 보여주고 있다. 『범망경』에서는 10중 48경계를 설하고 있는데 맨 처음에 즉 제1중계로서 불살계를 설하는 것 뿐만 아니라 불살생계와 직접 간접으로 관계되는 계율을 보이고 있다. 보살의 10중계로서 불살계뿐만 아니라, 48경계 중에서도 제3경계는 식육계, 제10경계는 축살생구계, 11경계는 통국사명계, 제12경계는 뇌타판매계, 제14경계는 방화손생계, 제20경계는 불구존망계 등의 6항목을 실시하고 있다. 이것을 잘 살펴보면 생명의 존엄성을 파악하게 될 것이다.

큰 수레, 대승의 계율을 대표하는 『범망경』은 10중계의 첫째로서 '살생하지 말라'는 살생계에 대하여 밝히고 있다.

부처님께서 말씀하셨다.

"불자들아! 직접 죽이거나 남을 시켜 죽이거나 방편을 써서 죽이거나 칭찬을 해서 죽게 하거나 죽이는 것을 보고 기뻐하거나 주문을 외서 죽이는 따위거나 죽이는 인(因)이나 죽이는 연(緣)이나 죽이는 방법이나 죽이는 업을 지어서 온갖 생명있는 것을 짐짓 죽이지 말아야 하느니라. 보살은 항상 자비로운 마음과 효순하는 마음을 내어 모든 중생들을 방편을 다해 구호해야 할진대 도리어 제멋대로 거침없이 산 것을 죽이는 것은 보살의 바라이죄가 되느니라."

『범망경』에서는 왜 이처럼 살생계를 제1계로 설명하였을까. 이에 대한 이유로서 법장은,

첫째 이른바 보살의 모든 행은 대비심을 근본으로 삼지 않음이 없으므로 보살의 모든 행을 근본에 두기 위하여 먼저 제정된 것이다. 둘째 유정들이 소중히 여기는 바는 생명을 우선으로 삼지 않음이 없으므로 중생의 목숨을 구하기 위해 먼저 분별하였다. 이른바 이(보살계)는 중생을 구제하는 행위를 우선하고 저것(성문계)은 자신의 수행을 첫째로 삼기 때문이다. 또 해석하여 보면 저것(성문계)은 범하고 나서 바야흐로 제정하였기에 살계가 먼저 제정되지 않은 것이다. 『마하승기율』에서는 성도하신 지 5년 만에 음계(陰戒)를 제정하였고, 6년째에 도계(盜戒)와 살계(殺戒)를 제정하였다고 밝히고 있다. 보살계인 10업도에서는 성문계와 달리 이 계를 처음에 두나니 3세의 근본계는 제정된 것이 아니기 때문이다.

부파의 제 율장에서는 제1계로서 음계를 밝히고 있는 반면에

대승계율을 극명히 보여 주고 있는 『범망경』에서는 제1계를 불살계에 두고 있다. 부파에서는 자신의 해탈만을 추구하는 자리 위주의 수행을 첫째로 삼기에 음행은 윤회의 원인이 된다고 하여 제1계로 한 반면 대승에서는 중생을 구제하고자 하는 이타의 수행을 강조하기에 불살계를 제1계로 둔 것이라고 그 이유에 대하여 밝히고 있다.

의적(義寂) 또한 살계(殺戒)에 대하여 강조하여 설명하였다. 그는 살계에 대하여 설명하길 "보살은 인자한 생각 품기를 우선으로 삼아야 되거늘 어찌 제멋대로 하며 통쾌한 마음으로 저 소중한 것을 빼앗을 수 있겠는가. 특히 인자한 행을 어기는 것이기에 먼저 그것을 제정하였다. 또 성문은 속박 벗어나기를 우선으로 삼기 때문에 첫머리에 음행을 제정하였지만, 보살은 자비로 구제함이 으뜸이 되기 때문에 처음에 살생을 금하였다. 또 10중계는 7중을 공통으로 지니기에 살생계를 맨처음에 두었다"라고 밝히고 있다.

태현(太賢)은 살계가 제정된 뜻에 대하여 세간에서 두려워하는 "죽음에 대한 괴로움을 없애려는 것이니, 남을 해치는 것 가운데 생명을 빼앗는 것보다 더한 것이 없기 때문"이라고 밝히고 있다. 그리고 『대지도론』을 인용하면서 "설령 세계에 가득찬 보배라 해도 신명과 바꿀 만한 것이 없다. 이것은 보살의 마음만 먹었다해도 배풀고저 지극히 두려워하면 이내 그 본성을 잃게 된다"고 함과 같다고 하였다.

『유가사지론』에서 이르기를 "만일 보살은 무엇으로 바탕을 삼느냐고 물으면 대비로써 바탕을 삼는다고 대답하여야 한다"고 하는 것과 같다. 이로 말미암아 최초에 이 계를 제정한 것이다. 성문이 고통에서 벗어남을 우선으로 삼는 것처럼 맨 처음에 욕탐을 제정하여 가장 중요한 계로 삼은 것이다. 그리고 이것을 범하는 자는 열 가지 과보를 받는다고 한다.

　잘 배우는 모든 어진 이들이여! 보살의 열 가지 바라제목차를 마땅히 잘 배우고, 이 가운데 낱낱이 티끌만큼도 범하지 말아야 하거늘 하물며 열 가지를 다 범하겠느냐? 만약 범하는 자가 있다면 현재의 몸으로 보리심을 일으키지 못할 것이며 또한 국왕의 지위나 전륜성왕의 지위를 잃을 것이며 또한 비구와 비구니를 잃을 것이며 또한 10발취나 10장양 10금강 10지와 불성이 상주하는 묘과를 모두 다 잃어버리고 3악도에 떨어져 2겁 3겁을 지내도록 부모와 삼보의 이름도 듣지 못하리라.

　원효는 살생계에 대하여 상품·중품·하품의 3품으로 나누어 경중을 밝히고 있다. 상품의 중생이란 부모와 수행의 지위가 확정된 지상의 보살과 모든 번뇌를 끊어서 배울 것이 없는 아라한을 일컫는다. 만일 이 상품을 살해한 자는 무거운 죄와 오역죄의 두 가지를 범한 것이다. 만일 이 과위(果位)를 얻는 이를 두고 말한다면 『열반경』에 상, 하의 두 곳의 글이 같지 않으니 첫 글에 의하면 지바가 아사세왕에게 말하기를 “네가 두 가지 죄를 범하였다”고 하였으니 수다원과를 얻은 아버지 빔비사라왕을 죽였음을 일컫는다.
　중품은 정해서 말할 수 없는데 사람은 다 여기에 해당한다. 중품을 죽인 자는 오직 무거운 죄를 범한 것이고 오역죄를 범한 것은 아니다. 또 하늘을 중품으로 보는 것은 대승에 한하여 그런 것이며 소승인 경우에는 하늘을 죽인 자는 오직 가벼운 죄 즉 경구죄를 범한 것일 뿐 무겁고 큰 죄인 중죄를 범한 것은 아니다. 만일 사람들이라 해도 삿된 사상을 가진 자를 죽이는 경우에 있어서, 대승의 지상의 대보살이라면 죄가 없고 도리어 복이 될 뿐이다. 하지만 만일 새로 배우는 보살이라면 가벼운 죄를 범한 것이 되고, 하늘이나 사람 아닌 것을 죽이면 참회함으로써 죄를 벗어날 수 있는 곧 파일제죄를 범한 것이 되며, 축생을 죽인 경우에는 제6취인 돌길라죄를 범한 것이 된다고 밝혀서 살생하는 대상에 따라 상, 중, 하품 세 종류로 나누어 살피고 있으며 이에 따라 죄의 경중이 달라짐을 밝히고 있다.

스스로 죽이는 범계 가운데 다섯 가지 구별이 있으니 죄를 이름에 가볍고 무거움과 대소승의 같고 다름이 있다. 첫째 상대가 사람이라는 판단을 하고서 저질렀으며 대 소승이 다 같고 중계를 범한 것으로 본다. 그것은 그 마음과 대상이 다 중계에 상당하기 때문이다.

둘째 사람인지 사람이 아닌 것인지를 의심하여 저질렀다면 소승의 경우 『승기율』에 의하면 중죄를 범한 것이고 『사분율』에 의하면 투란차를 범한 것이다. 왜냐하면 『승기율』은 살해의 대상에 대해 반은 사람인가 아닌가 하는 의심을 전제로 하였기 때문이다. 그런데 만일 대상에 대하여 이 두 가지 경우에 다 같이 의심했다면 이상의 두 가지 죄를 거듭 말한 것으로 된다. 대승의 경우에는 중계를 범한 것으로 본다.

남을 시켜서 살생하는 범계에 있어서 소승의 경우, 만일 나를 위해 다른 사람을 시켜서 살생을 범하였으면 중죄를 범한 것이며, 남에게 너를 위해 사람을 살해한다고 가르쳐서 살인을 하였으면 투란차죄를 범한 것이니 비록 정통으로 전하는 계문은 없지만 도둑질을 한 계에 준하는 것이 옳을 것이다.

대승의 경우, 나를 위해서 범하였거나 남에게 너를 위해 살인을 하라고 가르쳐서 살인을 했거나 다같이 중계를 범한 것이다. 남을 시켜서 3독심으로 살생을 범하였다면 대승, 소승의 경우가 동일하게 중죄를 범한 것이 된다.

찬탄하여 죽게하는 것에는 셋이 있으니 첫째는 선행을 닦는 사람을 보고 말하기를 '너는 착한 일을 하고 있을 때에 어서 죽으라. 만일 오래 살다보면 나쁜 업을 더 많이 지어 죄만 더 커질 것이 아니냐'라고 하여 그 사람이 그 말을 듣고 곧 죽었음을 말한다.

셋째는 노인과 병든 사람을 보고 말하기를 '오래 살면 오래도록 괴로울 뿐이니 차라리 빨리 죽어서 그 괴로움을 여의는 것만 못하다'라고 하여 그 사람이 이 말을 듣고 죽었음을 말한다. 칭찬하여 죽게 하면 그 죄는 중죄이니 대승이나 소승이나 다 같이 중죄를 범한 것이다.

살생하는 것을 보고 기뻐한다 하는 것은 살인하는 것을 보고 기뻐했기 때문에 저 사람이 기뻐하는 나의 마음을 보고 그로 인하여 살업을 짓게 되는 것이니, 그러므로 살생을 보고 기뻐하는 사람도 중계를 범하는 것이다.

이러한 생명에 대한 존중은 48경계에서도 이어지고 있다. 그 가운데 세번째가 불식계(不食戒)이다.

너희 불자들이여, 짐짓 고기를 먹지 말라. 일체 중생의 고기를 먹지 말지니 대저 고기를 먹으면 대자비의 불성종자가 끊어져서 일체 중생들이 보고는 도망을 가느니라. 그러므로 모든 보살은 일체 중생의 고기를 먹지 말아야 하느니라. 고기를 먹으면 한량없는 죄가 되나니, 만일 짐짓 먹으면 경구죄를 범하느니라.

부파의 계율에서는 병을 치료하기 위하여 삼정육(三淨肉:고기를 먹어도 죄가 되지 않는 세 가지 경우) 등을 허락하신 바 있으나,『능가경』,『능엄경』,『범망경』,『열반경』등의 대승경전에서는 고기 먹는 것을 일체 금지하고 있다. 보살은 자비로써 마음의 바탕을 삼아야 하는데, 고기를 먹는 것은 대자대비한 불성의 종자를 스스로 끊는 행위이고 불법 본연의 대보리심에 크게 어긋나기 때문이다. 법장(法藏)은 식육계(食肉戒)를 제정한 뜻에 대하여 다음과 같이 설명하고 있다.

보살은 마땅히 자신의 살을 버려서 중생의 생명을 구할 것이어늘 어찌 중생의 고기를 먹을 수 있으리오? 그 해로움이 심하기 때문에 모름지기 제정하는 것이다.

이것은 대승경전 전반에 나타나고 있는 사상이다.『능가경』에서는,

대혜여! 일체의 모든 고기는 한량없이 많은 인연이 있으며 보살은 그 중에서도 마땅히 불쌍히 여기는 마음을 내고 응당 먹지 말지니라. 내가 지금 너를 위해 조금만 말하리라.
대혜여! 일체 중생들은 옛부터 내려온 생사 중에서 윤회하여 쉬지 않으면서 일찍부터 부모·형제·남녀·권속 내지 친구·친족, 모시는 이, 부리는 이가 없었는데 생을 바꾸면서 새와 짐승들의 몸을 받았거늘 어찌하여 그 중에서 취하여 먹겠는가?

대혜여! 보살마하살이 모든 중생을 관찰하기를 자기 몸과 같이 하고, 고기는 모두 생명 있는 것에서 온 것임을 생각하거늘 어떻게 하겠는가. 대혜여! 모든 나찰 따위도 나의 이 말을 듣고 오히려 고기를 끊거늘 하물며 법을 좋아하는 사람이랴. 대혜여! 보살마하살은 거주하는 곳이나 나는 곳마다, 모든 중생들을 다 친족이라고 보고, 외동아들을 생각하듯이 사랑스럽게 생각하여야 한다. 그러므로 응당 일체의 고기를 먹지 말지니라.

『열반경』 또한 모든 유정은 불성을 지닌 지고지순한 존재이기에 이러한 존재를 먹어서는 안 된다는 불식계를 밝히고 있다. 즉 「여래성품(如來性品)」에서는,

이 때 가섭 보살이 붓다에게 여쭈었다. "세존이시여! 고기 먹는 사람에게 고기를 베풀어서는 안 됩니다. 왜냐하면 저는 고기를 먹지 않는 자가 대공덕이 있음을 보았습니다."

붓다는 가섭을 칭찬하였다. "착하고 착하도다. 너희들은 이제 나의 뜻을 잘 알았다. 호법 보살도 이와 같이 알아야 한다.

선남자여! 오늘부터 성문 제자는 고기 먹는 것을 허락하지 않는다. 만약 단월의 보시를 받을 때 고기가 있다면 자식의 살과 같이 생각하여야 한다."

가섭 보살이 다시 붓다에게 여쭈었다. "세존이시여! 무릇 고기를 먹는 자는 어떤 과보를 받습니까?" 세존께서 말씀하시되, "고기를 먹는 자는 큰 자비의 종자를 끊는 것이다."

가섭은 다시 말했다. "여래시여, 무슨 까닭입니까? 먼저

비구가 3가지 정육(淨肉)을 먹는 것을 허락하지 않으셨습니까?”

“가섭이여! 이 3가지 정육은 일에 따라 점차 제정한 것이다.”

가섭 보살이 다시 붓다에게 여쭈었다.

“세존이여! 어떤 인연 때문입니까?”

“10종부정 내지 9종청정을 다시 허락하지 않았다.”

붓다가 다시 가섭에게 고하였다. “또한 일에 따라 점차로 제정한 것이다. 마땅히 현재 고기를 끊으라는 뜻을 알아라.”

다시 가섭 보살이 여쭈었다. “여래께서는 어떠합니까? 어육을 미식이라 칭찬하지 않으셨습니까?” “선남자여! 나 또한 어육에 속하는 것을 미식이라고 설하지 않았다.”

태현은 『범망경』「고적기」에서 불식육계를 제정한 이유에 대하여,

보살의 이치는 자신의 살을 버려서 다른 중생의 생명을 구해야 하거늘 도리어 다른 중생의 고기를 먹으면 반드시 살생에 이르기 때문에 이것을 제정한 것이다.

첫째 고기를 먹으면 대자비의 종자를 끊어서 자리(自利)의 도를 잃게 되고, 둘째 중생을 저버리므로 이타(利他)의 도를 잃게 되기 때문에 부처님께서 단호하게 육식을 금하고 있는 것이다. 이 식육계는 제1중계인 불살계(不殺戒)의 연장선상에서 이해해야 할 수 있다. 다시 말해 불식육계(不食肉戒)는 불살계의 연장이라고 볼 수 있다. 그러므로 구체적으로 불식육계에 대한 방안으로 제

10경계 축살생구계(畜殺生具戒 : 중생을 죽이는 기구를 마련해 두지
말라)를 밝히고 있다.

불자들이여, 일체의 칼·몽둥이·활·화살·창·도끼 등
싸움하는 기구를 쌓아 두지 말 것이며, 짐승을 잡는 그물·
망·덫 등의 살생 도구 일체를 비축하지 말지니라. 보살은
부모를 죽인 이에게도 오히려 원수를 갚지 말아야 하거늘,
하물며 다른 중생을 죽이리오. 만일 일부러 일체의 칼·몽둥
이 등을 쌓아 두는 자는 경구죄를 범하느니라.

이제 10경계인 축살생구계를 제정한 취지에 대해 법장은 살생
하는 도구를 쌓아 두는 것은 자비구제(慈悲救濟)의 정신에 어긋나
기 때문이라고 설명하고 있다.

보살은 마땅히 널리 법재(法財)를 모아 중생을 이롭게 하
고 즐겁게 하는 것이 도리인데, 도리어 살생하는 도구를 쌓
아 두는 것은 자비심으로 구제하는 보살심을 등지는 것이기
때문에 모름지기 제정하는 것이다.

살생의 도구를 비축하는 것은 자비심과 효순심을 일으켜 중생
을 제도해야 할 보살의 본원에 어긋나기 때문에 계로써 제정하신
것이다.

필시 귀인과 왕과 왕자 등은 외난을 방어하기 위하여 활과
화살 등을 비치하는 것이므로 이치상 응당 허용되어야 하나,
다만 상해까지는 이르지 말아야 하느니라. 또 비록 귀인이 아

니더라도 만일 정법을 수호하기 위해 병기를 비치하되 해칠
마음이 없는 자면 또한 마땅히 허용되어야 하느니라.

태현은 현실적인 예외단서를 붙이어 현실적인 해석을 가하고
있으나 이는 어디까지나 생존 보존의 기본 바탕 위에서 주석하는
견지를 잃지 않고 있다. 『범망경』에서는 48경계 가운데 제3경계
인 불살생계와 제10축살생구계를 들어 동물에 대한 생명의 가치
를 인식시키고 있으며, 제14경계 불방화손생계(방화하지 말라)에서
초목까지 생명의 의미를 확대 부여하고 그 가치를 인정하고 있는
것을 볼 수 있다. 동물의 범주를 넘어서 식물까지 그 존재가치를
인정하는 것이다.

불자들이여, 나쁜 생각으로 큰 불을 놓아서 '산림이나 광야
를 태우리오. 4월부터 9월 사이에 불을 놓아 남의 집이나 도
시나 승방이나 밭이나 사당이나 신당이나 관청의 공공물을
불태우지 말며, 일체의 주인 있는 물건들을 짐짓 불태우지 말
지니라. 만일 짐짓 불태우는 이는 경구죄를 범한 것이다.

산이나 건물 등에 방화한다면 재산을 손실시키고, 그 속에 사
는 무수한 생명을 죽게 하기 때문에 이 계를 제정한 것이다. 특
히 4월에서 9월 사이의 6개월 동안은 짐승과 곤충들이 번식하는
때이므로 방화하지 말라 한 것이다. 법장은 산야와 건물로 나누
어 근본취지를 설명하고 있다.

산과 들을 불태우는 것을 경계하는 것은 살생하는 죄를
막기 위함이고, 집이나 가택을 불태우지 말라고 제지하는 것

은 도계(盜戒)를 범하는 것을 막기 위함이니라.

태현은『대지도론』의 한 설화를 인용하여 본의를 밝히고 있다.

가리지 않고 살생하는 것이 허물없이 방화하는 것이니, 꿩
도 오히려 날개에 물을 적시어 불타는 난리를 구하려 하거
늘, 보살이 방화하면 도를 거스리는 것이 심하므로 제정하는
것이니라. 만약 방화하여 생명을 해치고 물건을 손상하면 별
도로 살생과 도둑질한 죄를 짓게 되니『유가사지론』에서 설
하되 '불을 놓아 태우는 것은 바로 도둑질하는 중죄이다'라
고 하였다.

의적도 이 계가 두 가지 중죄 즉 첫째 살생을 막고, 둘째 도둑
질의 손해를 막기 위한 것이라 설명하고 있다.

보살이 대자비로 육도에서 삼독으로 불타는 집에 살고 있는 중
생들을 구제하는 것이 보살도인데, 방화하는 것은 재산을 손실시
키고 자연을 파괴하며 나아가 무수한 생명을 죽이는 것이기 때문
이다. 이러한 생명관은 보다 적극적으로 전개된다. 제20경계 불구
존망계(방생하고 구제하라)로 이어져 하지 말라는 소극적인 입장에
서 대승의 본의적 입장인… 하라는 적극적인 입장으로 전개되어
나타난다. 즉 자비의 실천을 강조하는 것이다.

불자들이여, 자비로운 마음으로 방생업을 행하라. 이 세상
의 모든 남자는 다 나의 아버지였고 모든 여인은 나의 어머
니였으니, 나의 세세생생으로 보면 그들로부터 태어나지 않
은 적이 없기 때문이다. 육도 중생이 다 나의 아버지요, 어
머니거늘 그들을 잡아서 먹는 것은 곧 나의 부모를 죽이는

것이며, 또한 나의 옛 몸을 먹는 것이니라. 모든 지대와 수대는 다 나의 옛 몸이고, 모든 화대와 풍대는 다 나의 본래의 몸이니, 그러므로 항상 방생을 행할지어다.

세세생생 몸을 받아 상주하는 법으로 사람들로 하여금 방생을 하도록 가르치고, 만일 세상 사람들이 축생을 죽이는 것을 보거든 마땅히 방편으로 구호하여 그 고난을 풀어 줄 것이며, 항상 널리 교화하되 보살계를 강설하여 중생을 제도해야 하느니라. 부모나 형제가 돌아가신 날에도 법사를 청해 보살계와 경율을 강설하여, 죽은 이의 복을 빌어 주면 부처님을 뵙고 천상이나 인간세계에 태어나게 될 것이니, 만일 그렇게 하지 않는 이는 경구죄를 범하느니라.

태현은 방생을 함으로써 죽음의 고난에서 구해주고, 천도법회 때 보살계를 강설함으로써 망령을 돕는 두 가지 뜻이 있음을 밝히고, 사망한 날에 『보살계경』을 강설하는 것은 참으로 이 계에 두 가지 덕이 있기 때문이라고 그 제정 이유를 설명하고 있다.

첫째 능히 악을 막기 때문에 삼악도에 떨어지지 않는 것이요, 둘째 모든 선의 근본이기 때문에 부처님을 친견하고 천상에 태어나는 것이니라. 계 중의 계 이른바 보살계로써 널리 중생을 제도하니 진리의 근본이기 때문이니라. 이러한 까닭에 『보살계경』을 설하는 것이니라.

이 계의 취지에 대해 법장은 보살이 자비심으로 괴로움에 처한 중생을 구제하지 않는 것은 보살도에 어긋나기 때문이라고 밝히고 있다.

보살은 이치상 마땅히 자신의 목숨을 던져서라도 중생을
구제해야 하거늘, 도리어 중생의 고난을 보고도 자비로 구하
지 않는 것은 보살행을 어기는 것이 심하기 때문에 모름지
기 제정하는 것이니라.

이 계는 일체 중생과 나는 한 몸이라는 동체대비심을 일으켜서
평등한 마음으로 일체 중생을 대하고 적극적으로 자비를 실천하
여 생명을 살려내는 방생에 근본 취의가 있다고 생각된다. 이러
한 보다 적극적인 견지에서 구제방생하는 입장은 제32경계 불구
취타재계(중생을 해롭게 하지 말라)로 이어지고 있다.

불자들이여, 칼과 몽둥이와 활과 화살 등을 쌓아두거나 판
매하지 말 것이며, 저울눈을 가볍게 하거나 되를 적게 하지
말며, 관청의 세력을 믿고 남의 제물을 빼앗지 말며, 해칠
마음으로 얽어 매거나 남의 성공을 깨뜨리려 하지 말며, 고
양이·이리·돼지·개 등을 기르지 말지니, 만일 짐짓 범하
는 자는 경구죄를 범하느니라.

이 계는 중생을 해롭게 하는 것을 미리 막아서 살생이나 도둑
질하는 업을 지을 근원을 제거하는 데 그 취지가 있다. 법장은
살생하는 기구를 쌓아두거나 중생의 생명과 재산을 손상하는 것
은 삼취정계에 위배되기 때문이라고 제정 이유를 설명한다.

보살은 이치상 마땅히 자비심으로 중생을 구제하여 이롭
게 해야 할 것이거늘 어찌 살해하는 기구를 쌓아두거나 중
생의 재산과 생명을 손상하리오. 또한 이는 삼취정계에 위배

되기 때문에 모름지기 제정하는 것이니라.

칼·몽둥이·활·화살 등 중생을 살해할 목적으로 만들어진 기구를 만들어 팔면 그것을 사용하여 생명을 살해하게 되거나 살해할 마음을 조장하게 되므로 금하는 것이다.

칼과 몽둥이와 활과 화살을 쌓아 두지 말라는 것이니, 이것은 살해하는 허물을 막기 위함이니라. 앞의 제10경계에서는 십선계를 어기기 때문에 제정했고, 지금 이 계에서는 십선계를 어기기 때문에 제정하면서 중생을 이롭게 하기 위하여 제정한 것이니라.

또 고양이나 이리를 기르지 말라고 한 것은 쥐 등의 짐승을 잡아먹기 때문이며, 돼지와 개를 기르지 말라고 한 것은 마침내 먹기 위해 죽이게 되므로 금한 것이다.

『범망경』은 전반에 걸쳐 생명에 가치를 부여하여 인간뿐만 아니라 동물, 식물까지도 생명을 보호하여야 하며 나아가 적극적으로 생명을 살리는 것을 강조한다. 이러한 사상은 불교 경전 전반에 걸쳐 나타난다.

『자비경(Metta sutta)』에 이러한 정신이 잘 나타나 있다.

모든 존재자들을 행복하게 안전하게 하소서
그들의 마음을 건강하게 하소서
살아 있는 것 모두와 그들이 약하든 강하든
크든지 작든지 간에
또는 그 중간이든 간에

　　작고 약하거나 크거나 간에, 모두 예외 없이
　　눈에 보이거나 보이지 않거나
　　멀리 혹은 가까이 있는 것이거나
　　이미 태어났거나 혹은 태어나려 하는 것이거나
　　모든 존재하는 것들로 하여금 행복하게 하소서

또한 『정법염처경』은 다음과 같이 설명하고 있다.

　어떻게 살생하지 말아야 하는가. 혹 길을 가다가 개미, 지렁이, 두꺼비, 기타 곤충을 보더라도 그것들을 피해 멀리 돌아서 간다. 자비로운 마음으로 중생들을 보호하려 하기 때문이다.

　그리고 『대살차니건자경』에서는 생명을 해쳐서는 안 된다는 점을 더욱 강조하여 설하고 있다.

　도시나 촌락, 산림, 그리고 개울이나 동산, 궁전이나 누각, 모든 도로와 교량, 자연적인 동물과 일체의 농작물, 꽃들과 열매, 초목과 숲을 태워서는 안 되며 파괴해서도 안 된다. 물을 빼지 말아야 하며, 식물을 자르거나 베어서는 안 된다. 그 모든 것에는 다 생명을 가진 짐승들과 곤충들이 살고 있으므로 죄없는 뭇 생명들을 다치게하거나 그 목숨을 해치게 해서는 안 되기 때문이다.

　이상에서 불교에 나타난 생명관을 살펴보았다. 초기 부파 율장의 사분율과 대승계율을 자세히 보여주고 있는 『범망경』을 통하여 그 의미를 밝혀 보았다.

현존하는 지구는 인간만의 지구가 아니다. 이 지구는 지금의 사람과 다가오는 사람이 거주해야 할 불국정토가 되어야 한다. 이 불국정토를 만들기 위하여 나의 생명만을 위주로 산다는 것은 보살의 길이 아니다. 불교의 생명관은 모든 생명이 공유하는 사뜨와이즘이다. 나의 생명이 귀중한 것과 마찬가지로 일체 유정의 생명은 존귀하고 숭고하다.

그럼에도 현실의 우리는 전도몽상에서 생명의 가치를 망각하고 있다. 이율배반적으로 생태계보존이나 환경보존을 부르짖고 있다.

근래 윤리학에는 에코에티카, 녹색윤리, 환경윤리, 우주선윤리를 이야기하고 있다. 환경윤리학자 레오폴드(A.Leopold)는 주장한다. 지금까지 발전시켜온 모든 윤리체계는 단지 하나의 전제, 즉 개인은 서로에 의존한 부분으로서 구성된 공동체의 일원이라는 사실에 기초하고 있으며, 윤리가 자연계에 대한 인간의 관계를 포함하고 있는 것처럼 한번 더 확장하지 않으면 안 된다고 말한다. 근래 들어 제기되는 윤리학의 근저를 우리는 불교의 『사분율』, 『범망경』 등의 보살계에서 살펴 볼 수 있다. 여기에서는 레오폴드가 제시한 환경윤리의 내용을 넘어서는 윤리를 단적으로 보여준다. 이는 불교전반에 공통하는 설명이라 할 수 있다.

무한 생명에 대한 가치와 애정, 이것은 바로 자비이며 현대윤리학의 귀결점이다. 모든 생명과 공통한다라는 생각은 바로 연기의 실상을 파악하는 것이며, 이것만이 지구의 위기를 구할 수 있는 첩경이라 할 것이다. 불살생계는 뭇 생명 있는 존재의 가치를 여실하게 보여주는 것이다.

- 법사회 '95년 하계 교육자료집 -

무상의 생명 철학

무엇이 단단한가. 바위나 돌덩이가 야물고 강하다고 한다. 계란으로 바위를 깨랴. 깰 수 없다고 한다. 바위를 파괴하려면 쇠망치 위를 깰 때 바위 틈새에 나무토막을 몇 군데 박아 놓고 그 나무토막에 물을 먹였다. 나무가 불어나서 팽창되면 바위가 갈라지는 것이다. 원시적인 방법이긴 하지만 상당히 과학적인 슬기를 갖추었던 옛사람들이다.

요사이 돌공장에 가보면 전혀 새로운 사실을 발견하게 된다. 물총을 쏘아서 돌을 깨는 일이다. 미세하기 짝이 없는 구멍으로 압축된 물줄기를 쉴새 없이 쏘아댄다. 그 물줄기가 바위에 금을 긋고 종국에는 바위가 금강석 줄톱으로 잘린 듯 갈라지고 만다. 이렇게 보면 단단한 고체덩이가 강한 것인가, 아니면 액체인 물이 강한 것인가 생각해 볼 일이다.

세상에는 무서운 말이 많다. 칼에는 칼, 이에는 이. 항상 상대적인 대적 행위를 하는 것이 강하다. 이것은 투쟁적이고 전쟁적이란 의미다. 무서운 일이 아닌가. 칼과 칼이 맞싸우고, 총과 총이 서로를 향해 방아쇠를 당기고, 주먹과 주먹이 교차한다면 여기엔 살상만 있을 뿐이다.

창을 만들면 방패로 대적하고, 방패를 뒤집어쓰고 나오면 창을

꼬나잡고 치달아 온다. 이것을 모순이라고 한다. 이 세상은 모순의 현장이다. 모순이 맞서 피범벅이 되는 아수라장을 평정시키는 무엇이 있어야 한다. 강한 사람이 살육할 무기를 들고 나오면 이를 평화롭게 극복할 생각을 내야 한다. 강한 무기 앞에 전단향의 향기를 내풍겨야 한다. 무기를 잡고 달려오는 사람이 그 냄새로 마음을 가라앉게 할 수 있어야 한다. 이것은 부드러움이 사람 안에 있어야 함을 의미한다.

오늘날 우리 앞에 어지럽게 흩어져 있는 것은 살벌한 정복욕밖에 없다. 이 정복의 마음을 조용하게 가라앉히는 마음의 노래가 천지사방에 울려퍼져야 한다.

이제 한번 생각을 바꾸어야 한다. 인류는 지금 거창하게 발전한 문명 속에 살고 있다. 발달되고 발전된 것으로 행복한 세상이 되고 있다고 생각한다. 그러나 그것은 오산이고 오류다. 세상에서 가장 부드러운 것은 무엇인가. 물이 제일 부드러운 것이다. 어느 누구도 만질 수 있고 어떤 용기에도 담을 수 있다. 큰 그릇·작은 그릇·둥근 그릇·모난 그릇·굽고 비뚤어진 그릇에도 담을 수 있는 것이다.

그러나 바위나 돌, 아니 고체로 된 모든 것은 그 형태를 닮은 용기에만 담을 수 있다. 모양이 다른 용기에는 담을 수 없다. 그러므로 고체의 기물을 포장하려면 그 기물과 비슷한 형틀의 용기를 만들어야만 가능하다. 세상에서 가장 손쉽게 담을 수 있는 것은 액체적 수성(水性)이 있는 것이다. 어린아이도 쉽게 알 수 있는 일, 이것이 진리다. 저절로 알 수 있는 것이어야 하고 천진하며 무구하게, 아니 배우지 않고도 부모미생전부터 알고 있는 일들이야말로 자연스런 것이다.

우리는 천진스러움과 자연스러움을 저버리고 기계적 형틀을 만들어 내는 것만이 과학적이고 편리한 것이라는 생각을 한다. 과학에 대한 고집이나 편집이 도도하게 차고 넘쳐서 어느 누구도 이 틀에서 벗어나는 일을 하려고 하지 않는다. 왜냐하면 그 틀에서 벗어나면 자신이 고립되고 또한 생존의 의미를 상실하게 된다고 생각하기 때문이다. 그리하여 모든 사람, 세계의 모든 나라들이 다투어 과학적인 문명의 틀을 만들려고 총진군한다. 이러한 총진군은 부드러움보다 강직한 유형물의 기물로써 생활하는 데 익숙하게 되었다. 여기에 대하여 저항의식을 갖는 사람은 없다. 편하기 때문이고 편리하기 때문이다.

그러나 한번 생각을 가다듬어야 한다. 부처님께서 말씀하셨다. 제행이 무상하다고. 이제 모든 것은 무상한 것으로 돌아가야 한다. 이것이 부처님의 올바른 가르침이다. 그럼에도 불구하고 사람들은 무상한 것은 한갓 덧없음, 하염없는 비감이나 애잔함을 의미하는 것으로 생각한다. 무상의 의미가 이렇게 좁은 의미로 축소되면 불교의 기본교리에 맞지 않는다. 무상은 시간적으로 변화하고 변모해 가는 일체의 과정을 의미하는 것이다.

하나의 계절만 있는 곳은 황폐하지 아니하면 사막이나 빙하가 된다. 계절은 봄·여름·가을·겨울이 순환하고 회전해야 한다. 여름만 있는 나라에도 아침, 낮, 저녁의 기후 차이가 있다. 비가 오고 바람이 불고, 땡볕이 내리 쪼이는 한낮이 있다. 모든 것이 유상한 것이 아니라 무상한 법도를 따르기 때문이다.

유상한 시간만 있다고 한다면 자연의 성장이란 있을 수 없다. 씨뿌리면 싹이 돋고 잎과 줄기가 나타나고 꽃이 피고 열매를 맺는다. 이러한 모든 과정은 유상한 시간에 정지되는 것이 아니라 무상한 시간의 변이와 성장의 장엄을 갖추고 있는 것이다. 그러므로 무상한 세계가 움직임의 원동력이다. 무상은 굳은 고체형태가 아니다. 무상은 부드러움이다. 부드러움이 담기는 것은 물이 모든 용기에 담기는 이치와 같은 것이다. 우리는 과학적으로 발명된 고형화의 견고한 물질을 과학적 편리물이나 살상의 무기로 이용하려고 세계적인 두뇌들을 활용해 왔다.

이제부터는 방향을 돌려 세상을 달리보는 노력을 해야 한다. 무상이 인간을 아름답게 하는 사상임을 알 때 자비심을 이해하게 될 것이다. 시간의 변화에 따라 꽃 피고 열매 맺는 과정이 있구나 하는 생명의 변이를 공부하여야 한다. 이 생명의 변이가 아름답다고 철저하게 느껴지면 비로소 생명의 화엄을 느끼게 될 것이다.

이 생명의 화엄을 사랑하는 마음이 자비심의 발현이다. 자비심은 사랑함에서 소리나는 환성이다. 환성을 지르는 사람은 너그럽고 부드러운 사람이다. 언제나 경색되고 사시적 눈매로 모든 생명을 상해하려는 마음을 갖고 생활하는 사람은 환성의 첫 음정을 상실한 사람이다. 기계음이나 전자음에 익숙한 사람은 자연의 화엄의 음정을 들을 수 없다.

우리는 이러한 병고를 고치는 자연인이 되어 기계적 인성에 충격을 주어야 한다. 무상의 법칙으로 장엄된 자연, 그 자연을 모조리 감싸주고 자비를 구현하는 불교인이 되어야 한다. 물을 사랑하는 유연성을 확장하면 바람을 사랑하는 공즉반야(空卽般若)가 된다. 바람이 담겨있는 허공, 우리 눈에는 보이지 않지만 이 허공에 우주의 기운이 담겨 있고 생명의 정기가 함유되어 있다. 이 우주기(宇宙氣) 생명정(生命精)이 무상한 것이다. 이것이 불교의 생명철학이다. 우리는 부처님의 생명철학에서 무상·자비·자연의 이론을 도입하면 가장 부드러운 것이 모두를 사랑하고 장엄하는 것이라 저절로 깨치게 될 것이다.

- 대중불교 94년 12월 -

생명 해방의 노래

　인도는 역사가 오랜 나라이다. 역사가 오래인 만큼 그들의 문화도 유장하다. 그 문화 속에는 창조신 브라흐만에 대한 절대절명의 권위에 귀의하고 있는 문화가 숨쉬고 있다. 종교가 브라흐만의 권위에 온 생명을 다 바쳐가며 믿는 것이다. 여기에는 브라흐만의 절대성에 도전할 수 없는 베다, 우파니샤드의 철학사상이 금막을 치고 있다. 이 금막의 울타리에는 아무나 드나들 수 없다. 오로지 제사장인 브라흐만만 참입하여 종교의식이나 사제행사를 집행하는 것이다.

　그러므로 인도는 철저한 계급사회이다. 이들의 종교가 생성해낸 브라흐만교는 4성계급이 철두철미하게 구성되어 있다. 이것은 신성이라 인간으로서는 불가침의 영역이다. 절대적인 종교의 권위로서 브라흐만 이하의 계급을 길들였기에 아니 절대신성으로 그들을 억압하였으므로 유순한 신분으로 생명권만이 부여되었던 것이다.

　크샤트리야, 바이샤, 수드라의 계급 중에 무사계급인 크샤트리야는 왕족, 무사로 활동할 수 있는 신분적 위계질서가 있다. 또한 바이샤인 평민은 생산경영에 치중할 수 있는 자산 관리 능력은 있었다. 그러나 수드라인 노예는 혹독한 억압과 탄압에 길들여져 있는 것이다. 이 노예는 노예적 행위를 완전무결하게 함으로써 자신의 삶이 확정되는 것이다. 이 노예의 범위에는 어떠한 경우가 있을 수 없다. 암담함, 참혹함의 인식을 벗어나지 않고 있다. 그것을 제 자신의 운명이라고 그 운명을 사랑하고 순응하는 것이 노예의 최상락이기 때문이었다.

이러한 문화현상, 종교환경, 정치영역이 인도 사회의 전반이라 이해하는 것이 좋을 것이다. 어느 누구를 막론하고 이러한 문화 환경이 지속되면 인간은 여기에 적응하는 유화력이 억지로 생기기도 한다. 왜냐하면 지금 살고 있는 생명이 소중하기 때문에 별다른 수단이나 방법으로 반항하거나 저항할 경우는 죽음에 직면한다는 강한 강박관념이 잔류하고 있으므로 어쩔 수 없이 살아야 한다는 원초적 생명애 때문에 인도의 고대사회는 이러한 4성계급 제도가 일견 합당한 듯이 운용되기도 하였다.

그러나 이러한 생활습속에 대하여 강한 반기를 들고 나온 분이 있었다. 아니 이것은 반기라기보다 베다, 우파니샤드보다 더 깊은 생명의 철학을 구현하려는 거룩한 의지의 활동이었다. 실로 어떻게 생명에 계급이 있을 수 있는가에 대한 깊은 사고에서 나온 것이다. '생명은 자연스럽게 살 수 있는 권력이 신(神) 이전에 부여된 것이다. 생명은 신이 부여하는 것이 아니라 선래적(先來的)으로 지니는 것이다'라고 사유한 것이다.

이러한 생각을 발견한 사람이 고타마 싯다르타이다. 그는 어려서 부왕 정반왕과 함께 봄논갈이 하는 의식에 참가하여 약육 강식하는 생태계의 모습을 확연하게 목도하였다. 그리고 '왜 생명이 힘센 생물에게 죽임을 당하는가, 완전한 생명의 해방은 없는 것일까. 인간의 지고한 이상향은 무엇인가'에 대한 답변을 희구하였다. 그리하여 인도 전통의 종교현상이 인간 자유를 구속하고 있

음도 감지하였고, 약육강식하는 것이 권력의 지배임을 인지하게
되어 브라흐만 철학체제보다 인간적이고 생명적인 사상체계를 세
워야 함을 깊이 통찰하게 되었다. 이러한 사고형성에 대한 의식
의 흐름은 대단한 발견이 아닐 수 없다.

창조신 브라흐만이란 도대체 무엇인가. 신을 위한 종교체계인
가, 생명·인간을 위한 사상구조인가, 여기에 대한 철저한 도전을
전개한 사람이 사문 고타마였다.

그는 연기법을 주장한다. 연기법은 생명의 상관관계이며 이 생
명의 상관관계는 평등성이며 보편성임을 자각하게 된다. 어떤 생
명에도 삶의 권리가 초자연적으로 존재하였다고 자각한다. 그러
므로 생래적으로 연기된 모든 생명에는 계급이 있을 수 없다. 계
급이란 권력의 독점자가 만들어 낸 허구이다. 이 허구의 장막에
브라만 자신들만 출입하면서 이상하고 기이한 종교적 주문과 의
식으로 다른 부류의 생명을 구속하고 핍박하는 수단으로 만든 것
이다.

근원적이고 본질적인 측면에서 세계는 생명일여, 생존평등이
있을 뿐이다. 이러한 사상체계는 일체중생 실유불성이라는 깨침
의 세계에서 갈파된 진리이다. 여기에는 4성계급이 있을 수 없고
오직 사민평등 아니 사생구류가 모두 일여생명을 구족하고 있다
고 부처님은 깨치신 것이다.

오늘날 '우리들이' 부처님 오신날을 맞이하여 등 달고 관욕하고
하는 일반적인 초파일 행사는 형식적인 의례가 아니다. 생명의 해
방과 사회의 정화, 생명의 평등과 사회의 정토를 구현하는 사상적
체계를 종교신앙으로 승화시키는 날임을 자각하여야 한다.

우리가 불교를 믿는 것을 개인적인 기복만에 국한해서는 더더
욱 안 된다. 불교를 믿는 사람은 인간의 계급의식을 타파하고 사

회적 권력집중, 국가제일주의, 경제제재의 남용, 살상무기의 생산 이러한 지배의식의 고답적인 사고가 팽배해 있는 개인, 집단, 국가에 대한 새로운 참회의식이 개방되어야 할 것이다.

인간은 해방되었다. 하늘이나 신이나 어느 누구도 인간의 생명을 방해할 수 없다.

"너희들 모든 비구들이여, 전도를 떠나라. 생명의 해방을 위하여. 세계를 정토로 구현하기 위하여. 어느 곳에 한정하지 말고 둘이서 가지 말고 혼자서 저 멀리 사바세계 전역에 연기의 이법이 생명의 평등이 되고 생활의 행복이 될 때까지 쉬임없이 정진하라. 처음도 중간도 끝도 올바르고 성스러운 언어로써 깨달음의 정법을 바르게 전달하는 구법자, 실천자가 되라."고 하신 부처님의 전도선언을 상기하고 정진하는 날로 이 부처님 오신날을 맞이해야 한다. 그렇게 활동정진하는 불자가 바로 여래의 사도이며 정법의 구현자가 될 것이다. 이처럼 신행하는 불자가 경축하는 날이 부처님 오신날로서 정수리에 향을 사루어야 할 것이다. 우리 인간생명을 사랑하고 삼독고해를 정화하려고 발원하는 것을 자랑으로 삼아 살아가야 할 것이다.

- 법사회보 95년 5월호 -

어둠 속에서 터져나온 생명의 광명이여

인간은 영리한가. 영리하다고 말하는 사람도 있을 것이다. 왜냐하면 만물의 영장이란 말로 자랑하기 때문이다. 이처럼 영리하고 영장적 인간이 우매하고 무지막지한 행위를 자행하였으니 천인이 공노할 일이다. 삼풍백화점의 붕괴는 인간이 건축한 건축물에 대하여 새로운 회의를 느끼게 된다. 얼마나 두렵고 무서운 참상이었을까. 여기서 살아온 생명에 대하여 정말 경의를 보낸다. 아니 숭엄한 종교적 합장을 드린다.

죽음은 공포인가. 죽음에 무서워하지 않는 사람은 없을 것이다. 다시 오지 않는 저 세계로 가고 마는 죽음을 기대하는 사람은 없을 것이다. 어느 누구에게도 죽음이란 최악의 시간이다. 그 최악의 고비를 넘기려고 아니 그 고비가 자기에게 있지 않게 하기 위하여 단말마의 안간힘을 쓰는 것이다.

삼풍백화점 사고는 생각만 하여도 끔찍한 일이다. 천재가 아닌 인재의 사고, 이것은 전적으로 사람에게 책임이 있는 것이다. 공사의 부실, 용도 변경, 무조건 영업만 하면 된다는 인간의 욕망 등이 많은 인명을 저승으로 보내게 된 것이다.

사람이 살면서 거주공간, 상업공간, 위락공간 등의 많은 공간이 필요하나 이러한 공간 건축은 자연과 상통하게 건축되어야 한다.

자연의 생명이 자유이듯이 생활공간도 생명이 편안하게 살 수 있고 활동할 수 있는 건축공간이 되어야 한다. 이러한 건축공간을 만들어 내기 위해서 인간은 자연의 힘을 의식하여야 한다.

몇 천년 전에 세워 놓은 고인들이 무너지는 것을 보았는가. 고대인들은 견고한 대지 위에 육중한 돌을 세웠다. 절대로 무너지거나 파괴되지 않아야 함을 염두해 두고 온갖 정성을 쏟아 넣은 것이다. 요사이 공사현장에는 이런 벽보가 붙어 있다. "혼이 담겨 있는 집을 짓는다"고. 사실 혼이 담겨 있어야 하고 정성과 성실이 앞서 있어야 하고 또한 건축은 합당한 질서를 선택하여 모두가 화합중연(和合衆緣)이 되게 하여야 한다. 바다모래, 썩은 벽돌, 배분치가 부족한 시멘트, 기준치가 미달인 철근을 갖고 건물을 짓는다는 것은 부실을 전제로 한 건물이 아닌가. 왜 오늘날의 인간은 함량미달, 기초미달, 용적미달, 과적의 가분수가 되는 죽음에 이르는 건축물을 높이 세우고 있는가. 욕망, 과욕, 자만, 독선이 뒤질세라 널뛰는 세상이다.

최명석 군, 유지환 양, 박승현 양. 이 얼마나 숭엄한 생명을 사랑하고 아끼고 버티어 온 인간애의 승리인 것인가.

죽음은 어둠이다. 그런데 최명석 군은 230시간 동안 암흑 속에 있었고, 유지환 양은 285시간, 또한 박승현 양은 377시간 칠흑 속에 갇혀 있었다. 죽음의 관문에 갇혀 있었던 것이다. 한치의 손발도 움직일 수 없는 사마(死魔)의 공간에서 소변, 빗물, 종이상자를 씹으면서 혼신의 힘을 쏟아내면서 생명의 빛살에 희망을 걸고 용케도 버티어 온 것이다. 황야나 산 속에서 조난을 당한 것보다 몇 천 배의 악조건이 죽음의 입을 벌리고 있었고 짓눌림의 무덤이 다가 오고 있었다. 붕괴된 철골, 슬라브, 벽돌, 시멘트 더미가 삶의 길을 짓눌러 버린 것이다. 얼마나 두렵고 무섭고 암담함이 자신 앞에 버티고 있었을까.

그런데 생존자의 말들은 아름답고 싱그럽다. 시간이 가는 줄을 몰랐다는 것이다. 그저 잠이 오면 자고 깨면 또 수분을 입으로 빨아드렸다고 한다. 아니 한 모금의 물도 적시지 않았다고 말하였으니 얼마나 생명존재의 끈질긴 현장인가.

암흑 속에 갇혀 있으면 절망과 포기가 엄습하게 된다. 죽음으로 다가가는 시간에 자신이 그 존재가 되어 가고 있음을 감지하였다면 정말 무서운 경련이 있었을 것이다.

그런데 최군은 무심(無心)하게 잠을 청하고 장난감 기차를 만지작거렸다고 하니 그 폭넓은 여유가 생명을 살아오게 하는 기연이 되었을 것이다. 수도자라도 쉽게 가질 수 없는 파적(破寂)의 한가함이라고 할 수 있을까. 또 유양의 냉커피가 마시고 싶다는 일성은 거룩한 생명의 노래이다. 살고 싶다. 죽어간다. 이러한 이분법의 갈림이 있었을 것인데 한 모금 냉커피를 갈구하였다는 것은 생시의 본능일 것이다. 더욱이 박양은 한 닷새 동안 되었는가 하였으니.

장하고 거룩하다. 그대들은 복을 받은 환생인이다. 앞으로 그대들의 재생의 목소리가 삶의 기도문이 되게 하여야 할 것이다.

죽음은 공포이다. 그러나 반야심경의 일절을 음미하여 보아야 한다. 무유공포(無有恐怖)이다. 두려움에 직면하여 두려움에 속아 사는 사람은 다시 삶을 꾸려 갈 수 없다. 공포가 앞에 닥쳐오고 죽음이 다가오고 있다 하더라도 이것은 희망이라고 생각하고 공포 없음에 확신을 가지면 죽음도 어쩔 수 없을 것이다. 죽음은 무서움이다. 죽어가는 사람의 목소리를 들으면서도 두려워하지 않는 최명석 군은 달인의 경지에 있었던 삼매자일 것이다.

생명을 사랑하는 자, 존귀하게 보는 자, 이 모든 사람들이여,

우리 주변에 공포가 있다 하더라도 대광명의 생명이 새로운 숨결을 주는 것이라고 깨우쳐야 한다. 그렇다면 어떤 공포도 피해갈 수 있고 두려움을 치유할 수 있다. 그러나 욕심과 아집의 이기심이 있는 자는 공포가 항상 자기 곁에서 자신을 짓누르고 가위 눌리게 할 것이다.

그런데 이 엄청난 재난을 빚은 당사자들은 왜 쓰잘데 없는 변명을 늘어 놓고 있을까. 자신이 그 죽음의 수렁에 빠지지 않았다고 안도의 도깨비춤을 추는 것일까. 사람은 확실하게 자신의 잘못을 시인하고 모든 피해자·사망자·부상자·국민에게 진심으로 피눈물을 흘리며 참회하여야 한다. 그 몰염치한 철면피의 얼굴에는 저승사자가 보이지도 않는가 의심해 본다.

- 법사회보 95년 8월호 -

생명의 원무(圓舞)

사람들은 "누워서 침 뱉기"라는 속담을 잘 쓰고 있다. 누워서 침을 뱉으면 그 침이 어디에 떨어질까. 바로 자기 얼굴로 떨어질 것이다. 간혹 침을 뱉아놓고 재빨리 몸을 돌리면 제 몸에는 떨어지지 않는다 하더라도 침은 아래로 떨어지는 낙하법칙을 어길 수 없는 것이다.

새해 시작부터 지구촌의 사람들은 고민거리가 크게 생겼다. 그것은 코스모스 1402호가 지구로 추락하는 사건이다. 거기에는 무서운 우라늄이 적재되어 있고, 그것이 공중에서 폭발한다면 방사선에 의한 지구촌의 피해는 속절없다는 것이 과학자들의 고민이고 온 세계 인류의 공포인 것이다.

코스모스 1402호의 일부가 인도양에 떨어져 안도감을 주고 있으나 아직도 그 공포가 줄어든 것은 아니다. 지금도 우라늄을 적재한 한 부분이 지구를 향하여 내려오고 있고, 그 우라늄 적재선이 공중폭발을 한다면 방사선의 낙진이 대기권에 충만되기 때문이다.

인류가 문명을 최고로 발달시키려는 욕망으로 말미암아 자연에 덜미가 잡혀가고 있는 양상이다. 별은 우주 속에서 자연히 생겼다가 우주 속에서 생멸하는 법칙에 따라야만이 신비롭고 경이로운 현상이 일어날 것인데 인간이 제 마음대로 만들고 싶은 가짜별을 만들어 자기에게만 유용한 문명의 이기(利器)로 발전시키고 있으니 문제이다. 통신위성, 기상관측위성, 정찰위성 등 위성의 역할이 다목적화되어 가고 다양하게 되어 가는 시대다. 그리하여 지구 위에 발사된 위성의 수가 4~5천이나 된다고 한다. 그 가운데는 인류의 직접적인 생명에 유리한 것도 있겠지만 어떤 것은 무서운 공포를 주는 전략위성도 있을 것이다.

사람이 만든 것은 유위법(有爲法)의 것이므로 한계가 있는 것이다. 생(生)의 쪽으로 움직이는 힘이 있으면 멸(滅)의 쪽으로 소진되는 힘이 있는 것이다. 생의 힘과 멸의 힘이 화합을 이룩하여 동일위상으로 동일 세력을 유지할 때는 목적수행을 이루어 인간에게 이로움을 줄 수 있다. 하지만 그것이 만약 한 쪽 힘만 강하게 되거나 또는 약하게 되면 가역운동(可逆運動)이 생기게 된다. 그러므로 유위법의 모든 것은 영원한 존재가 아닌 것이다. 가화합으로 이룩된 것이므로 소멸하는 것이고 괴멸되는 것이다.

모든 과학자가 혼신의 힘을 다하여 영원을 추구하고 있지만 가짜별은 모두 유위성(有爲性)의 별인 것이다. 우리는 이러한 가작된 별을 하늘에 올려 놓고 과학적인 시혜를 받고 살고 있으나 그것은 인간의 망상의 작희에 지나지 않는다. 하늘에 4~5천 개의 공포의 별을 뿔아 놓고 그 별의 낙진이 지구의 얼굴에 떨어지기를 기다리고 있는 것과 흡사한 것이다. 지금 당장 떨어지지 아니하니 시간적인 망각 속에 유유히 살고 있는 것이다.

인간 속에서 깨침의 충격을 주어야 하는데 우리들이 지니는 깨침의 충동은 순간인 것이다. 사람은 이내 망각의 블랙홀(Black Hole)에 빠지고 만다. 흔히 우주 속에 블랙홀이 있어 그곳은 인간의 눈으로 잼질할 수 없고 과학적인 눈 즉 능력을 가진 망원경으로 관측한 결과로 말하여지고 있지만 그 존재가 무엇인지 아무도 모른다. 그저 어쩔 수 없어서 블랙홀이라고 이름하였다. 눈에는 보이지 않지만 그곳에 빨려 들어가면 일체가 괴멸하고 마는 흑암굴인 것이다.

나는 그것을 이름붙여 우주무명(宇宙無明)이라 하고 싶다. 이 우주 속에도 무명동굴성(無明洞窟星)이 있는 것이다. 어떤 형체가 있으면 그 형체에 빛을 받아 반사함으로써 체성을 나타낼 수 있지만 그것은 체성이 없으므로 우주끼리 서로 나누는 빛의 반사가 화합되지 아니한다. 빛의 화합이 없는 무명성(無明性)이 우주의 한 모퉁이 아니면 군데군데 위치하여 우주의 무질서를 무질서한 무명우주가 귀신도 모르게 흡인하여 가는 것이 아닐까.

우리는 지금까지 인간이 인지적 세계에서 논리적인 사고 방식과 지식을 동원하여 인간무명만을 밝히려고 노력하여 왔지만 오늘에 와서는 인간무명을 깨치는 것에도 등한히 하고 있는 인간에게 새로운 숙제를 준 것이 아닐까 한다. 인간이 가진 무명의 속성이 깨침으로 발전하면 그것은 인류 전체에게 시혜를 줄 수 있는 빛의 보살핌이 될 것이다. 그러나 인간이 인간으로서 화해를 이룩하지 아니하고 자기만이 자국만이 인류를 통어하고 관리하고 전제하려는 정치과학의 발달로 말미암아 인간성 속에 내재되어 있는 무명만이 확산되어갈 것이다. 그것을 상징적인 의미로 실현시킨 것이 바로 블랙홀이 아닌가.

유수한 과학자들은 외계에 있는 블랙홀의 존재성이 무엇인가 이것을 밝혀내려고 밤잠을 설치고 있다. "과학자여, 그리고 모든 인류들이여, 밤이면 잠을 편히 자고 해뜨면 즐거이 살 수 있는 슬기를 길러 내라."고 충고하고 싶다.

일찍이 부처님께서 말씀하시기를 "잠이 오지 않는 사람에게 밤은 길다"고 하셨다. 왜 잠이 오지 않는가. 무엇 때문에 불면증에 걸렸는가. 평화와 안녕을 추구하다가 불면증이 발병한 사람도 있을 것이다. 그러나 좁게 해석하여 보면 저만이 어떻게 잘 살 것인가 고민하다가 불면증에 걸린 사람이 많을 것이다. 인간은 자연의 섭리에 순응하여야 한다. 한낮이 날숨일 것 같으면 한밤은 들숨인 것이다. 사람들은 들숨을 깊게 빨아들여 인체를 편안하게 하여야 한다. 그리하여 하루 삶에 지친 심신을 새롭게 바꾸어 내놓아야 한다. 하루하루 살면서 새롭게 바꾸어 내지 아니하면 육신뿐만 아니라 심혼에도 응어리가 진다. 그 응어리가 바로 병고가 되는 것이다.

우리 모두 지구촌의 평화를 위해서 새로 다짐하는 인간이 되어야 할 것이다. 지금도 이 지구 위에는 어린이 노동자가 고된 노동과 굶주림에 헐벗고 있으며 신음하고 있지 아니한가. 우리가 허공에 뱉아 놓은 침을 거두어 들이면 지구를 황금 누각으로 장식할 수 있는 것이다. 그 가짜별을 마구 쏘아 올려 인류 전멸의 지구 블랙홀이 되지 아니하기 위하여 힘이 있는 나라, 과학이 잘 발달한 나라들이 밤이면 잠자고 낮이면 일할 수 있는 인간으로 환생하여야 할 것이다. 사람이 로보트를 만든 것이 아니라 인간이 로보트 만드는 업에 종사하다가 인간의 사고방식이 로버트화되지 아니하였는가.

지구촌이 한 무대가 되어 이 온화한 새봄에 원자핵의 낙진의 공포에서 탈출할 수 있는 원무곡을 만들어야 할 것이다. 그것이 바로 평화적인 이용이다. 위로 치솟는 맹렬하고 강렬한 탐욕의 추구욕을 버리고 우리들이 살고 있는 이 땅을 기름지게 하는 지구삶의 철학을 구현하여야 할 것이다.

지구는 이제 지구촌이란 말로 표현된다. 촌이라고 하면 마을이다. 마을은 한 걸음에 나다닐 수 있는 거리에 있는 곳을 말한다. 우리들이 마음놓고 나다니는 곳이 맑고 청정하여야 한다. 해맑은 물이 흐르고 따뜻한 햇살이 번지는 봄 동산이어야 한다. 그러나 지금 살고 있는 이 지구촌은 공해에 찌들고 소음에 사로잡혀 있다.

부처님은 마음이 극락이라고 하였다. 마음이 극락이 되려면 육신이 사는 환경이 청아한 장소로 세척되지 아니하면 안 된다. 그것이 바로 나라 밝음이, 마음 맑음이 아닌가. 국토가 청정한 곳으로 변하게 되는 것은 자기만이 살고 있는 국토가 맑아지는 것만으로 만족할 수 없다. 이 지구촌 마을 마을마다 모든 사람이 사는 곳이 청정국토(淸淨國土)가 되어야 하는 것이다.

불교의 교설 가운데서 가장 포용성 있는 자비를 근간으로 삼는 것을 인연화합(因緣和合)한다고 표현한다. 인연이 바로 화합하여 불토(佛土)를 창조한다는 것이다.

우리가 살고 있는 무수한 국가들이 자국만의 풍요, 평화, 열락을 누리는 제일의적인 욕망을 탈피하여 지구만이 아니라 우주가 화합하는 일화세계(一花世界)를 만들어야 할 것이다. 간혹 자기 중심적인 편파에로 변속하는 속도를 줄여가야만 좋은 인연이 꽃필 것이다. 그리하여 새로 자라는 지구촌의 새싹들에게 원무곡의 박자를 맞추어 내일을 바르게 직시하는 지구의 영원한 인격체로 성숙시켜 지상의 파수병으로 가꾸어 내야 할 것이다.

- 아사달 83년 2월 -

초목성불(草木成佛)

　장마의 계절이다. 하늘은 한 번씩 정기적으로 자연을 세척한다. 정기적이 아니라 하더라도 수시로 지구를 청소한다. 자연스럽게 세척하는 것은 아름답다. 공기 속에 스며 있는 모든 먼지를 말끔히 씻어내고 숲이나 나무에도 생명수를 부여하고 땅 위에 있는 너접스런 티끌도 세정하니 얼마나 좋은가. 자연은 위대한 힘을 갖고 있다. 그러나 여기에 도전하려는 싸움이 있으니 우스운 일이 아닐 수 없다. 인간이 바로 그 상대이다. 인간은 제한된 힘이 있다. 인간은 무한한 힘을 가질 수 없다. 과학적인 괴력이나 위력을 발생시키려 해도 유한한 힘이요, 한계에 그치고 만다.

　인간이 자연에 도전하려는 꿈은 잘못된 생각이다. 단추를 잘못 꿰면 볼썽스럽지 못하다. 인간이 어떤 위력을 발생할 수 있다고 하여도 위작의 힘이기 때문에 자연에 거역하는 것이고, 반자연적 행위에 지나지 않는다.

　살수차, 청소차, 정수처리장을 갖고 도시나 농촌을 정화한다 하여도 자연이 한 번 시도하는 비에 비하면 미미한 효과에 지나지 않는다. 그리하여 인간은 잔꾀를 부리고, 몰상식한 행위를 슬그머니 하려고 한다. 비가 오는 야밤에 폐수·오수를 비밀리에 방류하면 지역 내의 공장이나 시설이 깨끗하게 될 것이다. 그리고 쾌

재를 부를 것이다. 몰래 방류하였으니 정화비가 적게 들고, 적수량이 감소하였으니 이 얼마나 달콤한 행위였냐고….

그러나 자연은 속일 수 없다. 방류된 오수·폐수가 내려가면서 주변의 자연수를 오염시킨다. 오수·폐수는 그 자연수 속에 살고 있는 어족에게 피해를 준다. 물 속에 사는 고기들이 떼죽음을 당하는 응보를 받을 것은 뻔한 이치이다. 자연의 법칙은 한결같은 한마음이다. 마음이 달라진 물을 고기가 먹으면 죽어가고, 오염된 물은 나무나 풀이 먹게 되면 고사현상이 일어난다. 자연은 인공적인 것을 증오한다.

만물은 본래부터 자연에서 생장하여 자연으로 회귀하는 본능을 갖고 있기 때문에 자연적이 아닌 것에 대해서는 철저하게 배타한다. 왜 인간은 자연을 피할 수 있는 위대한 힘을 가졌다고 생각하는가. 아니다. 인간은 자연으로부터 도피할 수도 없거니와 그 영향력을 피할 수 있는 힘을 가질 수 없다.

인간은 겸허하게 자연에 순응하면서 자연의 힘에 의하여 살 수 있는 방법을 강구해야 하고, 그 지혜를 습득하여야 할 것이다. 도전, 정복, 도피 이러한 것은 경쟁 속의 용어이기도 하고 자포자기의 실상일 수도 있다. 인간은 자연의 한 부분이면서도 다른 생명체와는 달리 이성을 가지고 있다. 이 이성으로 자연에 대승적으로 순응하는 방안을 찾아 내어야만 지구의 앞날이 밝을 것이다. 아프리카, 툰드라, 에스키모, 지구의 오지에 사는 사람들이 자연과 함께 사는 슬기로 생활하는 것처럼 과학시대의 최고 문명인이 되새겨 반성할 점이 바로 이것이다. 자연의 원시림이 파괴되면 사람의 폐가 병드는 것과 같은 이치를 깨달아야 한다.

21세기 부존자원 가운데 가장 아끼고 가꾸어야 할 것이 무엇인가? 숲, 나무, 원시림이다. 식량생산은 과학적인 방법을 도입하면 짧은 시간에 해결될 수 있다. DNA를 이용하면 다량 다수확이 가능하다. 그러나 자연림이나 원시림은 수백년 이상의 기간이 필요하다. 그런데 적도 부근, 아마존, 타일랜드, 미얀마 등의 원시림이 마구 훼손되고 있으니 지구의 산소공급량에도 문제가 있을 것이고 또한 식수에도 위기가 도래할 것이다.

자연적으로 깨침의 눈이 열리지 아니하면 인간도 폐수와 같은 고사상태로 나가게 될 것이다. 부존자원이 자국의 국토 내에 얼마나 존재하는가에 따라 민생의 향방도 결정될 것이다. 우리 인간이 지구의 부존자원 보호에 앞서야 한다는 것은 정칙(正則)이다. 또한 이를 성취시키기 위하여 자국의 원시림이나 자연림을 확보하는 것이 급선무이다.

장마철을 맞이하여 자기 공장의 오폐수를 방류하면서 잘했다고 하는 소시민적 이기주의에 사로잡히지 말고 대국적으로 생각하지 아니하면 전멸이 가까워오고 있다는 것을 명심하여야 한다.

이러한 상태에 직면한 현시점에서 불교적 시각으로 다시 한번 살펴봐야 할 것이다. 불교의 사상은 연기사상이다. 초목성불(草木成佛)이란 말은 의미가 깊다. 지금까지 인간의 성불을 주장하였다. 그런데 초목성불이란 경이로운 의미를 부과하는 것이다.

사람이 성불하면 일체 중생의 보살핌이 가능할 것이다. 그러나 초목이 먼저 성불하여 인간을 보살피는 초목의식이 발달하면 어떻게 될까. 인간은 이성을 갖고 있으므로 뜻만 바로 세우면 자연윤리를 내놓을 수 있는 지혜가 있다. 그렇게 되면 초목도 성불할 수 있도록 자비를 베풀지 아니할까. 자연은 산소와 맑은 물을 공급하는 보살이고 사람은 독가스를 발생하는 삼독중생이라 하더라도 연기의 철학이나 교리를 터득만 한다면 자연을 보살피는 보살이 될 것이다.

자연성불과 인간성불이 맞닿는 곳에 공존의 미덕이 있을 것이다. 비를 보고 고맙다고 생각하면서 비를 해치는 오물방류심을 끊어버리면 자연은 저절로 청정하게 되고 그 청정이 인간에게 회향되는 연기의 사슬이 우리 앞에 가로 놓이게 될 것이다.

- 법사회보 95년 7월 -

사람은 제 몸 아픈 줄은 알건만…

꿈에 본
阿里水 물결은
맑고도 시원하였고
내 오장육부를
세척하는 약물되어
어지름 병 다 고쳐
저 하늘을 바라보는
눈 빛을 맑게 하더이다.

꿈에 날아가는 민들레 풍선은
낙하산보다 높게
떠가면서
노고지리만큼 높이 올라
하늘 빛을 닮아가더이다.

꿈에 본
故鄕은 봄버들이
시내물 아랫마을까지

내려와 흘러흘러
가는 봄물에
시린 발을 하얗게
닦아 주는
따뜻함이 있더이다.
지금 눈뜬 장님 되어
阿里水
물빛을 보지 못하는가
기름때 거품이
개글개글 곰팡이 피고
오물 오수
만창 진창되어
피라미 새끼
가쁜 숨으로 피 토하게
하고요.
막힌 가슴 숨막히게

민들레 솜덩이
황사하늘 유황바람에
날아갈 수 없어
허공 속에 회오리
시름시름 늙은 잎새
마른 땅에 죽어가네.

너 이젠
고향에 돌아갈 수

없으리라.
가느다란 실개울에
오물이 흘러가고
논두렁 이랑길에
비닐조각 뒹굴거리고
자운령 보라빛 풀꽃
한 포기 볼 수 없으니
우린 고향산천을
빼앗긴
自然의 棄兒 아닌가.

이제
꿈에 본 阿里水,
민들레 봄버들
찾으려는
어린아이가 되어야지.
阿里水 물 위에
민들레 내려 앉게하고
버들강아지 자맥질하게
바람·물 잠자게 하여야지.

이 글은 환경개선과 자연보호에 대한 마음을 표현한 것이다.
자연은 자연 그대로 두는 것이 현명한 일이다. 백 번 당연한 일
이다.
인간은 자연을 만들 수 있는 능력이 없다. 인간이 할 수 있는
자연을 이용하는 슬기만 갖추면 되는데 자연을 마음대로 위작하

려고 한다. 이것이 큰 병통이다. 사람[人]이 하는 일[爲]은 좋은 일도 많을 것이다. 그러나 위(僞)라는 한문은 사람의 손이 자연에 가면 거짓[僞]이 된다는 뜻이 있으니 어쩌면 좋으랴.

우리 법사회에서는 지난 6월 4일 황악산 직지사에서 인성교화와 자연보호라는 주제를 갖고 법회를 가졌다. 연 인원 천여 명이 참석하여 성대한 법회를 이루었다. 왜 이토록 많은 법우들이 참석하였을까. 이것은 간단히 답할 수 있다. 우리가 살고 있는 자연을 이대로 방치해서는 안 된다는 각오가 아로새겨 있기에 가능한 것이었다. 법사회에 귀속된 모든 법사, 법우, 재학생, 신도들은 이제 우리의 자연은 우리들이 먼저 맑히고 가다듬고 청정한 국토로 장엄해야 한다는 데 절실하고 각별한 관심이 샘솟고 있기 때문이다.

어느 절을 찾아가 보라. 거기에 수풀이 있고 맑은 물이 솟구쳐 오르지 않는가. 스님들은 언제나 거주하는 공간을 수풀로 에워 쌓으려는 신심이 발흥하고 있다. 일찍이 부처님께서도 말씀하셨다. 나무를 보지 말고 수풀을 보라고. 한 그루의 나무도 중요하다. 그러나 그 나무 하나가 모이고 모여서 살면 수풀이 되고 아란야가 되는 것이다. 우리는 지구를 아란야로 만드는 작업을 하여야 한다. 그럼에도 불구하고 지구를 사막이나 황무지로 만들고 있으니 이 어찌 안타까운 일이 아닌가.

수풀이 자라면 탄산가스를 빨아들여 상큼한 산소를 만들어 낸다. 사람은 산소를 마실 줄만 알고 산소를 만드는 작업을 하지 않는다. 인공적으로 산소를 만든다 해도 지구에 살고 있는 일체 중생이 필요한 산소를 공급할 수 없다. 그러나 자연과 수풀은 무진장한 산소를 공급할 수 있는 공능을 갖고 있는 것이다. 자연은 산소의 공덕장이다. 이 공덕장이 제대로 활동하려면 자연이 훼손되지 아니하고 자연의 원시림을 이루고 있을 때만이 가능한 것이다. 이 가능의 공덕장에 우리가 폐해를 주는 것은 연기의 실상을 이해하지 못하는 무지에서 비롯된 것이다.

이제 인간은 기계적 인간이 되어 탄산가스, 프레온가스, 아황산가스가 우주 천지에 뒤덮인 세상에서 살 것인가. 아니면 자연이 무한히 생기게 하는 산소를 무진장 공급받고 사는 세계를 지속시키느냐 하는 기로에 서 있다. 우리는 양자택일을 하여야 한다. 과학적 편리주의의 예속물이 될 것인가. 자연적 편안에서 살 것인가에 대한 확실한 선택을 하여야 할 것이다.

자연과 인간은 차별된 현실이 아니다. 자연과 인간이 하나라는 불이적(不二的) 사유방법을 각성시켜야 한다. 아리수(阿里水) 강물은 본래 청정하였다. 그러나 인간의 위작의 손길이 닿아 이제는 피라미 새끼도 살 수 없는 오물·폐수로 되었으니 인간인들 어떻게 살 수가 있을 것인가. 아직도 희망을 버리지 말고 국토청정이 신토불이라는 사상으로 뻗어나가 여기서 신앙성이 확립되어야 할 것이다.

우리가 살고 있는 지구를 아란야로 만들어 인간이 인간으로 장엄된 하루를 살게 하고 산과 들, 하늘과 땅을 극락으로 전환시키려는 원력자들이 속출하여야 할 것이다. 그러므로 직지사의 법회는 더더욱 중요한 의미를 부여한다고 본다.

이와 같은 자연 청정도량을 염원하는 법회를 날마다 가정에서 지구의 모퉁이에서 모두가 하고, 이러한 과정에서 법계 청정법신이 안주케 하는 시방세계가 되어야 할 것이다. 이 일은 먼저 자각한 불자가 해야 하고, 이것이 보살불교의 서원일 것이다.

- 법사회보 96년 7월호 -

여래자연(如來自然)

'94년의 여름은 폭염의 여름이고 가뭄의 여름이었다. 그 더위 그 가뭄은 참으로 살인적이었다. 그러나 생명이 살아야 한다는 일념은 한국인 모두의 가슴에서 강인하게 솟구쳐 올랐다. 농사짓는 사람, 농산물을 소비하는 사람, 군인·공무원·학생·시민 모두 모두가 하나되어 가뭄을 극복하기 위하여 한 방울의 지하수라도 끌어 올리기 위하여 온갖 고생을 다하였다.

또한 급기야 태풍이라도 왔으면 하는 요상한 바람을 갖기도 하였다. 얼마나 비가 그립고, 물이 필요하길래 태풍을 맞이하려 하였던가. 그러나 우리 땅, 한국은 복을 받는 대지인가 천지인가. 태풍 더그가 비껴 스쳐가면서 우리에게 감로와도 같은 빗물을 내리지 않았는가. 지성이면 감천이란 말이 헛말이 아니구나.

이것은 희망이다. 인간이 참으로 원초적으로 갈망하면서 있는 힘 다하여 노력하면 하늘도 인간의 마음을 헤아려 주신다. 우리는 이 깊고 오묘한 기도의 공능을 확실하게 믿어야 할 것이다.

감나무 아래에서 입만 벌리고 있는, 요행수를 바라는 헛된 삶을 사는 것이 아니라 노력하고 원력을 성취하려는 근원적인 노동을 하면서 살아야 하는 것이다. 한 찰나의 순간에도 노동을 하여야 한다. 노동처럼 숭엄한 것은 없다. 삽질을 하며, 땅 속에, 흙

속에, 가늘게 스며 있는 물방울을 찾아 이마에 땀 흘리고 등바지에서 뜨거운 물기가 솟구칠 때 벼포기, 고추 잎새, 배추줄기에 물기가 건너지게 되나니 생명수 이것은 자연의 위덕이다.

자연은 생명의 물을 적시면서 영글어 간다. 이 성스러운 공사에 어느 누구도 비켜서지 않고 나태함 없이 혼신의 노동을 헌공하였다. 산 위에서 기도하건 굴 속에서 비손하건, 아니 광야의 폭염 속에서 원형이정(元亨利貞)의 참회를 하던, 이 모두가 인간과 자연이 불이(不二)함을 의미하는 기도인 것이다.

인간의 생명은 자연의 법이(法爾)로서 이룩되지 아니하면 안된다는 것을 자각하여야 한다. 이 자각의 의미가 무엇인가. 그것은 불교의 연기원리를 이해하는 것이다. 불교의 연기 원리는 생명이 생명답게 자리하는 것이다. 자리바꿈하면 편할 때도 있지만 불편할 때가 있다. 식물은 제 생명을 바르게 살리기 위하여 제 자리에서 성장하여야 한다. 난초의 서식지도 일정한 환경조건에서만 가능하다. 함부로 이식시키면 고사현상이 일어난다. 중국의 팬덤도 귀한 대나무 잎만 먹고 산다. 제가 살고 있는 자리를 옮기면 팬덤은 위험한 경우가 발생한다.

이처럼 생명의 군락지가 있고 생의 터전이 있게 마련이다. 이러한 삶의 원초적인 장양지를 반역하면 동식물은 멸종을 하게 된다. 이러한 생명의 보존이 연기적 원리로 현현되는 이치를 우리는 습득하고 인지하여야 한다. 불교의 사상은 생명의 실뿌리를 바르게 살리는 길이다. 이 원리에 접근하는 마음을 환하게 하여야 한다. 우리들은 너무나 세속화되어 대물적인 욕망으로 자연을 훼손하고 정복하려 한다.

그 결과에 의하여 편리하고 유용한 과학적 가전제품, 소비부품이 무량하게 쏟아져 나오고 있다. 사람들은 이러한 생활이 최상의 문명이기라 생각한 것이다. 그런데 이 문명의 이기가 인간을 황폐화시키고 자연을 오염시키게 된다. 일회용 산업과학품이 사람을 괴롭히는 것이다.

과학적 발명과 자연적 발생과는 커다란 차이가 있다. 자연적 발생은 자연적 소멸을 언제나 함유하고 있다. 그러나 과학적 발명은 소멸을 고려하지 않는다. 성·주·괴·공하는 법연을 따라야 한다. 이것이 자연과 인간이 공존공영하는 원리이다.

우리는 이 여름을 뜨겁게 지내면서 가을의 청량함이 바로 눈앞에 다가오고 있음을 감지하여야 한다.

어제가 처서다. 그런데 대기가 변하고 있지 않는가. 뜰 앞의 귀뚜라미 소리가 합창하는데 언제 매미소리는 사라졌는지.

부처님의 생멸법이 무상이라 생각하지 말고 바로 여래의 진실이란 사실을 감득하여야 한다. 여래불생(如來不生) 내래불멸(來來不滅)하는 세계가 여래본도(如來本道)라고 공부하여야 할 것이다.

그린 운동은 중생 그린으로

　영산강 강물은 흐리다기보다 새까맣고 썩은 냄새가 진동한다. 사람이 마시는 물이 이 지경에 이르렀다면 사람들이 하는 일이 무엇인가. 다시 한 번 생각해 볼 일이다.

　민물고기가 하얀 배를 하늘을 향하여 내놓은 채 떼죽음의 참상을 연출하고 있으니 목불인견이다. 왜 이렇게 되었을까. 공장폐수의 방류에도 그 원인이 있겠지만 생활하수도 문제의 요인이 될 것이다. 그러나 더 중요한 것은 자연의 개발이다. 자연이 개발되면 그것은 자연이 아니다. 자연은 천연무위의 것이다. 만약에 사람의 손이 가면 그것은 인공의 힘으로 이루어진 것이라 인위적 환경이다.

　우리는 지금 막중한 과오를 범하고 있다. 세계 도처에 인간의 힘이 미치지 않는 곳이 없다. 히말라야의 고산준봉도 인간의 쓰레기 방치로 훼손되고 있다고 하니 가히 인간의 범법행위, 자연파괴 행위는 만물의 영장이라 제한된 범위를 초월하고 있다.

　세계 사람들이 눈만 뜨면 주장하는 일 중의 하나가 그린(GREEN)이라는 명제를 갖고 자연보호를 하자는 논의이다. 요새 말 가운데 그린이라는 말이 판을 치고 있다. 그린라인 그린피스 그린라운드 모두가 그린이다. 그러나 정작 인간의 행위만은 그린이 되지 않고 있으니 참으로 큰일이다.

　불교도가 살고 있는 곳을 임원(林園), 총림, 아란야라고 하는데 이 말은 의미있는 말이다. 사람은 숲과 함께 살아야 하고 나무와 같이 호흡하여야 한다. 승중(僧衆)이 살고 있는 자연공간은 바로 총림이었다. 푸르름이 가득한 향기가 천지사방에 퍼지는 청림(青林)이었다.

　산에 사는 사람이 부드럽고 자상한 것은 숲의 마음을 드러내기 때문이다. 그윽히 조용한 생명의 숨결을 가만히 가만히 드러내기 때문이다. 그러므로 승가람은 적정처요, 안온처이며 열반이 자리하는 곳이다. 그러나 우리들은 이러한 적정아란야를 마구 뒤흔들고 있다. 사람이 편하고 넓게 살아야 할 공간을 마련하기 위하여 촘촘이 우거진 나무를 함부로 베어 넘기고 집터를 광활하게 만들고 있는 것이다.

　종전에 같이 살았던 숨쉬던 나무들을 모두 베어넘기고 사람만이 살 땅을 만들기 위하여 수백년 수십년 장성한 거목을 무참하게 꺾어넘기고 있는 것이다. 나무가 숨쉴 곳이 없으면 사람도 숨쉴 곳이 없어지고 만다. “아니 무슨 잠꼬대를 하는가. 나무는 나무이고, 사람은 언제나 사람으로 사람본위가 되어야 한다.”라고 주장할는지도 모른다. 하지만 여기서 생각 나는 말이 있다. 인본주의는 바로 인간중심 주의다라는 이 명제가 얼마나 세상을 어지럽게 하는가를.

　인본주의, 그것은 인간만이 중심이 되라는 것이 아니다. 이것은 신본주의 체제 아래서 인간성이 상실되고 다시 헤어나지 못하므로 신이 아닌 인간이 주인이 되어야 한다는 점을 주장하는 것이다. 그런데 인간본위로 한다고 하여 자연을 예속화시키거나 자연을 인간의 종속물로 간주하고 하위개념에 두게 된다면 지극히 위

험한 발상인 것이다. 이런 점에서 문화인식의 철학은 새롭게 등
장하여야 한다. 인본주의는 인간이 신의 구속이나 신의 종속이
아니라 인간본연의 지고한 지위를 차지하고 있다는 것이다. 건강
한 자연이 건전한 인간의 삶을 보장하여 준다는 점에서 자연에
상응하는 철학을 학습하여야 할 것이다. 이것이 인간이 그린이
되는 공부다. 사람도 그린으로 진행하여야만 자연도 그린이 된다.
　『유마경』에서도 말씀하고 있다. 마음이 청정하면 국토가 청정
하게 된다고. 마음이 그린이 되어야 자연도 그린이 되는 것이다.
여기에서 우리는 연기 상응의 교설과 맞닿게 된다. 연기사상은
하나와 하나의 생성은 일체의 생성과 깊은 관계가 있는 연기무진
의 관계임을 인식하여야 한다. 이것이 화엄의 연기사상이다. 불교
를 신앙하는 불자들은 이 연기무진의 법을 깨치고서 다른 사람들
을 깨우치기 위하여 길거리로 나와야 한다.
　나하고 관계없는 자연인데 내가 무엇이 답답하여 간섭할 것인
가고 내버려 두려고 하지 말라. 자연은 바로 나다라는 깨침의 소
식을 받아 들여야 한다. 『열반경』에서도 초목 군생이 모두가 한
중생이라고 하였다. 이 교설은 고도의 그린라운드 운동의 철학이
담겨 있는 것이다. 초목군생성불이라는 말로 표현한 이 말은 성
불의 길이 인간에게만 있고 자연에게는 없다고 단정한 대물천시
론이 빚어낸 비극을 극복할 수 있는 깨침의 소리다.
　우리는 이제 모두가 불교인이 아니 되어도 좋다. 그러나 불교
를 이해하는 세계시민이 되어야 한다. 불교는 그 종교를 신앙하
는 사람에게만 정법의 진리로 선양되는 것이 아니다. 비신자에게
도 삶의 슬기를 주는 교설로 전용되어야 하는 것이다. 불교의 영
역은 광대무변하다. 불교를 믿는 쪽에만 여래의 가르침이 오가는
것이라면 한쪽만 오가는 일향성 진리가 아닌가. 그러므로 전일성

(全一性)의 교설이나 불이중도의 길을 가슴으로부터 터득하여야 한다.

불교는 시방세계에 살고 있는 모든 중생에게 비로의 광명으로 투광하는 빛이다. 산과 들, 도시와 농촌, 바다와 강물과 나무, 과일과 뿌리 이 모든 생명체에 부처님의 깨침이 무한하게 습윤되지 않는 것이 없다. 그러므로 관자재 보살은 자재성이 되어 능동적 활동을 할 수 있게 생명의 깨침을 베푸는 것이다. 보살은 혼자 사는 성문승이 아닌 것은 일체와 무진하게 관계되는 보살핌의 인드라 그물망이다.

우리 모두 불교의 길을 새롭게 공부하면서 자연이 파괴되고 훼손되는 중우적 아집을 혁파하여야 한다. 수난(水難), 화난(火難), 지난(地難)은 모두 사람의 삼독심에서 작동된 악업임을 다시 인식하여 법계시방이 그린 운동이 되는 우주녹화(宇宙綠化)하는 중생 그린으로 살아야 할 것이다.

산에게 물어보라

  아득한 옛날부터 하늘과 땅 그리고 사람은 언제나 불가분리의 깊은 관계를 맺고 살아왔다. 사람이 아무리 행복하게 살려고 하여도 그렇게 쉽게 되지 않았다. 하늘이 노하거나 땅이 요동을 치면 사람이란 쓸모 없는 존재에 지나지 않는다. 그러므로 하늘에 빌고 땅에 절하는 습성으로 사람의 생활을 윤택하게 하려고 노력하였다.

  이러한 사고방식이 유사 이래 오래도록 존속하고 있음은 사실이다. 그것은 자연이 순리대로 이행되기를 바라는 것이다. "민심이 천심이다"라고 할 때 사람의 마음은 순박하게 되어 모든 자연을 숭배의 대상으로 생각하여 한 치의 허물어뜨림이나 부수어 버리는 마음을 갖지 않는다. 바로, 자연과 인간이 동화되어 삶을 영위하는 것이다. 천심이 뇌동하거나 악순환할 때 그 아래 사는 사람은 커다란 피해를 받게 된다. 그러므로 우리는 발원 속에 우풍순조(雨風順調)를 지극히 염하고 있는 것이다.

  오늘날 우리의 산하를 보면 인간이 자기 필요에 의하여 자연을 개발하고 있다. 사실 개발이라고 하지만 자연은 개발되는 것이 아니다. 자연이란 절로 형성된 것이고 또한 역사 속에서 오랫동안 숭엄한 신성으로 비장되고 활력소를 주면서 그대로를 현시하고 있는 것이다. 그런데 요사이 그 개발이 자연의 모든 형상을 바꾸어 놓고 있다. 앞으로 수천년이 지나도 되돌릴 수 없는 인공적인 형태로 변질시켜버리는 것이다.

우리 나라도 이 일에 한 몫 하고 있다. 개발이란 명분 아래 강·하천·계곡 등을 가로막아 만드는 댐은 물의 흐름을 인간에게 편리하도록 변경시켜 새로운 위치 에너지를 만들며, 그것을 산업발전에 사용하고 있음은 사실이다. 그러나 댐은 물줄기를 인위적으로 끊어버림으로써 자연 생태계의 변화를 가져와 또다른 피해가 엄청나게 발생하는 것이 현실로 나타나고 있다.

어느 곳에나 댐이 건설되면 댐 유역의 기상과 토양 그 밖에 동식물의 생태계가 크게 변하게 된다. 자연생태계의 변화를 걱정하는 사람들은 많지만 역사적이고 문화적 유산이 일실되거나 수중으로 매몰되는 것은 대단치 않게 생각한다.

우리는 댐을 건설하여 기간산업의 에너지를 얻어 내어야 한다. 농수·식수·공업수 등 물의 이용과 수력 발전을 통한 전력 등이 모두 댐을 통해 얻어낼 수 있는 것이다. 그러나 댐의 효용이 큰 것에 비례하여 자연을 훼손하거나 역사적 문화를 수몰해 버리는 손실도 간과해서는 안 된다. 그리하여 문화재를 발굴하여 그 유물을 보존하기도 하지만 그 문화사적 유적지는 영원히 수장되어 버리는 것이다.

그런데 현행 환경 보전법(5조)은 "도시 개발 산업입지 및 공업단지 조성, 에너지 개발, 항만 건설, 도로 건설, 수자원 개발 등 환경보전에 영향을 미치는 사업에 관한 계획 수립 행정기관, 공공단체 및 정부 투자기관의 장은 그 계획이 환경에 미치는 영향을 평가하고 미리 환경청장과 협의해야 한다"고 규정하고 있다. 백번 옳은 조항이다. 그러나 이러한 조항이 사실 어떤 형태로 적용되는가에 대해서는 회의적이다. 우리 나라는 지난 20년 동안 20개의 댐을 건설하였고 현재도 8개 댐이 공사 중이며 또한 17개의 댐이 계획되고 있다.

그러나 이 모든 댐들은 환경영향에 대한 평가 없이 강행되고 있다. 왜냐하면 개발하면 잘 살 수 있다는 집념에 사로잡혀 있기 때문에 우선 개발하는 것만 급선무이고 환경형태의 영향에 대해서는 별다른 신경을 쓰지 않고 있기 때문이다.

낙동강 하구언 공사에 대하여 환경영향평가를 하는 등 상당한 논란이 있긴 하였으나 적당한 타협이 이루어져 개발공사가 진행되고 있다.

이런 일들은 그렇더라도 근자에 조계산 영봉 밑으로 도수로를 계획하고 그것을 실행하는 단계에 와서 송광사 측과 맞부딪치게 된 것이다. 과연 힘이 좋구나 하는 생각에 사로잡히게 된다. 힘이 있으면 전지 전능한 일을 할 수 있다는 사고방식이 큰 일이다.

조계산, 이 산은 자연의 숭엄함이 도사리고 있는 영산이요, 한국 불교의 선사상이 맥맥히 이어져오는 선산(禪山)이다. 고려시대에 보조 스님이 불교를 바르게 이끌기 위해 뜻있는 분들과 결사를 맺어 고려 불교의 정수를 체계화시킨 곳이 바로 송광사가 아닌가. 일제 치하 당시 조선 불교를 일본 불교에 합병하려는 연합 7조가 가인될 때에도 송광사 스님들은 홀연히 반기를 들지 않았는가.

광복 이후 한국 불교가 정화 운동을 하여 시정으로 달려오는 승려가 많을 때에도 송광사에서는 총림을 되살려 수행승단의 본보기가 된 곳이다. 그리하여 지금도 효봉 스님, 구산 스님의 뜻이 면면이 승계되어 한국 유일의 국제선원으로서의 면모가 빛나고 있지 않는가.

우리는 송광사를 한국 불교의 승보종찰로 장엄하고 보호할 의무가 있다. 승보종찰은 주변의 자연에서도 그 숭엄과 비장함이 선재되어야 한다. 도수로를 만드는 것으로 자연이 훼손되어서는 결코 안 된다. 그리고 송광사는 고풍이 풍기는 사찰이 되어야 한다. 사찰은 수도하는 곳이지 편리한 생활을 하거나 편안하게 안주하는 곳이 아니다.

그러므로 원시림과 같은 자연환경 속에 원초적인 일심을 참구하려는 선객의 마음가짐이 앞서 있도록 되어야 한다. 사람이 너무 지나치게 편히 살려는 생각을 지니게 되면 사람 이외의 모든 것은 어떻게 하여도 괜찮다고 생각한다. 이러한 생각이 위험한 것이다. 사람도 엄밀히 보면 자연이다. 자연과 같이 사는 사람이므로 그 자연이 파괴되거나 훼손되면 인간은 그 삶이 온전하게 되지 않는다는 것을 이해해야 한다.

힘이 있다고 업신여긴다거나 불교에서 양보할 수 있지 않느냐 하는 등의 발상은 마땅히 고쳐야 한다. 힘으로 하는 일은 따로 있다. 불교의 정신이나 선가의 본당을 파괴시키는 데 힘이 작용한다면 그 힘은 정력(正力)이 아니고 사력(邪力)이다. 이 사력을 다하여 끝내 완성시키려고 한다면 사력(死力)에 부딪히게 될 것이다. 죽을 생각을 갖고서 왜 못된 힘을 쓸 것인가. 살 생각을 하고서 모두가 기쁘게 환희하는 방편을 찾아 내어야 한다. 그것은 우회하는 길이다. 지혜로운 사람은 한 번쯤 돌아가는 길도 있어야 한다.

혹자는 산업수로를 만드는 데 불교가 보살심으로 양보하면 어떠냐고 이야기 한다. 그러나 보살심은 양보를 초월한 자비인 것이다. 쌍방이 양보라는 관점을 놓고 이야기한 것이 아니라 본래 당국 쪽의 언지·독선·편견 즉, 힘이면 다 된다는 것으로 이쪽

에서 양보라는 미덕으로 공덕을 지어보면 어떻겠는가 하는 것은
참으로 어불성설이 아닐 수 없다. 산을 막고 물어봐라. 그 답이
무엇이 될 것인가. 힘은 보살이어야 한다.

- 대원 85년 11월 -

소에 코뚜레를 씌운 것이 자랑인가 수치인가

소와 말에게 네 개의 발이 있는 것 이것은 하늘이다. 말머리에 굴레를 달고 소의 코를 뚫어 코뚜레를 씌우는 것 이것은 사람이다. (牛馬四足 是謂天 絡馬首 穿牛鼻 是謂人)

이것은 『장자 외편』 어록에 나오는 말이다. 이 말을 음미하면서 오늘의 세상사를 살펴보는 것도 허망한 일이 아닐 것이다. 우리들은 장자를 도(道)에 지극한 무위(無爲)의 성자로 보아 오늘날 사회에 합당하지 아니한 인물로 여긴다. '자연스럽게 산다는 것은 무슨 의미가 있을까'하며. 그러나 장자의 생각과 생활은 참 인간의 길을 느끼게 한다.

소와 말은 누가 부여하였는지 모를 일이지만, 자연 네 발이 있는 것이다. 이 네 발로 소와 말은 들녘으로 야산으로 물가로 찾아다니면서 먹이를 먹으면서 자연적인 생활을 한다. 사람도 매한가지였다. 본래부터 사람은 손발을 이용하면서 산의 열매와 강의 물고기를 잡아먹고 살았고, 또한 씨를 뿌려 곡식을 거두어 식량으로 삼아왔다.

그런데 언제부터인지 사람이 말 머리에 굴레를 달고, 소에다 코뚜레를 꿰게 되었다. 소와 말에 대해서는 대단한 구속이 아닐 수 없지만 사람에게는 여간 편리한 것이 아니라고 생각하고 기뻐했다. 그러나 이것은 도(道)에서 술(術)로 내려간 것이다. 도는 언제나 자연 그대로의 우주성이다. 그러나 술은 도를 깔보는 꾀가 담긴 기술성이다.

이 세상에는 먼 옛날부터 순연히 있어야 할 우주성이 하나씩 파괴되기 시작하여 지금은 온통 기술성이 우주를 좌지우지하고 있다. 사람들은 이것을 최상의 길이라고 생각하여 날이면 날마다 역사 속에서 이 기술성을 발전시켜 왔다. 이제는 자연이라는 말은 관형화된 말이지 진의(眞意)의 자연이 아니다.

사람과 대칭된 산, 구름, 하늘, 비, 눈, 번개, 봄, 여름, 꽃, 나무 이러한 것을 자연이라고 부르긴 하지만 순연한 자연은 아니다. 자연은 술(術)에 의하여 손때가 묻지 아니한 천연의 우주성이어야만 자연이라고 할 수 있다. 이것이 인간의 예속적이고 종속적 대상으로 전화되어 버렸다. 다시 보면 세간에 존재하고 있는 미물을 비롯하여 만물은 인간의 손때가 묻지 아니한 것이 하나도 없다. 도가 모두 파황(破荒)당한 것이다. 이 도가 파황되고 사니, 인간의 마음도 무너지기 시작하여 박제된 인간만 살고 있는 것이다. 지금 살고 있는 인간을 박제니 형해니 하면 이의가 제기될 것이다. 그러나 인간이 우주성의 도를 버리고 술을 앞세워 살게 되었다면 박제라 불려도 어쩔 수 없다.

왜 인간은 자연으로 돌아갈 수 없을까. 제 손으로 제 발로 먹이를 찾아나서지 않고, 무엇을 이용하여야만 한다는 생각을 하게 되는 것일까. 술을 개발하지 아니하면 사람은 죽는다는 미망에 사로잡혀 있기 때문이다. 마음의 공부는 한치도 늘지 않았건만 과학 문명은 우주를 뒤덮을 정도로 확장되어 간 것이다.

인간이 도구를 만들어야 잘 살 수 있다는 생각은 원시인으로서는 옳은 판단이었는지 모른다. 그러나 그 도구가 무구(武具)가 되고 살상의 무기가 되었다면 인간이 도구를 만들게 된 그 발상이 허물이 아닌가.

지금 걸프 전쟁이 한창이다. 단기, 장기, 휴전 그 어느 쪽도 쉽게 가늠할 수 없는 인간살상의 전쟁이 계속되고 있다. 지구 한 모퉁이의 전쟁이 아니라 지구 전체, 세계 전체, 자연, 바다, 하늘, 비, 바람, 구름 어디에 걸리지 아니한 것이 없는 무서운 전쟁이다. 기름이 바다와 하늘을 뒤덮고, 무서운 살상무기, 생화학 무기, 급기야는 핵까지 사용할 조짐이 있는 지구괴멸의 대화겁전(大火劫戰)이 박두하고 있다니 상상하기도 싫은 일이다.

이것이 왜 일어났는가. 가장 건전한 사람이라고 생각하고 있는 위정자에게 도성(道性)이 멸진된 까닭이다. 도성(道性)은 우주성(宇宙性)이고 불성(佛性)이다. 건전한 사람이니까 세계의 정의를 위하여 싸운다고 하지만 이것은 말이 안 된다. 싸움을 하지 않고 세계를 다스리는 슬기를 찾아야 한다. 걸프 전쟁 이후 세계질서가 미국에 의하여 잡혀가야 한다고 고집하는 것은 큰 잘못이다.

미국은 벌써 잊었는가. 1919년 월슨의 선언을. 민족자결주의란 명제를. 사실 이 지구에는 숱한 민족성과 자연성이 있는 것이다. 민족은 그 지역의 특수한 자연성에 의하여 생겨난 것이다. 그러므로 그 특수 민족성은 자연에 맡겨야 한다. 그러나 신이 하나여야 하고 나의 신에게 복종해야 한다는 아집으로 말미암은 세계질서의 획일화가 무서운 전쟁을 야기하게 된다. 민족의 자결은 생명의 실상이다. 식물도 군생하는 특성을 갖고, 동물도 군집하면서 제 종성을 유지하고 있다.

세계질서가 무력과 경제력으로 뒤바뀌고 있는 것은 가공할 일이다. 유엔이 아무런 일을 할 수 없는 입장이 된 국제정치는 암담할 뿐이다. 유엔이 국제질서를 가늠하여야 할 천평칭(天平秤)을 도둑 맞았다. 지금이라도 유엔이 제 위치에 올라서야 한다. 그리하여 인류멸망의 지옥전을 막아내야 한다.

더불어 후세인의 기고만장한 영웅심도 꺾어야 한다. 이라크인 50만이 죽어도 다국적군과 맞싸우다 죽은 성전으로 돌리겠다고 하는 망상을. 국민 한 사람을 전쟁에 내세우는 아상을 버려야 한다. 독전하는 장수가 되지 말고 전쟁관을 버리는 보살심을 개발하여야 한다. 아니면 독전자가 바로 소총수가 되어야 한다. 전쟁을 기피하는 것이 비겁자라고 치부하지 말고 전쟁을 생각하지 않는 해탈자가 되어야 한다.

그러나 오늘날은 너무나 문명이 많이 생출하여 이 세계를 어지럽히고 있다. 문명이 아니면 생활할 수 없다는 편집증 환자가 늘어나고 있는 것이다. 자연스럽게 살려고 생각하지 않는 마음은 모두가 전쟁이다. 무심하게 살지 않는 마음은 모두가 전쟁이다. 무욕적 안온을 누리지 아니하고, 하나라도 자기 소유물로 만들려고 눈불을 밝히고 발버둥치면서 사는 것은 모두가 전쟁의 소총수다. 우리 마음 속에 전쟁의 소총수를 몰아내려면 모든 존재는 하나같이 제 자성이 있음을 깨쳐야 한다. 자성으로 화합하면서 사는 것이 인간의 화합이요, 민족 자결주의요, 세계의 일화이다.

우리 인간이 말과 소에 굴레나 코뚜레를 씌운 것이 자랑인가 수치인가를 생각하고, 지금 자연적 우주성으로 살아야 하는가, 문명의 과학으로 전쟁의 겁화(劫化)에 함몰되어야 하는 것이 정칙인가 생각하여야 한다. 인류 5천년의 역사 속에 이성적 화평을 산출하지 못하고 술적(術的) 무기의 노예가 되어가는 지금이 안타깝다. 학의 다리를 꺾어야만 문명을 이용하는 문화인인가. 뱁새의 다리는 짧아도 대자연의 숨을 쉬면서 잘 살고 있지 않는가.

- 대중불교 91년 3월 -

71

숲속의 생각

내가 어릴 때는 개미와 배짱이의 이야기를 들으면서 퍽 감명을 받았다. 그러나 요사이 아이들은 이런 동화적인 이야기가 별로 감흥이나 교훈이 되지 않는 것 같다. 전자오락에 마음을 팔고 마징가 Z, 슈퍼맨 등에 시간을 많이 주며 살다보니 자연히 아이들의 사고방식도 오락, 과학적인 기물에 흥미를 쏟게 된다. 그리하여 개미의 부지런함이나 배짱이의 게으름에 교육적인 지식을 얻지 못하고 개미는 땅 속에 살면서 구멍을 잘 팔 줄 안다던가 배짱이는 구성진 소리를 낼 줄 아는 곤충으로만 돌려 버리고 만다.

자연의 모든 소재에서 정서를 살찌우는 것이 아니라 삭막한 장난감으로 사는 것이 오늘날의 아이들이다. 흥분하는 감정은 있지만 애민하는 정서는 없는 것이다. 이러한 시대가 오래가면 갈수록 사람도 한갖 산업시대의 부속품으로 하락할 경우가 올 것이다.

어느 누구를 막론하고 사람은 정서가 넘쳐 흘러야 한다. 정서는 자연에서 느껴야 한다. 사람이 제 아무리 큰 힘을 내어서 일을 한다고 하지만 자연에 비견하여 보면 그것은 미약한 존재임에 틀림없다. 그러므로 아이들에게 대자연의 섭리를 체험하도록 많은 자리를 만들어 주어야 한다. 많은 철학자가 숲 속에서 생활하면서 인간의 심성을 구현하였다는 것은 자연이 바로 사색을 주는 고향인 것이다.

  나의 생각이 잘못된 것인지 모르지만 슈바이처 박사가 도시 한복판에서 모든 병고에 시달리는 사람을 구원하였다면, 그 빛이 빛나지 아니 하였을 것이다. 슈바이처 박사가 아프리카 깊숙이 살고있는 미개인에게 인술을 베풀고 사랑을 나누어 주었기 때문에 더욱 고귀한 것이다. 모든 것이 잘 갖추어진 세계, 편리하고 과학적인 도시에서 편안함을 유지하면서 의료봉사를 하였다면 대단한 영광이 슈바이처에게 가지 아니하였을 것이다. 암흑 같은 미개한 아프리카에서 인생을 남을 위하여 이바지한 철인이자 종교가였기에 찬란한 역사에 점철되어지고 있는 것이다.

  우리는 가을이면 사색을 하고 독서를 하여야 한다고 하지만 사실은 사색은 일년 내내 하여야 하고 독서도 그 손에서 책을 놓지 말아야 한다. 그리고 시간을 많이 내어 자연 속에 묻혀 보는 일을 하여야 한다. 자연은 스승이다. 자연이란 것은 인간이 바로 자연스럽게 되는 것을 암시하여 준다. 자연이 암시하고 가르쳐 주는 것을 보지 못하는 사람은 아둔한 사람이다.

  도시 사람이 알고 있는 지식이 많다고 하더라도 그것은 반들반들한 기름이 묻은 지식이다. 그러나 자연 속에서 체험하여 터득한 앎은 부드럽고 물기가 스며있는 신성미가 나는 지혜의 소박함이다.

  사람은 잘 살고파 하고 더 부유하게 되고자 하지만 조금씩은 줄이고 하나씩은 버리고 사는 마음을 가져야 한다. 너무 지나치게 많이 자기 앞으로 소유하려는 것은 짐이 되고 많다. 짐은 갖고다니기 알맞은 것이 좋다. 그러나 홀가분한 맨몸으로 선뜻 집을 나서는 나그네는 바로 자연의 섭리에 일치하는 마음을 가진 사람이다. 어린아이 때부터 홀가분하고 거침없이 살 수 있는 자

연스런 인간이 되도록 우리 모두가 길을 열어 주어야 한다. 지나
친 기계문명과 산업사회를 헤쳐갈 기름묻은 지식을 가르치지 말
고 안개 속에 어린 물기 같은 지혜를 품고 살 수 있는 방법을 부
모는 내 놓아야 할 것이다.

- 아사달 82년 10월 -

제2장

부처님께 다가서는
법사의 고백

법사는 여래의 광명을 만드는 사람이다.
법사는 여래의 생명을 승계한 사람이다. 법사는 등불에,
전법에, 봉사에 가슴을 바치는 일꾼이 되어야 한다.
세상이 모두가 오염되어 불신의 늪이 깊어진다 하더라도
법사는 물들지 않는 연꽃의 청정한
생명수를 길어올리는 공덕수의 물레방아다.
한시도 쉬지 않고, 머물지 않고, 간단없이 청정한 물을 길어 올린다.
중생의 생명을 치유하기 위하여, 중생의 숨결을
고르게 하기 위하여 그 물결은 쉬지 않는다.
연꽃의 작업을 본받음이 법사가 할 일이다.

정법안장을 위한 깃발

정법은 진리의 깃발이다. 정법은 역사의 생명이다. 정법이 바르게 생명하지 아니하면 정법은 무의미한 것이다. 깃발이 흔들리지 아니하면 깃발일 수 없다. 바람에 나부끼는 깃발은 생명성이 있고, 대기에 역사의 의식을 날리고 있는 것이다. 흐르는 물이 고여만 있으면 끝내는 썩어 갈 것이다. 도도하게 흐르는 물이 되어야만 생명성을 발현할 것이다.

정법이 깃발이라든가 정법이 역사라고 하는 것은 상징적인 의미만도 아니다. 한국불교는 정법구현의 선명한 깃발을 중생의 하늘에 찬란히 휘날려 나가야 한다. 중생이 방황하고 갈피잡지 못하여 허둥대고 있는데 방향잡이의 깃발을 앞세워 가는 것이 없다면 한자리에 주저앉고 말 것이다. 한국불교에 역사의식의 불덩이를 냉한지의 벌판에 내쏟지 않으면 무명중생은 얼어붙고 말 것이다.

하늘에는 바람이 있어야 하고, 땅에는 불덩이가 있어야 한다. 파란 바람이 일어 중생의 마음을 청량하게 하여야 하고, 빨간 불덩이가 있어 중생의 마음을 뜨겁게 하여야 한다. 이 세상 어디에 가도 검은 바람이 불고 이 역사 어디에 와도 식은 불티가 날고 있다면 우리는 삶의 의지를 상실한 것이다.

정법은 의지를 키우는 힘이다. 정법은 역사를 들추어 내는 싹

눈이다. 정법은 보리심을 발양하는 발원지이다. 삶을 야물게 하는 의지, 살아온 어제를 돌보는 역사를 새롭게 가다듬고 다시 키우는 보리심을 자아내어야 한다. 물레에서 실을 자아내듯이 역사는 쉼없이 창의하고 창달하여 나가야 한다.

어린아이에게는 부드러운 음식을 먹여야 하고, 잘 삭여낼 수 있는 음식을 공급하여야 한다. 아이들에게 지나친 육단식을 먹이는 것은 아이들의 생명에 위험을 줄 수 있다. 원도 제 뜻에 알맞는 원을 세워야 한다. 제 힘에 겨운 원을 세우는 것은 욕망이지 원일 수 없다. 어떤 본분사에 대한 일도 마찬가지다. 원과 정진력이 역부족한 사람이 본분사에서 살려고 하는 것은 과욕이다. 이 과욕이 역사적 과오를 범하는 것이다.

그러므로 우리 정법을 구현하려고 발심한 여래의 종도는 다시 생각하여야 한다. 나는 여래의 방에 들어왔는가, 만약 여래의 방에 들어 왔다면 입고 있는 여래의 옷이 내 몸에 잘 맞는가, 여래의 자리에 앉았다면 그 자리에서 부동의 자세가 되었는가 한번 생각하여 보아야 한다. 아니 한 번만 아니라 무량대수로 생각하여야 한다.

어찌 쉽게 방에 들어와 옷을 입고 자리에 앉을 수 있는가. 신심을 내었다고 하여 모두가 신심일 수 있는가. 한 걸음을 잘못 걸으면 한 단추를 잘 못 끼우면 어떻게 되는가! 신심도 정직하고 성실한 신심을 내어야 한다. 삿된 믿음을 내었다면 그것은 털끝만한 차이가 천지현격하게 되는 경우이다. 그러므로 방에만 드나들고 옷만 걸치고 자리만 채우는 삿된 종도가 되었다면 발로참회(發露懺悔)하여야 할 것이다. 근자 세상 돌아가는 것만 봐도 얼마나 많은 삼독인이 득실거리고 있는가를 알 것이다.

상아탑이 부정으로 높아가고, 치부하는 데는 양심을 파기한 사회, 어디를 둘러보아도 청정성을 찾아보기 어렵게 된 세상, 여기가 바로 사바이다. 이 사바를 거룩하게 하는 정법자가 나와야 한다. 이 정법자는 땅에서 솟아오르고 하늘에서 내려온 것이 아니다. 제 가슴에서 자비심이 투영되어야 하며, 머리에서 지혜가 내리게 하여야 한다. 우리들의 가슴이 옹졸하고 냉랭하면 이웃을 생각할 여유가 없다. 머리가 멍멍하고 딱딱하면 사리를 분별할 방법이 없다. 우리의 가슴을 부드럽고 따뜻하게 하여야 하고, 머리가 해맑고 산뜻하게 하여야 한다. 이 가슴과 머리가 서로 바르게 상응할 때 보리심이 나올 것이다.

불교를 신앙하고 불교를 이 땅에 심어가려고 노력하는 정법수호자는 공부를 하여야 한다. 바른 공부를 하여야 한다. 부처님의 인행시를 공부하고 부처님의 보살행을 공부하여야 한다. 이 공부만이 정법의 구현자를 만들어 줄 것이다.

중생은 모두가 경건하고 숭엄한 불성을 함장하고 있다. 내 불성이 존귀하면 남의 불성도 존엄한 것이다. 재물만 가장 소중하다고 간탐하지 말고 무의식 속에 함장되어 있는 불성이 지중한 것임을 인식하여야 한다. 번뇌가 두껍게 덮씌여 있는 사람은 불성의 유무를 모르고 살고 있다. 번뇌도 있지만 불성도 내재되어 있으니 불성개발에 정진하여야 한다. 이 불성이 여래의 방이고, 여래의 옷이고, 여래의 자리이다. 이 머리에서 여래의 광명이 발현하게 하고, 이 가슴에 자비미소가 가득차게 하여야 한다. 우리는 부처님의 종도이다. 이 종도의 사명을 다하기 위하여 여래의 신력이 나에게 상응하고 감응하게 하여야 한다.

부처님의 종도의 첫번째 소임자는 법사다. 법사는 간판이 아니다. 법사는 깃발이 되고 역사가 되어야 한다. 법사는 명패가 아니다. 밤낮 가림없이 정법구현의 법수레를 굴리는 사람이다. 법사는 자랑이 아니다. 법사는 사랑하는 이웃을 가지는 사람이다. 이 명예나 자리를 자랑하는 사람은 아집의 명함을 건네는 사람이다. 법사는 사랑하는 마음으로 손을 내미는 어루만짐이다. 우리들 법사는 불교역사를 정법으로 세우고 불교의 깃발을 저 푸른 하늘에 생명으로 나부끼게 하여야 한다.

『금강경』의 삼천대천세계에다 칠보로 보시하는 공덕도 크지만, 사구게 한 구절만이라도 전법하는 공덕이 더 크다"고 하신 부처님의 말씀을 되새겨야 할 것이다.

법사는 부처님의 말씀 하나라도 다른 사람에게 전법하는 핵이 되어야 한다. 법사라는 사람이 전법의 핵으로 결집하게 한다면 위대한 불심핵(佛心核)의 집결체가 될 것이다.

우리는 불심(佛心)과 심핵(心核)으로 중생의 번뇌를 폭발시키는 불심탄(佛心彈)이 되어야 한다. 이 불심탄은 중생을 살상하는 것이 아니라, 중생에게 성불의 소식을 전법하는 활생탄인 것이다. 무명의 탄화물을 폭발시켜 여래광명이 치솟게 하는 불심탄을 생산하는 여래성장(如來性藏)에서 열심히 일하는 종도가 되자. 정말 법사가 되어야 한다.

이 길은 불심을 일으키는 공부가 첩경일 것이다.

-93년 2월 법회사보 -

법사의 행군

사람은 일상생활 속에서 언제나 대화를 하면서 산다. 침묵이 흐르고 있는 세상은 무미건조하다. 어떤 때 너무 침묵이 길면 무서움증을 느끼기도 한다. 그러므로 적당한 대화를 나누고, 서로의 의견을 교환하면 정감이 흐르게 된다.

그런데 이 대화법도 중요하다. 말머리를 잘 이끌어가면 별 탈이 없는데 그 말머리를 잘 이끌지 못하는 경우도 있다. 처음 하려고 했던 말이 중간쯤에서 방향이 다른 쪽으로 기울어 본래 하려고 했던 생각 보다 전혀 엉뚱한 말을 하여 오해를 받기도 한다. 또 어떤 경우는 듣는 자가 말귀를 못 알아 듣고 첫말이나 중간 아니면 끝을 갖고 시비를 하는 경우도 있다. 거두절미하고 나면 모양새 없는 것이 되고 만다. 간결히 이해한다고, 아니 이해시키기 위하여 거두절미하고 보면 전혀 뜻에 맞지 않는 일이 일어난다.

말을 짧게 하든, 길게 하든 그 말의 내용이 순연하여야 한다. 아니 그 말의 어디를 끊어 들었다 하더라도 어떤 잡스러움이나 잘못이 없어야 한다. 거두절미하여 들어도 뜻이 한결같아야 하는 것이다. 부처님께서 제자들에게 "너희들은 모두 전법의 길에 나서라. 너희들이 설법할 때 앞이나 중간, 끝을 고르게 하여야 한다"라고 말씀하셨다. 이것은 우리들이 음미하여 볼 일이다.

5분 설법하든, 10분 30분을 설법하든 그 이론이 정연하여야 한다. 또 예화를 들어도 그 설법에 적절한 것이어야 한다. 그냥 재미있게 화술을 전개하는 것만이 중요한 것이 아니다. 화술에 능하여야 하지만, 그 화술에 의미가 담겨 있어야 한다. 또한 그 의미가 논리 정연하게 전달되어야 한다. 만약 어떤 사람이 늦게 참석하여 끝부분만 들었다 하더라도 오늘 설법이 무엇을 의미하는 것인가를 즉석에서 감지할 수 있어야 한다.

부처님의 설법을 원음(圓音)설법이라고 한 것은 공허한 말이 아니다. 원음은 우주의 참 소리다. 우주의 참 소리는 진여성(眞如聲)이다. 이 진여성이 중생을 기쁘게 하는 것이다.

우리들은 하루하루 남을 위하여 설법하고 포교하는 일에 매진하고 있다. 거룩한 일이다. 그러나 힘들여 일하면서 남들로부터 비난을 받게 된다면 우리는 소리를 내어 보내도 뜻을 담아내지 못한 잘못을 범하는 것이다. 말은 하기 쉬워도 뜻을 살려 내기는 힘들다. 설법자는 항상 처음·중간·마지막이 여일한 진여를 담아 내어 모두를 발심시키고 환희케 하여야 한다.

어느 때 세존께서 공양을 마치자 빔비사라 왕은 속으로 이렇게 생각했다.

'세존께서 거처하실 곳으로는 어디가 좋을까. 도시에서 멀지도 가깝지도 않고, 내왕하는데 편리하여 법을 구하는 모든 사람들이 가기가 쉬워야 하겠다. 그리고 낮에는 번잡하지 않고, 밤에는 시끄럽지 않아서 한가로이 명상하기에 적당한 곳이라야 하겠다.'

이처럼 생각하던 중 왕은 죽림원(竹林園)이 최적의 조건에 들어맞음을 발견하였다.

빔비사라 왕은 물병을 들어 세존의 손에 물을 부으면서 말씀드렸다.

"저는 세존을 비롯한 모든 비구들에게 죽림원을 기증하고 싶습니다. 원컨대 받아 주시옵소서."

부처님은 잠자코 이를 받으셨다.

이것은 『남전장경』의 「대품」에 나오는 말이다.

빔비사라 왕이 부처님을 위하여 마땅한 설법장소와 수행장소를 마련하려고 원을 세웠던 것이다. 부처님의 정법을 이어가고, 모든 인간이 부처님의 법륜을 공부하려면 쉽게 친근할 수 있는 만남의 공간이 있어야 한다. 여기에 제일 먼저 착안한 사람이 빔비사라 왕이다. 왕은 세존께 공양을 올리면서 곰곰이 생각한 것이다. 세존을 위하여 불교를 위하여 왕의 입장에서 무엇 하나 오롯한 일을 할 수 없을까. 이것은 왕의 하루였다.

빔비사라 왕은 세존께서 공양하시는 짧은 시간에 위대한 발견을 한 것이다. 즉 비산비야(非山非野)에다 승가람을 세우는 것이었다. 이 비산비야가 어디일까 전심전력 궁구하여 생각한 것이 죽림원(竹林園)이었다. 그리하여 부처님께 여쭈어 불교 최초의 죽림정사를 짓게 되는 인연을 얻게 된 것이다.

우리는 빔비사라 왕의 사찰건립 원력을 다시 생각하여야 한다. 도시든 농촌이든, 공장이든 상가든 어디를 막론하고 사람이 살고 있는 곳이면 바로 포교를 하고 수행하게 하여야 한다.

우리는 전법의 여래사(如來使)가 되어야 한다. 개인의 수도에 전념하기 위하여 적정처만 고집한다면 법륜이 굴러갈 수 없다. 부처님의 법륜은 항전(恒轉)하여야 한다. 시산(是山), 시야(是野)를 막론하고 시(時)와 처(處)를 가리지 아니하고 항설(恒說)하여야 한다.

한국의 불교인에게 부하된 짐은 가벼운 것이 아니다. 21세기 상주불성(常住佛性)을 자리하게 하여야 한다. 이러한 책임과 권리

가 부하된 일꾼이 바로 전법, 호법, 행법하여야 할 법사의 역사성
이다. 이를 하기 위하여 오늘 빔비사라 왕의 뜻깊은 기증정신을
길러 내어 우리들이 살고 있는 곳에 불당(佛幢)을 높이 세워 가야
할 것이다.

현대에 와서는 광신적 신앙이 사회에 물의를 일으키고 있다.
종말론이나 말세론을 강론하면서 인간의 마음을 약하게 하는 교
파도 있다. 구원이라는 이름으로 인간을 속임수로 꾸며 이상한
행위를 하고 있다. 인간은 요행을 바라고 일확천금을 희구하는
연약한 생명체다. 이러한 인간정서를 이용하여 "나를 따르는 자
만이 불의 심판이 있을 때 구원을 받을 수 있다"고 강변하는 신
앙체는 모두가 사교인 것이다.

어느 시대를 막론하고 인간의 욕망은 소멸되지 않는다. 욕망의
극성은 말기적 현상에서 일어나기도 한다. 세상이 혼란하면 자신
의 재산을 챙기는 데 핏발이 서게 마련이다.

이와 마찬가지로 종교인의 세계에도 증상만에 가득차 자기 이
익을 추구하는 사람이 증대하고 있다. 이러한 시대에 참다운 종
교인이 나와야 한다. 부처님의 법을 전하는 일은 비어 있는 마음
이 되어야 한다. 물욕이나 명예욕에 앞서면 제 앞가림은 할지 모
르나 남을 위한 일은 할 수 없다.

종교인은 몰아적 희생심이 있어야 한다. 아만이나 자만심으로
서는 종교인의 역할을 다 할 수 없다. 언제나 부드러운 마음과
해맑은 눈빛을 가져야 한다. 부드러움은 자비가 살아 움직이는
것이고 해맑음은 지혜가 솟구쳐 오르는 광명이다. 날로 자기중심
의 이기심이 극대화 되어 가는 세상에 이웃과 사회를 돌보는 희
생적 신심이 샘솟아 올라야 한다.

교세의 신장은 신앙의 척도이다. 신앙심이 열렬하면 열렬할수

록 교세가 확산되는 것이다. 우리의 불교가 현재의 위치에 있는 것은 아직 희생적인 신앙이 약하다는 것을 의미한다. 앞뒤 가리지 않고, 물불 가리지 않고 포교일선에서 정진하여야 한다. 이러한 정진이 쉬임 없는 법사가 포교를 담당할 때 한국불교의 장래는 밝다. 우리는 말법악세에 살면서 전법도생의 선구자가 되어야 한다. 이것이 바로 여래사가 되는 길이다.

인간은 이성적 실체로서 생활하여야 한다. 이성은 미망에 사로잡힌 정서적 맹신을 제어하는 기관을 갖고 있다. 그런데 이 이성이 마비된 사람은 무조건 맹신의 동굴로 빨려 들어가 일렁이는 불꽃놀이에 몽유병자가 되어 버린다. 이와 같은 몽유병 발병이 바로 이성이 마비되어 버린 시간이다. 종교는 자기가 신앙하면서 일념으로 지향하는 길이지만 몽유적 맹신으로 치닫는 것은 고쳐가야 할 것이다. 그러므로 우리들 법사들은 한결같은 믿음을 굴려가면서 이성적 판단의식이 해맑게 작동되도록 하여야 할 것이다.

우리들이 지키고 수행하여야 할 일은 구법·수행·교화이다.

먼저 구법이란 부처님이 깨치신 진리를 바르게 찾아 나서고 공부하는 것을 의미한다. 무심의 자리에서 자비를 구현하고 평등법을 실천하는 것이 구법의 길이다. 법이란 바로 평등심이요, 생명성이다. 생명의 평등체를 밝혀내는 것이 바로 구법의 노정이다.

또 수행이란 무엇인가. 자비행이 가슴으로부터 울리어 나오게 하는 것이다. 번뇌와 갈등이 많은 이 마음이 조용히 가라앉아 모든 중생을 어여삐 보는 평등자비가 나오게 함이 수행이다. 나무 아래 돌 위에서 묵수하고 있는 수행이 아니라 가슴에 고동치는 봉사심이 발현되는 것 그것이 바로 수행이다. 행동하는 수행이 보살의 인행이다. 우리는 보살의 행보를 따라야 한다.

그리고 마지막 교화의 길에 나가야 한다. 자신이 밝아지면 상대도 밝게 하여야 한다. 빛은 자기만의 환함이 아니라 남을 환히 밝히는 발광체다. 우리는 구법·수행하여 자기적 빛이 생성되었다면 이 빛을 남에게 비춰주어야 한다. 이 비춰줌이 바로 교화이다. 우리들이 종교생활을 한다는 것은 이 교화의 영역을 확신시켜 나가는 것이다.

자기 등불 하나만 갖고 어둠에 나서는 것보다 많은 사람이 모두 등불을 들고 나오면 온 거리가 밝아질 것이다. 구원은 동굴 속의 몽유병 환자가 되는 것이 아니다. 구원은 자기 자성을 광명천지에 자유로운 생명이 현존하게 하는 것이다. 구원을 오해시키는 종교는 종말의 불구덩이에서 태워버려야 한다.

법사의 생명

여래는 생명이다. 우주의 맥박이다. 자연의 숨결이다. 우주와 자연이 하나되는 마음에서 빛이 솟구치는 것이 여래성이다.

여래의 길을 가는 자 이는 생명 그 자체를 믿는 자이다. 어디에도 걸림없이 자유자재한 숨결로 빛살로 나타나는 본래의 생명이다. 살아있는 여래를 만나러 나서야 한다. 모셔진 여래에게 예경하는 것도 예불이 된다. 가만히 계신 분이 여래가 아니다. 여래는 생명의 자리를 빛으로 드러냄이다. 이 빛은 움직임이며 굴러감이며 따뜻한 숨결을 불어 넣음이다. 한 자리에 안주해서는 안 된다. 안주하고 있을 때 퇴영의 동굴이 만들어진다. 동굴에는 빛이 들지 않는다. 광활한 벌판이어야 하고 드러난 산천이 되어야 한다. 벌판과 산천에 여래의 빛이 살아 움직여야 한다.

법사는 여래의 광명을 만드는 사람이다. 법사는 여래의 생명을 승계한 사람이다. 법사는 여래의 움직임을 되받는 사람이다. 그러므로 법사는 광명과 생명 그리고 활동을 육신으로 보응하여야 한다. 좌불에, 목탁에, 잿밥에 눈을 돌리고 있으면 법사는 생명을 잃는 것이다. 법사는 등불에, 전법에, 봉사에 가슴을 바치는 일꾼이 되어야 한다. 세상이 모두가 오염되어 불신의 늪이 깊어진다 하더라도 법사는 물들지 않는 연꽃의 청정한 생명수를 길어올리는 공덕수(功德水)의 물레방아다. 한시도 쉬지 않고, 머물지 않고 간단없이 청정한 물을 길어 올린다. 중생의 생명을 치유하기 위하여, 중생의 숨결을 고르게 하기 위하여 그 물결은 쉬지 않는다. 연꽃의 작업을 본받음이 법사가 할 일이다.

역사에 현현하는 일체의 불의를 보고 좌시하는 자, 무관하는 자, 손에 땀을 내지 않는 자, 가슴에 피끓지 않는 자, 이 모두는 사법사(似法師)요, 위법사(僞法師)요, 시법사(屍法師)다. 법사는 법을 이행하는 시행자다. 법사는 법을 보는 자이다. 그 법은 정법(正法)이요, 정법은 정견(正見)이다. 정견의 눈으로 역사를 투시하고 역사의 부정이 있으면 지체없이 앞서 나와야 한다. 역사는 환(幻)이 아니다. 허황한 설계는 수하석상(樹下石上)보다 못하다. 지금 나무 아래 돌 위에서 발심하여야 한다. 지금의 자리에서 빛을 발광하는 법사가 되어야 한다. 한 빛이 한 곳을 함께 비추면 그 빛은 큰 빛이 된다. 연꽃 한 잎 위에 한 부처세계가 천억 개 연꽃 위에 천억 불국토가 된다는 말씀은 진언이고 만다라이다. 우리는 이 말씀을 확신하여야 한다.

여래의 불사를 시설하는 법사는 역사 위에 생멸하는 모든 일을 직시하여 삿됨은 부수고, 올바름은 내세우는 법사의식을 발양하여야 한다. 역사의 일은 역사에 맡기고 가만히 정주하려고 하면 이는 외도요, 마군이다. 우리는 여래의 불사가 무진하듯이 법사가 역사에 개안하여 파사현정의 권발심도 다함없이 작동하여야 한다.

이제 한 손 두 손 함께 모아 땅 위에서 발암(發癌)한 일체의 사견망독을 척결하여 청정한 숨결이 물결처럼 약동하는 정토의 법계를 이룩하여야 한다. 이 일을 하는 것이 살아 있는 법사의 생명이다.

- 92년 9월 법사회보 -

법사는 구법하자

불교가 현대적으로 발전하여야 하고 또한 생활 속에서 불교적 원리가 섭용되어야 한다고 하여 많은 사람이 노력하고 있다. 이러한 원력적인 활동에 의하여 한국불교는 눈부시게 발전하고 있다.

경향 각지에 전에 없었던 포교원, 복지원, 유치원 등이 설립되어 불교홍법에 박차를 다하고 있다. 또한 불교의 생활화, 대중화의 일환으로 그 교역자를 양성하고 교육적 방안으로 불교교양대학, 법사대학 등 괄목할 만한 사업을 전개하고 있다. 부처님의 전도선언을 뒤 따르는 큰 일이라 할 수 있다.

이와 동일한 선상에서 사단법인 대한불교 법사회도 법사원 불교대학을 개설하여 중견 불교 교역자 양성에 심혈을 기울이고 있다. 지방단위 조직을 강화하기 위하여 지부 설치와 불교 운영을 꾀하고 있음도 공간적·시간적 활동을 광역화하고 또한 유기적으로 조직을 활성화하는 데 있다.

이러한 체계적 움직임은 회원상호간에 동일한 목적을 달성하기 위한 이념이 구체적으로 통일되지 아니하면 안 된다. 그렇지 않다면 설혹 불교교역자가 된다 하더라도 개인적 전법사업에 치중하게 될 가능성이 농후하다. 따라서 이념의 통일성을 위하여 법사원 불교대학은 그 강령을 구체적으로 체계화하고 있다. 강령은 구법(求法), 수행(修行), 교화(敎化)이다. 먼저 구법에 대한 설명은 '불타의 정각은 우주의 광명, 우리는 정법을 깨우쳐 오늘의 대승이 된다'이다.

목적의 구체성은 사업의 전개이다. 목적이 불분명하면 무엇을 어떻게 할 것인가에 대하여 막연하게 된다. 그러므로 부처님의 깨침을 법사가 다시 깨쳐가는 길이 되어야 한다. 부처님이 깨치신 진리는 만고불변의 원리이다. 이 원리는 하나의 잘못도 없으므로 광명체이다. 광명은 일체의 어둠을 밝히는 체성이다. 인간의 바탕이 본래 선한 성품을 지녔다면 다소 객진번뇌가 작용한다 하더라도 체성을 움직일 수 없고 염오심으로 만들지 못한다. 그러나 체성이 삿된 물이 들어 있으면 이것은 무명망상의 악행을 저지르게 된다.

우리는 부처님의 정각광명을 깨치도록 노력하고 정진하여야 한다. 이것이 바로 구법하는 길이다. 이러한 정법을 추구하는 법사의 인격체가 사회교화와 인간정화라는 구체적이고 실용적인 보살행으로 나타나야 한다.

법사가 된다는 것은 모양을 갖추는 것이 아니다. 법사는 마음으로부터 부처님의 깨침을 쉬임없이 전달하는 지속적 전도체이다. 태양의 빛이 한 찰나 쉰다면 사바세계는 무명으로 뒤덮이게 될 것이다.

사바가 무명으로 암흑이 되는 경우가 있다 하더라도 태양은 언제나 여여한 광명인 것이다. 이와 같이 부처님의 정각광명을 한 찰나 쉬지 않고 전달하는 것이 바로 구법자의 길이다. 이러한 일이 염념상속하고 정진구현된다면 구법(求法)은 완성되는 것이다.

수행에 우선적인 가치를 부여하고 우리 법사들은 이 길에 찾아든 수도자이다. 어떤 어려운 질곡이나 압력이 있더라도 구도의

길은 가야 한다는 점에는 변함이 없다. 오히려 생명을 아끼지 않
고 불타의 가르침을 생활 속에 구현하겠다는 정열에 몸살나 있
다. 이것이 바로 구법하는 보살의 전형이라 할 것이다.
-93년 3월 법사회보 -

법사는 수행하자

법사는 수행에 정신력을 집중하여야 한다. 수행 없는 사람이 어떻게 다른 사람을 바르게 이끌 수 있는가. 수행은 마음을 닦고 몸을 바르게 세우는 것이다. 즉 수행은 계율에다 마음을 집중시키는 것으로 한치의 흔들림이 없어야 한다.

그러므로 법사회의 제2의 강령은 '불타의 정행(正行)은 중생의 정도, 우리는 수행을 닦아 오늘의 보살이 된다'고 하였다.

부처님의 정행이 중생의 정도라고 한 것은 무엇을 의미한 것인가. 부처님은 깨치신 분이다. 그 깨침은 하루 아침에 이룩된 것이 아니다. 무량겁 동안 참다움을 구현하시려는 수행이 있었다. 본생담에서는 헤아릴 수 없는 인고의 수련을 하였고, 절대적 희생도 감내하셨다. 이것은 나 아닌 중생을 위하여 보살의 길을 걸어오심을 보인 것이다. 그러한 결과 부처의 영광스런 보좌에 오르신 것이다. 이렇듯 정행은 숭엄하고 위대한 것이다. 인류가 새롭게 살 수 있는 길을 내어 보이신 것이다.

부처님은 자연구족(自然具足)하신 계체원구이신 것이다. 이 엄청난 진리의 체성 앞에 우리는 모여서 수행을 하여야 한다. 현재 우리 인간은 무명의 움직임에 흔들리고 있다. 무명의 덩어리가 이리 굴리고 저리 부딪치고 하니 세상사가 흔들리고 물들게 된다. 그러나 중생의 입장에서는 오염되고 혼란된 사회가 본래의 세상인 줄 알고 살고 있다. 무명전도몽상의 사회 이 얼마나 가공할 부조리인가. 우리는 이 부조리의 모순을 스스로의 아만과 탐욕으로 만족하고 있다. 이것을 혁파하지 않으면 세상이 오염되고 중생이 악업으로 허덕거리는 오탁악세가 될 것이다.

이러한 생활의 변혁이나 개변을 위해서 부처님의 정행을 학습하고 수행하여야 한다. 눈 뜨면 팔정도를 익혀야 하고, 몸 움직이면 육바라밀이 저절로 용솟음치게 하여야 한다. 팔정도가 마음 닦음의 길잡이가 되고 육바라밀이 보리심의 고향이 되어야 한다. 길잡이 없이 어디 나갈 수 없다. 무서운 세상, 더러운 사바에 마음 놓고 나아가려면 안내자가 있어야 한다. 그 안내자가 팔정도이다. 바르게 보고, 바르게 생각하고 바르게 말하는 것들이 있어야만 닦음의 세계에 들어간다. 이 닦음의 여덟 가지를 순일무구하게 이루어 나가면 종국에 평안한 고향마을에 당도하게 될 것이다.

고향에 찾아온 사람은 안도의 숨을 쉬고 아는 사람에게 인사하고 처음보는 사람에게는 눈인사를 하게 된다. 다정스런 손잡음과 눈인사도 모두가 안심의 세계에서 이룩되는 것이다. 이것이 바라밀이다. 바라밀은 나 아닌 남에게 온갖 정성을 베풀어 놓음이다. 사람이 여기 사바세계에 살면서 남을 위하여 베풀 수 있다는 것은 얼마나 기쁜 일인가. 이것이 중생의 정도이다. 중생이라고 마구 사는 것은 잘못이다. 목표 설정이 있어야 한다. 착하게 살아야 한다는 목적이 있어야 한다.

이미 생긴 악함은 지워 버리고 아직 나지 않은 악은 생기지 않게 하고 이미 생긴 선함은 더욱 키워야 하며 아직 나지 않은 선은 생기게 하는 목적이 있어야 한다. 악함은 중생을 괴롭히는 병고의 그림자다. 그림자가 왜 생기는가. 형체 자체를 없애버리면 그림자가 생기지 않는다. 중생의 마음 속에 탐애의 근본을 없애 버리면 병고가 생길 수 없다. 이 탐애가 바로 악함이다. 우리는 이 악함을 소진멸진하는 마음 닦는 수행자가 되어야 한다.

법사회의 강령 제2는 참으로 의미있는 것이다. 부처님의 정행을 중생의 정도로 결의한 것은 소박한 소원이 아니다. 이것은 참회를 가슴 밑바닥에 깔고 그 마음을 정화하려는 뜻이 담겨 있는 것이다. 마음이 승화되지 아니하면 악의 그림자를 담고서 살게 된다. 유마경에서 "마음이 맑아지면 나라가 맑게 된다"고 하였다. 부처님의 마음을 우리들의 마음으로 만들기 위하여 우리는 닦고 닦아야 한다. 때묻은 옷은 씻고 빨아야 하고 먼지 묻은 거울은 털고 닦아 내어야 한다. 우리 마음 속에 번뇌와 무명이 있다면 털어내고 닦아내어야 한다. 이것이 수행이다.

이처럼 수행은 연속적으로 수정되어야 한다. 악이라는 것은 조그만 틈새가 있으면 스며든다. 악이 비집고 들어오는 미세한 구멍에 착함의 수행으로 방벽을 쳐야 한다. 아니 악보다 더 강렬한 선행의 빛을 연속적으로 발광케 하는 수행자가 되어 저 중생을 맑게 하고 우뚝 서 있게 하여야 한다. 이것이 바로 수행을 닦아 성취한 오늘의 보살이다.

-93년 11월 법사회보 -

법사는 교화하자

불교의 전법은 널리 펼수록 좋은 것이다. 부처님의 정법은 인간이 바르게 사는 길을 제시한 것이다. 여덟 가지의 정법의 가르침은 인간이 몰윤리적으로 타락의 길에 빠져 드는 것을 정도의 길로 향진하게 한 것이다. 정견은 진리에 바른 눈을 뜨게 하는 것이다. 현실적 사실들에 대해서도 바른 견해를 갖지 못하고 아등바등하는 인간에게 삶의 지표를 명시한 것이다.

그러므로 정견(正見)은 바로 본다는 의미이며, 눈이 사물을 본다는 의미가 아니다. 지혜스러운 안목으로 우주의 법칙, 사물의 생성과정, 현실적으로 일어나고 있는 역사적 일들에 대한 인과를 바르게 투시하는 것이다. 눈과 사물의 관계는 눈이 사물을 변별하는 경우도 있는데 여기서 봄이란 깨쳐 봄의 의미이다.

그러므로 봄과 깨침이 함께 이룩되는 세계를 의미하게 하는 깨침인 것이다. 이렇게 깨침의 세계에서 이룩된 것이므로 어디에 하자나 허물이 있을 수 없고 또한 어떠한 착오가 있을 수도 없다. 보통 사람들은 많은 것을 보지만 모두가 망상의 세계에서 일어나는 허망상을 사실이라고 착시하거나 삿된 것 자체를 보는 것이다. 『금강경』에서 말씀하셨다. '약견제상비상 즉견여래(若見諸相非相 卽見如來)'하라고.

우리가 실재라고 보는 것이 여래의 진실상이 아니다. 그러나 우리는 고집하면서 그것을 사실로 인지하고 주장하면서 살고 있는 것이 아니다. 그러므로 정견의 세계에 들지 않으면 불교적 바라밀을 실천 궁행할 수 없다.

부처님의 교설에 바르게 들어서야 한다. 불교의 공부가 쉽기도 하지만 어렵다고 하는 것은 바로 여기에 있는 것이다. 일찍이 부처님께서 말씀하셨다.

나와 먼 거리에 떨어져 있어도 정견의 수행을 한다면 그대는 항상 내 곁에 있으며, 비록 내 옆에 앉아 있다하더라도 정견의 신앙과 떨어져 있으면 나와는 천리만리 떨어져 있는 것과 같다고 하셨다. 이 얼마나 무서운 말씀인가.

우리는 법사이다. 법사는 무엇하는 사람인가. 법사는 전법자이다. 전법은 정견의 불교사상을 전하는 것이다. 불법을 갈고 닦고 참답게 영글게 하여 그것을 모든 사람에게 극진하게 전하여야 한다.

법사의 길은 순탄한 것이 아니다. 법사는 유난(有難)을 무난(無難)으로 극복하여야 한다. 자기 자성을 명철하게 볼 때 유난이 없어진다. 무난의 인격체로서 교화의 길에 바로 들어설 수 없다. 어떤 경우에 있어도 자재성에 귀향하여야 한다. 그것이 광수공양(廣修供養)하는 길이다. 넓게 닦음이라 법계에 두루한 참다움을 모두 익혀감을 말하고 세속의 온갖 풍상을 남김없이 이해하는 것이다. 진여와 세상사를 바르게 알지 못하면 이바지할 수 없다.

공양이란 바로 이바지하는 것이다. 공경스럽게 받드는 마음이 이바지인 것이다. 이러한 이바지는 희생이란 말로 대체될 수도 있다. 누구를 위하는 일, 나라를 위하는 일, 사회를 복지하게 하는 일 이 모두가 이바지의 그릇에 담겨 바치는 제의가 되어야 한다. 이러한 제의는 성스러운 것이다. 이바지의 제의에 참가하는 법사는 성스럽게 신행을 하여야 한다. 제몸을 함부로 운신하고 제멋대로 말을 내뱉는 언행으로 하면 안 된다.

부처님은 이렇게 말씀하셨다. 선시불심(禪是佛心), 교시불어(敎是佛語), 율시불행(律是佛行)이라고. 우리들 법사들은 불심·불어·불행으로 살아가는 수행자가 되어야 한다. 그러므로 선·교·율이 일치되어야 한다는 것이다. 마음의 밝음, 교설의 바름, 행위의 맑음이 함께 합창되어야 하고 함께 울려와야 한다. 이 길을 나서기로 한 법사는 제 발 밑에 무엇이 묻어있는가를 한시도 그 살핌을 놓치면 안 된다. 조고각하(照顧脚下) 이것이 법사의 거울이다. 발 아래 진개창이 있는 것이 아니라 그 발이 진개창으로 되어 있는가를 살펴야 한다.

법사는 거울이다. 거울에는 티가 있으면 거울의 역할을 하지 못한다. 거울은 청정한 상태로 있어야 한다. 금가루는 보배임에 틀림없다. 금가루는 귀한 가루이다. 그러나 이것은 거울의 때임에 틀림없다. 거울은 홀로 맑아서 비침을 간직하여야지 금가루 묻은 거울은 쓸모가 없는 것이다.

법사는 밝은 거울이 되어야 세상사의 모든 업습을 환하게 비춰봐 이바지의 길을 찾아낼 수 있다. 법사에게 명예나 권력이 붙어 있으면 거울에 금가루 칠한 것과 같은 것이다. 법사는 대일광명(大日光明)을 바로 받아서 투사하는 명경(明鏡)이 되어야 한다. 대일광명은 부처님이시고 부처님의 정견을 확실하게 깨달아 이를 실천궁행하는 법사는 명경으로 닦아져 있어야 한다.

부처님의 교설을 전법하는 법사는 하루도 쉬임없이 정진하면서 전법의 수레를 굴려야 한다. 사바가 정토되기 위하여 전법의 수레를 굴려야 한다. 사바가 정토되기 위하여 민족의 정기를 바

로 찾기 위하여 신토불이하기 위하여 우리들 법사는 대승의 여래
사가 되어야 한다. 이것이 우리 법사들의 사명이다. 교화의 깃발
을 사바세계 끝까지 펄럭이면서 용맹행군하여야 한다. 육바라밀
의 노래가 열매를 맺도록 사섭법의 장단이 공양으로 올려지기 위
하여 법사는 교화와 기도와 참회에 열중해야 한다. 그리고 행군
을 이 신새벽에 법등(法燈)을 밝히기 위하여 마음의 신끈을 단단
히 매고 나가야 할 것이다.

전법도생의 선구자가 되자

"오직 원컨대 세존이시여, 근심하지 마옵소서. 우리들이 부처님께서 멸도하신 후에 마땅히 이 경전을 받들어 가지고 읽고 외우고 설하오리다. 후의 악한 세상의 중생은 선근이 적고 증상만이 많으며 이익의 공양을 탐내며 착하지 못한 일이 늘어 해탈에서 멀리 떠나 비록 교화하기는 어려울지라도 우리들이 마땅히 큰 인욕의 힘을 일으켜서 이 경을 읽고 외워 가지고 설하고 옮겨 쓰고 가지가지로 공양하되 신명(身命)을 아끼지 아니 하오리다."

이 글은 『법화경』 「지품(持品)」의 한 대목이다.

훗날 악세가 되면 부처님의 정법을 설하는 수가 줄어드는 과정을 여실히 밝히고 있다. 어느 시대를 막론하고 인간의 욕망은 소멸되지 않는다. 욕망의 극성은 말기적 현상이다. 세상이 혼란하면 자신의 재산을 챙기는 데 핏발이 서게 마련이다.

이와 마찬가지로 종교인의 세계에도 증상만에 가득차 자기 이익을 추구하는 사람이 증대하고 있다. 이러한 시대에 참다운 종교인이 나와야 한다.

아만이나 자만으로서는 종교인의 역할을 다 할 수 없다. 언제나 부드러운 마음과 해맑은 눈빛을 가져야 한다. 부드러운 자비가 살아 움직이는 것이고 해맑음은 지혜가 솟구쳐 오르는 광명이다.

날로 자기중심의 이기심이 극대화되어 가는 세상에 이웃과 사회를 돌보는 희생적 신심이 샘솟아 올라야 한다. 여기 『법화경』「지품」의 말씀은 중요한 의미를 주는 것이다. 말법 악세에 특히 빠지기 쉬운 일을 남김없이 지적한 것이라 할 수 있다.

자기 스스로 인욕을 확대하여 하기 힘든 일을 하여야 함을 서원한 것이다. 누근든지 하기 쉬운 일이 있다. 그것은 자신에게 이익되는 일이다. 제 자신에 이익되지 않는 일을 하는 사람은 참으로 드물다.

그러므로 「지품」에서 열심히 읽고, 외워서 다른 사람을 위하여 전법교생(傳法敎生)한다는 것이다. 교세의 신장은 신앙의 척도이다. 신앙심이 열열하면 열열할 수록 교세가 확산되는 것이다.

우리의 불교가 현재의 위치에 있는 것은 아직 희생적인 신앙이 약하다는 것을 의미한다. 앞뒤 가리지 않고, 물불 가리지 않고 포교일선에서 정진하여야 한다.

이러한 정진이 쉬임없고 이러한 역사적 사명을 법사가 담당할 때 한국불교의 장래는 희망으로 점철될 것이다. 우리는 말법악세에 살면서 전법도생의 선구자가 되어야 한다. 이것이 바로 여래사(如來使)가 되는 길이다.

법사들이여, 힘내어 우리 교세를 신장시키는 선각자가 되자.

-90년 6월 법사회보-

화합의 복밭을 가꾸자

증지부 제2권 제5 「중회품(衆會品)」에는 다음과 같은 법문이 있다.

"세상의 일들을 함께하고, 서로 위로하고, 다툼 없는 것은 우유와 물이 화합하듯이, 자비스런 눈을 갖고 사는 비구의 모임을 화합된 무리라고 하며, 이러한 부처님의 교단은 세상 사람들의 더위없는 복밭이라."고 한다.

법당 안에 복전(福田)이라는 나무 상자가 있다. 우리들은 재보시의 하나로서 마음의 정성을 담아 상자 속에 시주하게 된다. 물질적인 보시를 드리는 일이다. 이러한 재보시가 쌓이고 쌓이면 어떠한 불사도 할 수 있다. 그러므로 법당에 참예하는 사람은 다과를 가리지 않고 정성껏 보시한다. 아름다운 정경이고, 신심어린 행위이다.

우리들이 하루하루 살면서 부처님께 조그만 정성을 드리는 것은 곧 중생에게 복을 짓는 일이 된다. 사람은 끊임없는 선행의 일과로 연속되어야 한다. 한 번의 보시가 그렇게 대단한 일이 될 것인가 하여 회의할 필요가 없다. 한 번의 선행이 시발이 되어 앞으로의 보시행이 이룩될 수 있을 것이다.

항상 남으로부터 얻어먹는 사람은 준다는 것이 어렵고, 아깝고 또 마음이 내켜 한 번 보시를 하려고 하여도 쑥스러워서 잘 이행되지 않는다. 상습이란 말은 악한 쪽으로만 해석될 수 있는 것이 아니다.

　상습이 선한 쪽으로 행해진다면 이것은 백번 바람직한 일이다. 우리가 드리는 재보시의 중요성도 이러한데 하물며 자비보시, 화합보시는 더더욱 귀중한 일이다. 그러므로 부처님께서 아함 중지부에서 하신 말씀은 지극히 당연하고 거룩한 업행이 아닐 수 없다. 승가는 서로 위로하고 봉사하여야 하며, 물과 우유가 화합하듯이 원융무애하게 하나가 되어야 한다. 서로의 잘못이나 비행을 들추어 내고, 남을 멸시하며 모멸하는 행위들은 기름에 불을 붙이는 일이다.

　세상의 모든 생명은 자기 삶의 권리가 있다. 이 삶의 권리는 누군가에게 짓밟히게 되면 반항한다. 삶의 참자리가 바르게 존립할 수 있도록 서로가 이해하고 감싸주어야 한다. 강물이 바다에 이르면 한 맛의 물이 되듯 교단(敎團)은 빈부, 노소, 남녀가 자기 인격을 갖고 하나의 통일성을 창출 내지 유지하는 것이다.

　큰 그림 작은 점이 서로 어울려 만다라가 되듯 화합의 복밭은 차별·분별·시비·불화를 떠난 장엄성의 통일이 되어야 하는 자비실체이다. 이 자비실체가 중생의 애욕·탐심을 변용하여 우주화합의 만다라로 성숙시켜 가야 한다.

　불교의 역사의식에 개안된 우리들 불자들은 화합의 복밭에 지혜와 자비의 씨앗을 하루 한 번씩 심어 나가야 한다. 한 알의 씨앗이 일년이면 삼백예순의 보리과(菩提果)를 성만할 것이다.

-90년 7월 법사회보 -

부루나와 이차돈의 정신으로 법사의 길 나서자

법사야 눈 뜨라. 마음의 눈
부루나가 헤쳐나간 전법의 길
괴로운 중생 건져가는 보살이 되어
아발치 아발치 힘내자
법사의 발길
어두운 사바 광명 주는 법사로 가자.

이 글은 법사행원가의 일절이다. 누구보다 법사가 되면 깨어난 사람이 되어야 한다. 깨어난 사람은 눈 밝은 사람이고 마음에 때가 묻지 아니하여 맑고 청결한 사람이다. 마음 속에 온갖 번뇌의 때가 엉겨 있으면 언제나 흐린 일을 하게 된다. 그러므로 법사는 마음을 아욕달수에 떡 감고 청정한 몸매를 갖추어야 한다.

일찍이 부처님 당시 부루나가 수로나 국으로 전법을 떠날 때의 그 결심 어찌 입으로 형언할 수 있으랴. 거룩한 전법의 마음은 오직 부처님의 법을 야비하고 사특한 무리들이 돌, 몽둥이, 창, 칼을 휘두르며 전법사를 해치더라도 부루나는 한결같은 마음으로 맞아 죽는 한이 있더라도 법이 제일이라고 포교를 해야 한다고 했다. 법을 위해 목숨을 바친다는 의미의 위법망구(爲法亡軀)라는 말은 여기에 합당할 것입니다.

그러므로 법사는 괴로운 중생을 구원하는 보살인 것이다. 보살은 자기 이로움을 뒤로 하고 남을 이롭게 하는 믿음을 갖고 있는 것이다. 일체 중생의 마음 속에 번뇌의 종자를 수없이 갖고 있어도 보살은 그 번뇌를 하나씩 둘씩 씻어주는 청량수이고 수정마니주인 것이다. 보살이 무량하게 품고 있는 수정마니주는 중생의 번뇌를 청아하고 해맑게 세척하는 자정성이다. 제 스스로 언제나 맑음을 간직하는 것이 아니라 남의 더러운 땟국을 청정수로 환치하는 힘을 가지고 있는 것이다.

남을 청정하게 하기 위하여 하루 온 종일 쉬지 않고 앞으로 뒤로 옆으로 위로 아래로 가득하게 움직이는 것이다. 이 움직임의 힘이 아발치다. 아발치는 불퇴전의 법륜이다. 법륜의 바퀴살이 돌고 돌면서 앞으로 나아갈 때 모든 세계에 광명을 내리게 된다.

이 보살의 아발치, 부루나의 아발치를 법사들은 배워야 한다. 힘이 없다고 하열심을 내어 주저앉으면 안 된다. 중생의 뚝심을 선심의 길로 이끌어 내어야 한다. 부단한 힘이다. 단멸 없는 걸음걸이, 지치지 않는 보행으로 청정함에 다가가야 한다.

사람들은 어떤 때 가던 걸음을 멈추기도 한다. 한번 지쳐 쉬어 버리면 얼마 가지 아니하여 또 쉬고 싶고 온 발에 힘이 빠지게 된다. 마음의 발은 불퇴전 아발치가 되게 하여야 원적산에 올라가 무위사를 만나게 될 것이다. 아발치 아발치 힘내어 법사의 길로 가자. 암흑의 세계에 살고 있는 저 중생을 위하여 우리는 팔정도 육바라밀을 성취 이행하여야 한다.

성취하는 것은 수행하는 길이고 이행하는 것은 실천하는 것이다. 성취와 이행은 둘이 아니고 하나이다. 하나의 마음으로 사는 사람은 항상 보살의 세계이다. 바라밀의 바람을 휘날리는 사람이다. 이 바람은 법계에 가득하여 청량하다.

어떤 무명의 바람은 사람을 질식시키는 힘을 가졌지만 이 바라밀의 바람은 죽어가는 생명도 되살리는 감로의 바람이다. 감로는 불사(不死)라고 하지 않는가. 보살이 갖고 있는 이 바라밀의 바람은 바로 죽지 않게 하는 단이슬이다. 이 바람 법계에 가득하여 욕계, 색계, 무색계 모든 공간에 쌓여져 가면 모든 중생들 맑은 바람 맞으리라. 이 바람은 쉬지 않고 불어제쳐야 한다.

법사야 이끌자 중생의 손
이차돈이 목숨 바친 순교의 길
거룩한 불법 깨쳐가는 보살이 되어
바라밀 바라밀 빛내자
반야의 등불
괴로운 중생 제도하는 법사로 가자.

이것은 법사행원가의 이절이다. 신라불교의 초석이 된 이차돈은 불교를 위하여 목숨 바친 한국불교사에 있어서 최초의 순교자이다. 사람들은 스스로 생명을 끊는 것을 싫어한다. 누구를 막론하고 오래 살려고 한다. 그 삶이 누추하고 구차한 것일지라도 사람은 사는 것을 본업으로 한다. 그런데 남을 위하여 진리를 위하여 생명을 초개같이 버린다는 것을 십신의 세계에 들어와서 십회향의 정수리에 오르지 않으면 불가능한 일이다.

이차돈이 신앙하였던 불교가 어떠하였는지 알 수 없다. 법흥왕의 고결하고 굳건한 세계를 이해하였던 사람은 이차돈밖에 누가 있었던가. 왕을 위함도 어려운 일이지만 불법의 홍륜을 위한 결심으로 제 목숨을 바쳐올린 이차돈의 발원은 거룩한 행업인 것이다. 이러한 일을 할 수 있는 바라밀의 극치에서 신행하는 사람이다. 그러므로 그 목을 베었을 때 하얀 우유피가 칠색무지개를 타고 솟구치지 아니하였는가. 우리의 믿음도 바라밀에서 굴러오는 법륜이 되면 온 천지에 우유빛 향운을 드리울 것이다.

법사, 지금 어디에 있다 하더라도 전법에 목숨을 바쳐 올려야 하고 우리들도 이차돈이 남기신 순교의 정신을 본받아 전법도생의 벌판으로 나아가야 한다. 우리들 주변에 살고 있는 무수한 중생들이 암흑하기에 우리는 법사의 직분을 다하면서 이 노랫말이 우리 법사에게 주는 뜻이 무엇인가를 되새김해야 한다. 부루나와 이차돈의 열망과 신심을 배워나가야 한다. 그리하여 반야의 등불이 우주 끝까지 밝아 오도록 밝혀야 한다.

법사, 우리들은 한국불교 전법을 위하여 초지에서 십신으로 십신이 굳건하게 되면 십회향의 길로 기쁘게 노래하며 나아가야 할 것이다.

대중불교결사의 좌표

　민족의 성쇠는 역사인식의 연계성이 확실하여야 한다. 그 민족의 역사인식이 확고부동하면 현실적 고난이 있다 하더라도 역사개발의 원동력을 재생할 수 있다. 역사인식은 문화계승의 원초적 힘이며 문화 창달의 근원적 터전이 될 것이다.

　우리는 유구한 민족문화와 민족정기를 향수하고 왔음에 비하여 역사인식과 민족문화 계승의 지렛대를 녹슬게 하였다. 자존적 역사재생의 지렛대에 민족적 자긍심을 주축으로 삼아야 한다.

　역사인식의 지렛대는 불교의 원융성·화합성 더 나아가 회삼귀일의 정신에서 찾아야 한다.

　이러한 역사인식 앞에 대중은 발심(發心), 체달(體達), 구현(具現)이라는 인식체계를 자각해야 한다. 그러면 어떻게 발심할 것인가. 그것은 부처님의 근본사상 교리에 맞는 발심을 해야 한다. 부처의 사상과 교리는 바로 자기 몸 속에 체험(체달)되어야 하며, 불타의 원행을 체달해야 한다. 체험은 곧 구현으로 옮겨져야 하는데, 그것은 부처님의 구세정신을 우리들도 무아적으로 구현해야 한다는 소명의식인 것이다.

　한국불교는 초기에 계몽적 교학에 힘입었으며, 급기야 대승적인 구세불교로서 깃발을 높이 세워 원효(元曉)의 일심(一心), 보조

(普照)의 진심(眞心), 서산(西山)의 선심(禪心), 만해(萬海)의 유심(唯心)으로 전승되는 일관된 마음의 체용을 밝히어 왔다.

마음(心) 밝힘은 심체(心體)의 본질성을 나타내는 것이요, 마음 씀은 심용(心用)의 활용성을 풀어내는 것이다. 심체는 지혜의 눈이며, 심용은 자비의 손이다. 천수천안의 종교성이 한국의 동질화된 심성이다. 한국 불교는 마음(心)불교다. 한 마음(一心) 불교가 우리 나라의 근본인 것이다.

원효불교는 일심불교로서, 위로는 왕으로부터 밑으로는 사복(땅꾼)에 이르기까지 교화하는 보편적 대중교화의 단초를 열고 있다. 보조는 진심불교로 사부중(四部衆)을 결사했으며, 또한 서산은 선심으로써 구국제민(救國濟民)하였으며, 만해는 유심(唯心)으로써 민족을 유신(維新)했다.

이 네 가지 사상은 곧 민족적 자부심을 지니게 하였으며 일승귀명(一乘歸命)하는 정신을 가슴에 새기게 하였다. 이런 바탕 위에 불교는 우리 민족과 같다는 생각을 갖고 불교는 곧 우리 민족의 종교라는 자긍심을 근간으로 역사적인 재확인 작업을 하자. 그리고 민족의 얼을 되찾는 공부를 하며 사상적으로는 총화성(總和性)을 행하자. 이것은 곧 문화적 현대화와 조직적 연속성 속에서 신앙적 행동으로 승화될 것이다.

우리가 오늘 대중불교를 표방하고 다시 결사한다는 것은 혁명이 아니라 자각이다. 이 자각은 민족정신에 대한 자주적 자각이며 또한 불교사상에 대한 구체적 자각인 것이다. 문화전통을 혁파하여 새로운 문화를 만들어 내는 것이 아니라, 본래 있었던 사상을 자각하여 본래면목으로 되살아나게 하는 것이다. 이것이 결사의 좌표이다. 그러므로 결사하는 자리는 대승보살정신이 발분궐기하여 신학보살로 다시 태어나는 현장이다. 그리하여

1) 불교교리의 보편화
2) 불교신앙의 강력화
3) 불교조직의 연계화
4) 불교활동의 사회화
5) 불교문화의 생활화
6) 불교정신의 민족화
7) 불교포교의 세계화

등 불교교화의 광역화를 도모하는 운동이 되어야 한다.

개체와 전체가 원융하게 조화되는 일심의 사상이 관류하게 하여야 한다. 이것이 심화되면 동체대비 구세사상이 될 것이다.

우리는 이러한 힘의 원초성이 잠들고 있음을 이제 일깨워, 사부대중이 새롭게 부처님께 향한 일승적 참회심을 결사하여 이타와 자리가 동사섭되게 할 것이다.

대중불교의 나아가야 할 방향

'90년대는 새로운 변이가 올 것이다. 정치, 사회, 경제, 문화, 전반에 걸쳐 변화가 진행되고 있다. 세계의 흐름이다. 민주화가 세계 도처에서 몸부림을 치고 있다. 공산국가에서도 민주화 물결이 도도히 흐르고 있다. 민주화가 되어야 함을 정칙(正則)으로 세계인이 생각하고 있다.

민주란 무엇인가. 국민이 주인이라고 하는 것이다. 국민이 주인이라는 것은 평등적 인격을 수평적으로 소유한다는 것이다. 치자(治者)에게 권력을 부여함이 아니라 치자가 봉사의 의무를 책임지게 하는 것이다.

전제주의, 독재주의에서는 치자가 권위와 권력으로 국민을 내려보며 호령하고 국민에게 노예적 의무를 부과하였지만, 민주주의에서는 국민이 평등과 자유를 향유하게 하는 것이 정치적 봉사자로서의 응분의 책무가 되는 것이다. 이러한 일들이 순리적으로 이룩되는 것이 자유화와 민주화의 첩경이다. 아무튼 국민이 제 인격과 제 능력을 천부적으로 발휘할 수 있어야만 민주화가 가능할 것이다. 이러한 추세가 '90년대 더욱 활성화될 것이다. 이렇게 될 때에 불교는 어떠한 방향으로 나아가야 할 것인가.

본시 불교의 근본 교리는 평등이며 자유이다. 인간적 연기와 사회적 연기가 하나되어야 한다. 즉 인간은 해탈하고 사회는 정토되어야 한다는 것이다. 인간은 번뇌를 벗어버리는 자각적 당체가 되어야 하고 사회는 번뇌를 탈각하는 평등적 인과가 운용되어야 하는 바탕이다. 인간 내면의 아집을 깨달음으로 향진시켜야 하고, 사회구조의 모순을 자연스러움으로 위상을 전향시켜야 한다. 인간을 해탈시키지 아니하고는 평등을 생활화할 수 없고, 사회를 정화하지 아니하고서는 자유를 구가할 수 없다.

우리는 이러한 기본문제는 불교에서 그 해답을 찾을 수 있다는 사실을 깨달아야 한다. 그것을 깨닫기 위해서는 먼저 대중의 불교화가 화급한 문제이다. 대중이란 무엇인가. 이 사회를 구성하고 있는 모든 삶의 집단구조체이다. 하루하루 살면서 삶의 길로 가고 있는 모든 생명체가 대중이다. 이 삶의 생명체는 이 세상에 나면서부터 자유성과 평등성을 함장하고 있는 것이다. 생명은 어느 누구에게도 제약을 받거나 구속을 받아서는 안 되는 것이다.

생명은 존엄성이다. 이 존엄성에는 성스러운 삶의 의미가 있는 것이다. 이 삶은 자연스러운 생명체다. 그런데 이 존엄한 삶을 다른 사람이 다스린다는 명목으로 구속한다거나 제약하는 것은 부당한 일이다. 사람들 중에는 남으로부터 구속받고 제약받기를 바라는 사람도 있다. 이것은 본래면목에다 무명을 덧씌운 것이다.

본래 광명인 생명이 후천적 무명으로 장막을 치다보니 지배의 굴레에 감금당한 것이다. 이러한 무지한 역사경험을 벗어버리고 내 자신이 유일한 생명이고 광명여래임을 자각하여야 한다.

그러므로 개인적 생명의 존엄성과 자존성이 본래 면목임을 돈오(頓悟)하여야 한다. 대중이 우민(愚民)이 되면 안 된다. 대중이 현민(賢民)이 되어야 하고 인천세계의 안목이 되어야 한다. 대중은 끌려다니는 인간이 아니라 깨어난 인격체가 되어야 한다. 깨어난 인격체는 아집과 번뇌가 없으므로 인간화가 되고 사회화가 되는 것이다. 존엄성을 자각한 인간과 자유성을 증득한 대중은 사회를 바르게 보는 혜안이 있어야 한다.

어떤 사람은 불교가 대중화되어야 한다고 한다. 불교를 이 시대 조류에 맞게 하여야 한다는 의미다. 옳은 말이다. 그러나 되돌려 생각하면 모순을 느낄 수 있다. 진리의 세속화는 있을 수 없다. 맑은 물을 흐리게 한다는 것은 천부당 만부당한 일이다.

오염된 자연을 정화하고 흐린 물을 정수하는 것이 합당한 일이다. 대중을 불교화 하는 것이 연기의 이법에 맞는 일이다. 연기는 청정한 환경을 만드는 원동력을 갖고 있다. 사회를 정의롭게 하는 것은 인간의 노력으로만 가능한 것이다.

그러나 불교의 대중화가, 불교를 생활 속에 뿌리내리게 하여 불교적 열매를 맺게 하자는 의미가 있음도 부인할 수는 없지만, 불교를 뿌리내리게 하자는 의욕이 넘쳐 흐르다가 그 뿌리를 깡그리 썩어들게 할 우려도 있음을 우리는 미리 감지하고 있어야 한다.

그러므로 우리는 대중을 불교화하여야 하는 것이다. 섣불리 대중화한다는 미명으로 되려 불교를 흐리게 하는 경우가 있는 것이다. 음주식육무방반야(飮酒食肉無妨般若)라는 말이 그것이다. 절대의 진리를 적당히 해석하는 것은 부당하다. 합리적 행위라고 하거나 또한 기껏 해석을 하는 것이 자기편견이나 독단이 되는 것을 간과하면 안 된다.

우리는 불교를 불교답게 신해행증(信解行證)하여야 한다. 불교를 믿는다는 것은 진여본성을 믿는 자리가 되어야 한다. 비슷하게 믿는 것은 사이비 신앙이다. 절대적 인과를 믿어야 한다. 믿으려고 하면 앎이 깊어진다. 깊어진 앎은 실천하여야 한다. 그러면 본래 광명자리에 깨쳐 들게 된다. 이러한 과정의 첫걸음도 바로 믿음에서 비롯되는 것이다.

대중은 세속적인 역사에 살고 있다. 여기는 온갖 잡사가 횡행하는 현장이다. 시기·질투·투쟁·전쟁이 쉴 새 없이 일어나고 있는 수라의 현장이다. 이 수라의 현장을 정화하여야만이 인간에게 행복과 편안이 약속된다. 그러나 정화운동의 노력 없이 정복의 반복이 지속되면 인간은 바로 이리, 승냥이가 된다.

그러므로 대중의 불교화로 대중이 정토를 이룩하는 데 있어 첩경이 되게 해야 한다. 정의롭게 살려면 인간을 정예롭게 긴장시키는 것이다. 우리들 모두 다 삶의 긴장성이 빠져 버렸다. 경쟁심리의 긴장성은 초미로 치닫고 있으나 참 삶의 길에서는 해이하게 되었고 이완된 용수철이 되었다. 용수철은 늘어져 버리면 쓸모가 없다. 용수철은 항상 긴장하고 압축된 순발력이 있어야 한다.

우리 인간도 진리와 정의를 지키고자 긴장 속에 있어야만이 참 삶을 창조할 수 있는 것이다.

이제 불교도 '90년대를 지향하는 시점에서 인간을 본질적으로 인간화하는 데 진력하여야 한다. 인간적 인과를 수행하게 하고 사회적 연기를 자각시켜야 한다. 불교교리가 인간 내면에서 의식으로 야기되는 인과에 대한 인식은 강하게 작용하고 있지만, 사회적 연기가 인간으로부터 일어나고 있음을 교시하는 점이 미약하다는 점은 비판받아야 한다. 사회적 모순과 불의가 바로 연기실상의 현장에서 생멸하고 있음을 인지시켜야 한다. 인간의 생래적(生來的) 평등성이 곧 사회적 평등성임을 자각시켜야 한다.

또 불교계는 문화현상 제반을 불교화하여야 한다. 문학, 연극, 음악, 영화, 생활 전체에 불교적 사상이 훈습되게 하여야 한다. 이데올로기와 편견, 그리고 유일적 사고방식을 불식하는 새로운 문화현상을 일으켜야 한다. 그것은 모두가 더불어 사는 슬기를 가져야 한다는 생각이 씨앗으로 함장되어야 한다. 무아적 원융사상이 나와야 한다. 나만이 살면 된다는 독생적 생명의식이 아니라 무애적 상보가 보살정신임을 자각시켜야 한다. 정치 조직의 독자성, 경제구조의 독점성, 문화 현상의 전제성, 이러한 심층적 유일성이 연기적 자재성으로 환치되어야 한다.

그리고 끝으로 우주법계가 하나임을 다시 인식하여야 한다. 인간과 우주가 주와 종의 관계라고 생각하는 지배사고에서 탈피하여야 한다. 우주와 인간은 주종이 없는 일심의 세계임을 자각하여야 한다. 의상 스님이 법성게에서 말씀하지 않으셨던가. 한 티끌 속에 모든 우주가 공존하고 있는 것이다. 인간은 주인이고 우주는 종복이라고 생각하면 인간은 파멸의 불벼락을 맞게 될 것이다. 인간은 우주법계와 같이 숨쉬고 말하고 행동하고 있는 대만다라인 것이다. 사람 만다라가 법계 만다라로 하나되는 것이고 법계만다라가 사람 만다라를 총화하여 주는 것이다.

그러므로 우리들은 지구촌이라고 생각했던 '80년대의 사고방식에서 벗어나, 법계 이웃이 되는 대성원지를 깨달아 그 속에 평등성지가 있음을 확인하여야 한다. 이렇게 공부가 되어가면 인간 그 자체가 바로 성불의 단계에 진입하는 것이고, 본래의 자유와 평등을 구유하게 되는 것이다.

불교의 대중화가 불교를 오염시킨다고 전제한 의미가 여기에 있는 것이다. 연기자재한 불법을 소아병적인 사회 속성에 낙하시키지 말고, 본래 있는 여여정법을 항상 있게 하여야 한다. 그리고 인간이 불교화되어 인간적인 소탐으로 자기탐애의 향락욕을 누리려 하지 말고, 대원의 지행으로 대승적 열반을 증득하려는 보살도에 대한 희원이 바로 대중이 불교화되는 것이다.

인간의 참 성품 발견, 문화의 불교화, 법계의 무진연기를 자득하는 것, 이것이 화급한 일이다.

소뿔을 고치려다 소를 죽이는 어리석음은 중생에게는 항상 가깝게 자리하고 있음이 사실이다. 그러나 보리를 심어 보살이 되는 길은 멀리 위치하고 있는 것도 아니다. 한 생각 돌리면 반야 지혜가 내 앞에 타오르는 횃불이다. 이 횃불을 속히 보는 사람이 대중을 불교화 하는 여래의 사도가 될 것이다. 여래의 사도가 바로 대중의 불교화를 이룩하는 역사 앞의 기수가 될 것이다.

- 대중불교 90년 2월 -

불교 교설의 현대화

일찍이 부처님께서는 화엄경에서 "믿음이 모든 공덕의 어머니가 된다"고 하셨다. 믿음은 확신의 세계에 이르게 하는 힘이 된다. 확신의 세계, 그것은 자기 목적을 달성시키는 데 있어서 가장 근본적인 힘이 되는 것이다.

한편 부처님께서는 "믿음만 있고 지식이 없으면 무명만 증장하고, 지식은 있으나 믿음이 결여되면 삿된 판단이 앞선다"고 하셨다. 믿음과 지식이 함께 갖추어지지 아니하면 맹목적인 생활을 하게 될 것임을 밝히신 것이다.

불교가 참다움과 깨달음을 구현하기 위해서 가장 적절하게 표현한 것 중의 하나는 '전미개오(轉迷開悟)'이다. 부처님의 교설은 다기다양하다. 병에 따라 처방하기 때문에 그 약방문이 하나일 수 없다. 응병여약하는 대상이 보편적 현실일 때 구원의 방법도 다양하고 실질적인 효력을 구유(具有)하여야 한다.

그러나 논리적이고 철학적인 의미를 바탕으로 한 것이 전미개오이다. 여기에 함축된 것은 불교의 포괄성을 확대하고 있다. 사물관리에 어두운 것, 혼돈된 것, 무지한 것, 또한 일체 해맑지 못한 무질서 등을 표현한 것이 무명(無明)이며, 미(迷)의 당체인 것이다. 그러면 오(悟)라고 하는 것은 무엇인가, 사리를 밝혀 아는 원리, 완전하게 깨닫는 지혜, 열반 등 진리의 실체임과 동시에 진리의 능동성을 의미한다.

미의 세계는 악업이 작용한다. 악의 업력은 강하다. 악습과 구습이 혼합되어 바르게 살려고 하는 의식을 어둡게 만든다. 그러므로 불교에서는 이 세계의 현상을 무명이라고 전제하였다. 밝지 못한 세계는 괴로움과 고통이 뒤따르게 된다. 무명의 부수적인 산물이 곧 고(苦)라는 것이다. 고의 원인은 미망(迷妄)에 사로잡힌 욕망이 일체의 혼돈을 만들어내는 것이다.

생활이 욕망의 세계를 현실화시키려고 한다면, 생명은 본질의 세계를 자각하려는 것이다. 생명의 실체가 오(悟)의 세계에서 능동적 발광체(發光體)가 되어야만 한다. 즉 미망의 덩어리를 분해하고, 분리시키며, 미망이 미망이 아닌 상태로 변혁시키는 것은 깨달음을 향한 점수(漸修)적인 행동이 발화하지 아니하면 안 된다. 이러한 점수적 발화작업은 철학적인 논리 전개이거나 종교적 심층작업으로 이룩되는 깨달음을 향한 행동이 앞서야 한다.

그러므로 전미(轉迷)는 현존적 모순을 개혁하려는 점진적 수행이며, 개오(開悟)는 본질적 실체를 구현하려는 궁극적 자각인 것이다. 세속적으로 물든 인간의 의식은 순화하기가 힘들다. 악으로 영합된 것은 악습의 근기가 깊기 때문에 부처님은 이 개오를 향한 작업을 염념상속(念念相續)하라고 하였다. 한 찰나도 정지되면 악의 방향으로 치닫게 된다. 부단한 정진이 생명을 정화시키는 것이다. 생활은 정지되었다, 연속할 수 있어도 생명의 세계는 정지가 있을 수 없다.

이런 방향에서 본다면 불교의 문화사관은 외형생활의 변화를 증진시키기보다도 인간의 내면세계에 자리잡고 있는 의식의 자각적 원형을 연속시키는 것이며, 돈오(頓悟)의 실존을 의미한다.

문화는 여러 가지 양상으로 발전된 역사적 정신 양상이다. 오늘에 살고 있지만 어제의 역사를 거울로 삼고, 또한 역사의 거울에 비추인 모습에서 오늘의 생활을 반성할 때 보다 점진적 삶의 양상을 구가할 수 있다.

인간은 역사의 종합정신을 생명에 부여함으로 보다 나은 인간으로 재생하게 된다. 그러나 문화가 생성하고 유지·발전 또한 쇠퇴하는 것은 외적인 힘에 의하여 강한 도전을 받는 것도 사실이지만 인간 내면세계의 자각 의식의 탈궤도에서 오는 것이 보다 큰 것이다. 동일의식의 지구력을 감당하는 것은 대단히 어려운 것이다.

불교에서도 내적 의식의 상속성, 지구성이 미약한 것이라고 누누이 지적하고 있다. 인간의 의식은 생주이멸(生住異滅)한다고 하였다. 의식이 생겼다(生)가, 그 의식이 어느 정도 상속(住), 유지되기도 하지만, 그 의식은 또 다른 의식(異)의 생김으로 말미암아 본래의 의식은 사라지게(滅) 된다. 생멸일여(生滅一如)라고 한다면 주이동상(住異同相)인 것이다. 생주이멸의 동일성이 논리적 변증으로 성립하여 생명의 영원성, 의식의 동일성이 증명된다. 그러나 외형적인 변화, 발전에 민감한 의식은 상주적일 수 없다.

그러면 현대문화는 어떻게 발전하고 있는가. 오늘날 문명은 있어도 문화적인 종합의식은 없다고 하는 편이 타당할 것이다. 르네상스 이후 인간은 인간을 본래 자리로 되돌리기 위한 인간성 발견에 최대의 노력을 경주하였다. 신본주의(神本主義)의 절대적 세계관에서 인본위주(人本爲主)의 상대적 논리 체계를 이룩하기 위하여 일체의 권위, 절대적 신성에 도전하여 왔음은 사실이다.

그러나 그러한 부단한 인간 본위의 작업도 퇴색하기 시작한 것이 오늘날이다. 무형적 절대신성에 예속된 인간이 인간 본위의

존엄성을 발견하고, 인간상호간의 상대적 우월성을 존경하려고
애쓴 흔적도 조만간 사라지고 지금은 유형적 과학 만능에 의해
인간이 소외되어 가고 있다.

　오늘날 모든 산업구조가 한결같이 탈윤리, 몰도덕의 집단행군
을 시작하였다. 산업문명의 퇴폐성·부조리·역기능을 유발하는
과학만능의 괴물을 고발하여야 할 정신 문화도 지금은 정신문명
의 역방향으로 기수를 돌리고 있는 것이다. 정신문화의 기층구조
가 인간적 차원에서 기계적 차원으로 하락하고 있는 것이 현저하
게 나타나고 있다. 인간은 살아가는 데 취미와 기호가 있어야 한
다. 현대는 인간의 마음을 앗아간 공허한 마음의 시대이다.

　빼앗긴 마음의 공간에 물욕과 권리, 관능과 향락, 작태를 가득
채우고 있다. 그러면서 탈색하려 하지 않는다. 권력에 물들면 권
력을 남용하고, 물욕에 염색되면 치부하려고 발버둥친다. 그러므
로 가진 자의 향유욕(享有慾)은 난폭하고, 조직적으로 그 대상을
억압한다.

　이와 같은 작위를 일소시켜야 한다. 탐욕과 노여움, 그리고 어
리석음이 뒤섞여 인간의 참모습을 변태적 악물(惡物)로 만들고 있
다. 이 세 가지 무서운 독물에서 헤쳐나와야 한다. 이 독물이 인
간의 양심을 오염시킨 것이다. 그러면 이 독물이 어디에서 생성·
활동하는 것인가?

　이는 외향적인 침입이라기보다 내성적 잠재력의 부상이다. 따
라서 밖에서 들어온 것이 아니므로 이를 빠르게 치유할 수 있다.
본래 가지고 있던 것일지라도 양심에 어긋난 행위를 하는 오염된
것은 자기 내재성 속에서 용해되어야 한다.

　불교의 일심이란 쉽고도 어려운 것이다. 본래 한 마음을 두 갈
래, 세 마음 등으로 갈래짓는 것은 잘못이다. 화엄의 통일이 곧

마음의 본 모습인 것이다. 여기에 화평의 조율이 있다. 불교를 잘못 이해하는 사람들은 정적인 종교, 또는 나쁘게 표현하여 은둔이라고 한다.

불교는 수직적인 구원이 아니라 수평적인 자각이다. 자비는 수평적으로 관계하는 것을 자각하게 하는 손길이다.

구원한다는 이름을 앞세워 수직적으로 정열할 때 구원하는 자와 구원받는 자 사이에는 주종 관계가 성립한다. 그러나 불교에서 '자비로써 중생을 구원한다'고 할 때는 구원하는 능동적 입장과 구원받는 수동적 상대가 있는 것이 아니다. 절대 평등의 위치에서 나타남이 없는 구원으로 연결된다. 즉 자각적이고 수평적 해탈을 의미하는 것이다.

- 법사회보 93년 4-5월 -

불교의식의 참뜻

　세계 어느 종교 어느 민족에서나 찾아볼 수 있는 것으로는 그가 지니고 있는 종교적 표현이라고 할 수 있다. 종교가 성립하려면 교주와 교리 및 교단이 삼대요소로 되는 것은 주지의 일이다. 그 종교의 특수성을 살리기 위하여 교리가 많은 비중을 차지하는 것은 상식이라 하지만, 이 교리보다 오히려 종교적 체험을 직감하여 종교적인 생활에 젖어들게 하는 것은 그 종교가 가지고 있는 특수한 의식에 기인하지 아니 하면 안 된다.

　이와 같은 형식으로 성립된 의식은 어느 시대를 막론하고 종교 그 자체와 분리하여 생각할 수 없으며, 의식 그 자체가 곧 그 종교 전체를 대표할 수도 있는 것이며 종교적 체험을 전승하는 가장 밀접한 매개체가 되는 것도 부인할 수 없는 점이다. 그러나 의식 자체에 지나친 하부적인 것을 부가하여 교주와 교리의 진면목을 손상케 하는 과오는 범하지 않도록 유의하여야 할 것이다.

　일반적으로 종교는 그 내면적 조직으로 기도·회생·주문·분향·영창·파종·조상(造像) 등의 의식(儀式)을 집행하는 제사장, 또는 신부·승려와 같은 직업적 색채를 띤 계급적 종교인이 수반하기 십상이다. 이러한 의식조직은 불교에도 내재하고 있는데 그 시원을 따지면 인도의 전통사상인 브라흐만이즘까지도 소급할 수 있다. 그러나 불교의 의식이 일반종교와 같은 숭배대상으로 발전한 것을 시인하면 다만 그 대상이 불·법·승 삼보에 국한된다는 것을 일단 지적하고자 한다.

인도 고대종교가 범신론적 자연숭배에서 배태된 다신적(多神的) 종교라고 하는 데 반하여 불교는 '고오타마 붓다'의 깨달음에 진입하려고 애쓰는 인격적 종교라고 한다면 지나친 표현이 될지 모르겠으나 불교는 처음부터 '깨달음'으로 출발하여 '깨달음'의 생활을 누리도록 점철된 것이라고 보는 데 특징이 있다. 그러나 불교도 한 종교이므로 의식을 갖지 않을 수 없다.

이처럼 불교의식이 발달한 것은 역사적, 시대적으로 상고하여 본다면 중국에서는 원나라 때에 가장 왕성하였으며, 이러한 사조가 고려에 영향을 준 듯한 인상을 짙게 하는데 그것은 '법회도량(法會道場)'의 다기다양성에서 보면 추측할 수 있다.

특히 우리 나라 사원이 연례행사처럼 치루고 있는 생전예수재는 양나라 무제가 독특한 신심을 발하여 만든 것인데 염라국 명부 10대왕을 두호하여 복잡하게 된 의식행사이다. 수륙재는 수륙공계(水陸空界)를 총망라하여 36부 10법계 25류의 고혼중(孤魂衆)을 천도한다는 의식인 것이다.

이와 같은 의식을 집행하는 기본적인 의식규범은 책자로는『지반집(志盤集)』, 『범음집(梵音集)』, 『백파집(白波集)』, 『동음집(同音集)』,『요집(要集)』,『일용집(日用集)』 등이며 또한「예수문(豫修文)」,「중예문(中禮文)」,「수륙재궤집(水陸齋軌集)」,「자비참문(慈悲懺文)」,「미타참문(彌陀懺文)」,「관음예문(觀音禮文)」,「다비문(茶毘文)」,「석문의범(釋文儀範)」,「불자필람(佛子必覽)」 등의 기본 의전(儀典)이 있다.

이러한 의식요집에 의하여 한 법회를 실시 거행하려면 짧은 것이 하루요, 긴 것은 14일에서 21일이 소요되는 장장한 시간을 소요하게 된다.

한 법회를 여러 날을 두고 하면 경건함이나, 정중함 등 집중력이 결여되어 아무리 좋은 법회를 시설·거행하여도 마침내 문란과 망동을 초래하게 된다.

다음은 아래에 1910년에 만해가 주장한 『불교유신론』 중 논불가지각종의식(論佛家之各種儀式)을 대충 옮겨 놓고자 한다. 한국불교 종단의 의식개혁에 있어 비판적 각성이 있기를 바란다.

"한국 선가의 백도가 미거하여 하나도 볼 것이 없다. 재공의식[범패(梵唄), 사물(四物), 작법(作法), 예참(禮懺)]이나 제사예절[대령(對靈), 시식(施食)] 등이 매우 번잡하고 무륜하며 또한 비열하고 박잡하여 기강이 없다. 한 말로 하면 도깨비연극이라 하면 거의 틀림이 없을 것이다.

그 이와 평소 예식도 어지럽고 참되지 못함은 숨길 수 없다. 그러므로 어떤 크고 작은 의식을 막론하고 모두 소탕하여 간단하고 긴요한 법도를 시설하여 의식을 행함이 참으로 다 행할 것이다.

그렇다면 그 간례를 어떻게 하느냐, 각 사원의 예경의식을 매일 한 차례로 하고 예불을 드릴 때 부전(執禮하는 스님)이 운집종을 다섯 번 치면 승려와 신도가 옷깃을 단정히 여미고 불당에 나아가서 꽃 꽂고 향 사루어 세 번 정례한 다음에 모두 함께 찬불가를 부르고 예불의식을 마친다.

어떤 사람이 말하기를 그렇게 함이 참으로 다 좋다지만 예불의식을 하루 한 차례 함에 세 번 정례로만 하고, 사시예불을 전폐한다면 너무 간단하지 않느냐? 아니다. 보통 예절이 불경하다면, 예절의 본 뜻이 없고 예의 근본을 망각한다. 때문에 상례는 애도함이 주가 되어야 하며 제사는 공경이 주가 되어야 한다. 그 이외의 사소한 절차는 넘나들어도 별 상관이 없다. 그러므로 번잡만 하고 공경하지 못한 것보다는 차라리 간략하고 공경한 것이 나을 것이다.

무관하고 엄숙하지 못한 것보다는 소원하고 공경한 것이 나을 것이다. 불상을 대하면 공경하고 엄숙해야 하며 친근함의 도를 넘어서는 안 된다.

하루 한 차례의 예불의식이 결코 간단하다고 할 수 없다. 불상을 항상 대하여 행주좌와 기거 담소를 행하면 그 행동이 어쩔 수 없이 무관하게 되며 또한 정도를 지나쳐 무례하여지기 마련이다. 때문에 너무 가까이하여 무관하기보다는 차라리 소원함을 두어 애타게 갈망하는 마음이 일어난 뒤에 예불을 한다면 공경하는 마음이 반듯이 돋우게 될 것이다.

그렇다면 하루 한 차례 예불조차도 오히려 번잡하다고 생각될 것이다. 그러나 망각되어 각성하기 곤란하다. 하루 한 차례 세 번 정례하는 것이 실로 지나치게 검소하지는 않는 것이다.

또는 부처님께 드리는 공양은 법공양이 중요하지, 밥공양이 중요한 것은 아니다. 그러므로 날마다 사시의 밥공양은 폐지함이 옳은 것이다. 단 불탄절, 성도절, 열반절 같은 특별한 때에는 깨끗한 음식으로 공양하여 중생들의 적은 정성을 표시하는 것은 혹 가할지 모른다.

다만 만일 재와 공양과 제사에 대해서 묻는다면 이렇게 답하겠다. 재와 제사는 모두 복을 비는 일이다. 하지만 복이란 빌어서 얻어지는 것이 아니며 부처님이 또 화와 복의 주인도 아니므로 비는 그것이 복을 얻는 데 도움이 될 수는 없을 것이다.

제사는 원래 조상의 은덕을 승계하기 위해서 자손된 사람으로 그 은덕을 추모하고 감사하는 뜻에서 재물을 드리고 또 절하는 것이다. 그러기에 4대가 넘으면 복(服)도 입지 않으며 제사도 지내지 않는다. 그것은 그들의(4대 이후) 은택이 그만큼 얇기 때문이다. 그런데 지금 장삼이사(張三李四)의 속인들이 승려와 무슨 깊은 관련이 있다고 부지런히 제사를 지내는지 모르겠다.

불교가 남을 제도하는 것이 목적이라 승려의 자비가 사람들의 영혼을 극락세계에 보내준다고 해서인가? 만일 그렇다면 어찌하여 모든 천하 사람들을 위해서 제사하지 못하고 다만 제물을 바치는 자만 제사를 지내 주는가? 제사를 지내서 극락정토에 간다면 한 번의 제사에 족할 것이요, 반대로 제사를 지내서 극락세계에 갈 수 없다면 만 번 지낸다 해도 아무 유익이 없을 터인데 대대로 내려오면서 제사를 지냄은 무슨 까닭이냐?

내가 알기로는 다른 이유에서가 아니라 한낱 밥을 벌기 위한 수단에 지나지 않는다. 무슨 짓을 해서라도 밥 한 그릇 못 먹겠느냐. 그런데 하필 그런 일을 하고도 부끄러워할 줄 모르니 한심스럽다. 재와 공양과 제사의 취지가 이렇다면 전적으로 폐지함이 옳다."

이와 같이 만해 스님은 무술적이고 도깨비 연극 같은 일체의 망상에 사로잡혀 드리는 하찮은 불교의식을 전면 부정하고 하루 한 차례 드리는 경건한 예불을 주장하였다.

앞서도 말했지만 대령·시식·49재·예수재가 모두 사원경제의 원활과 사원유지의 방책으로 성행된다면 이것은 결단코 폐지하지 아니하면 안 된다. 한국 불교종단의 숙원은 불교의 근대화이다. 그러므로 종단은 3대 사업 즉 도제양성, 역경, 포교를 성공적으로 추진하려면 그 종교를 딛고 행하는 방법인 의식제도가 개혁되지 아니하면 아니될 것이다.

끝으로 종단기구로서 불교의식 전문 연구위원회를 두고 백년대계를 시설할 수 있는 불교의식을 마련하여 이 의식이 불교 근대화 작업에 솔선수범할 수 있도록 선용되어야 할 것이다.

의식전문연구위원회의 구성을 촉구하며 반드시 설립되어야 한다. 앞으로 이 위원회가 다루어야 할 일은 ①의식문의 한글화 ②한문송주가 한글송주로 변하는 종교음악 ③일상의식과 행사의식의 범주 ④의식의 주술적 무당성의 제거 등을 새로 연구하여 바로 실천할 수 있도록 뒷받침되어야 할 것이다.

포교의 길

현대사회는 종교를 요구하고 있는가? 불교를 요구하고 있는가? 종교의 심오한 열락을 희구하기 보다 문명의 편리를 수용하려는 것이 현대사회의 양상이다. 사회의 구조가 다기다양해짐에 따라 영원성의 추구보다 즉시적인 안일과 행복을 향유하려는 것이 오늘날의 현실인 것이다. 이렇게 본다면 종교는 현대 사회에 순기능적인 역할을 하기 보다 역기능적인 방향으로 진행하려는 성향이 강하게 나타나고 있다고 말하지 않을 수 없다.

그러나 종교적인 형식이란 엄연히 존재하는 것이고, 또한 그 내용에 새로움을 불어넣으려 하고 있음도 사실이다. 현대가 물질만능, 과학 위주, 배금사상 중심으로 움직여 간다 하더라도 종교의 당위론을 연구하여야 한다. 또한 종교가 현존적 존재로 있어야 함은 물론 미래지향적인 희망으로 존재할 것을 요구하는 것은 현대 사회의 종교윤리학적 입장을 감안하면 당연한 일이다.

종교가 그 시대를 감당하고 계도하여야 할 임무는 막중한 것이다. 특히 불교는 명행(明行)을 원만케 하는 것으로 본분을 삼고 있다. 명은 이론적인 체계를 세워 진리를 바르게 실천시키는 일이다. 사견으로 세상의 흐름을 보는 것이 아니라 정견의 지혜로써 세상의 모습을 즉견시키는 것이다. 그리고 행(行)은 자비구현을 의미하는데 사류만생(四類萬生)을 고통에서 구원하는 것이다. 명(明)이 논리적인 종국으로 얻어진 지혜일 것 같으면 행은 구원의 종점에서 얻어지는 자비인 것이다.

세상의 모든 것을 지적인 측면에서나 정적인 방면에서 함께 이행하는 길이 명행족(明行足)을 성취하는 길이다. 불교가 빛과 보살을 극대화한 것으로 다음의 전도선언을 경청할 필요가 있을 것이다.

부처님께서 다음과 같이 말씀하셨다.

"비구들이여, 나는 모든 신의 것이든 인간의 것이든 일체의 얽매임에서 벗어났다. 비구들이여, 너희들도 신의 것이든 인간의 것이든 일체의 얽매임에서 벗어났다. 비구들이여, 편력하라. 뭇사람들의 이익을 위하여, 뭇사람들의 안락을 위하여, 세간에 대하여 애민(愛民)하기 위하여, 모든 신과 인간의 복지와 이익과 안락을 위하여, 한 길을 두 사람이 가지 말아라. 처음에도 좋게, 중간에도 좋게, 마지막에도 좋게, 내용도 있고 문구도 갖추어서 교법(敎法)을 말하여라."

이것은 부처님께서 전법을 위하여 포교의 장을 열 때 제자에게 타이른 말이다. 전통적으로 신의 종성으로 간주하여 만인을 예속시켜온 브라만적인 사고방식에 일대혁명을 불러 일으킨 것이다. 불타의 전법선언은 현대에 와서도 깊은 의미를 주고 있음은 불타께서 정견적(正見的) 대각(大覺)을 성취하고 명명백백하게 보였기 때문이다.

초기불교 당시 부루나는 수로나 국의 포악한 대중을 상대하여 설법의 길을 떠났다. 이때 부루나와 부처님과의 대화는 너무나 감동적인 것이다. 수로나 국 사람들이 욕을 하든, 주먹질을 하든, 돌을 던지든 죽이든 간에 정법전도를 위해서는 신명(身命)을 다하여 이 길을 항진하겠다고 맹세한 것이다. 부루나에 대하여 설법 제일이라고 하는 명성은 그 유창한 언설이나 변론에 있는 것이 아니고 이와 같은 전도정신에 있는 것이다.

부처님의 말씀 가운데 설법하는 사람의 바른 자격을 말하는 것으로 "정법사(正法師)는 사설을 말하여도 정법이 되고, 사술사는 정설을 말해도 사법이 된다."고 한 것은 다시금 의미를 새겨볼 문제다.

오늘날 조금 알면 전법하려는 태도에 경종을 울리는 것이라 하겠다. 정법자(正法者)의 위치에서만이라도 불법을 전교(傳敎)하여야 한다는 것이 감추어지고 있는 것이다. 그러므로 믿지 않는 자를 믿게 하는 것은 많은 수양이 뒤따라야 한다. 무지한 편견, 무리한 고집을 이해와 화합으로 이끌려면 인내가 가다듬어져야 하는 것이다. 한번 해 보고 안 된다고 나앉게 되면 이를 포교라고 할 수 없다.

상대방이 혐오심을 일으키도록 하는 것은 바른 포교법이 아니다. 항상 청문자(聽聞者)의 입장이 되어 무엇을 고민하고 있는가. 무엇을 요구하고 있는가를 파악선취(把握選取)하여 그 의문을 풀 수 있도록 노력해야 하는 것이다.

그러므로 만해 한용운 스님도 말하기를, "우리가 포교하고자 할 때는 반드시 그 자격을 구비할 필요가 있다. 자격이란 무엇을 말하는 것인가. 첫째는 열성이요, 둘째는 인내, 셋째는 자애 그것이니, 이 셋중에서 하나라도 결여하는 경우에는 완전한 포교인이라고는 말하지 못할 것이다."라고 하였다.

포교하는 사람의 자격은 음성이 좋다거나, 사설이 훌륭하다거나 하는 것이 아니다. 열성, 인내, 자애가 가슴 속에 내재하여야 함을 만해는 강조한 것이다. 따라서 포교자는 몸이 맑고, 마음은 밝아야 한다. 설법자가 우울하거나, 괴로움을 나타내면 청문자의 마음을 괴롭히게 된다.

그러므로 설법자는 항상 자애심을 갖도록 노력해야 하고, 그러한 자애심에서 설법이 나오고, 또한 모든 구원의 손길이 전개되어야 하는 것이다. 포교의 일선에 선 사람은 상품을 선전하는 판매원이 아니다. 포교자는 변설에 능하다고 하여 이룩되는 것이 아니다. 포교자는 그 언설에 앞서 행동이 청정하여야 함은 주지의 사실이다.

부처님 설법 가운데 상호설법이 있다. 이것은 부처님의 원만한 모습에서 얻어지는 희열을 의미한다. 그 모습이 자비스럽고 원만하다고 해서 상대방이 저절로 끌리는 것이 아니다. 자기 마음 속에 일절의 사특한 삼독심이 제감(除減)되지 아니하면 원만성을 구유할 수 없다. 오랫동안 윤리적인 생활이 몸에 익혀지고 마음으로 윤리적 행위를 실행할 때 그 인격이 도덕적으로 표상되는 것이다.

포교자는 전인적 선행이 행동으로 옮겨지는 시간을 오래 갖도록 노력하여야 한다. 이제 우리 불교를 볼 때 불교신자가 천 3백여 만 명으로 한국종교인구의 수위를 차지하고 있다. 이 많은 불교신자들을 잘 교육하고 포교하면서 국민적 불교인으로 개발하여 불교인의 본래적 의무를 수호하도록 일깨워 주어야 한다. 그러면 이러한 교육과 포교는 무엇인가.

불교의 교리를 설명하는 강좌 강연, 연구회 등도 중요하다. 또한 대중 속에 파고 들어가 부처님의 사상을 강론하는 것도 중요하다. 그러나 더 절실히 요구되는 포교는 신앙인의 앞길을 인도

하는 양심의 유무에 있는 것이다. 불교인구가 증가하는 것이 불교가 비대하여 가고 있는 증좌가 아니다. 이들을 어떻게 수용하고, 어떻게 교육시켜 조직된 힘으로 묶느냐에 보다 많은 관심과 연구를 기울여야 할 것이다. 근자에 한국불교포교사연합회가 조직되어 불교 포교를 일신코자하는 작업은 늦은 감은 있지만 불교를 발전시키는 새로운 길잡이가 될 것이다.

그러나 간혹 종단의 일부 부조리가 사회에 반사될 때 불교인의 가슴은 아프다. 그리고 불교 전도에 전 생명을 바쳐 노력하는 교육자, 포교사에게는 치명적이지 않을 수 없다. 어린이를 위한 법회, 학교 단위, 직장 단위, 군인, 교도소 등등 교화방법을 다양하게 행사할 수 있다. 그리고 포교의 근원적인 방법은 불교종단이 국민을 단합시켜 정신적으로 유익한 공동이익에 투자하고 있는가에 달려 있다.

외치는 포교, 이것은 외로운 포교이다. 포교는 외치는 소리, 기도하는 염불에만 있는 것이 아니다. 눈으로 보고, 피부로 느끼는 따뜻한 보호가 선행되어야 한다.

- 대원 84년 8월 -

만해(卍海)의 포교 정신

　만해는 한국불교를 개혁하려 하였다. 그가 『불교유신론』을 발표한 것은 행동 없는 사상만을 주장한 것이 아니다. 그 당시 현실적인 교단의 낙후성을 탈피하기 위한 방법으로서 만해가 느꼈던 바 또한 개혁되어야 할 것을 논술한 것이다.

　그러나 오늘날에 와서도 만해의 느낌은 생소한 것이 아니며, 더욱 절실한 것으로 전신에 경련을 불러일으키는 것을 보면, 과거의 병폐는 치유하기 어려움을 만해가 종교사관으로 예언한 것이라 할 수 있다. 외형적인 변화는 시대의 추이에 비추어 약간 변형되었다. 그러나 내면적인 의식 변화는 동시적 상황에 머물고 있는 것이 오늘의 현실이다.

　여기서는 『불교유신론』 전반에 대하여 논급하지 않고 다만 유신론 중 포교의 입장에서만 살피고자 한다. 만해가 포교에 대해서도 대단한 관심을 갖고, 한국에서는 왜 포교가 잘 되지 않는가. 그 이유를 밝히려 하였다. 종교세력의 미약은 종교 존재의 무력성을 의미하는 것이다. 경치 좋은 데 위치한 명산의 대찰에서 찾아오는 신도만을 상대하면서 불교인을 증가시키려고 하는 것은 나약한 포교법이다. 시중으로 달려나와야 한다. 만해는 포교부진의 현상을 다음과 같이 설파하였다.

"한국불교가 유린된 원인은 세력이 부진한 탓이며, 세력의 부진은 가르침이 포교되지 않는 데 원인이 있다. 가르침이란 종교적 의무의 선(善)과 세력의 선이 병존해 가는 것이 원칙이다. 다른 외국종교로서 한국에 들어온 것들은 끊임없이 포교에 힘쓰지 않음이 없는 실정이니, 누구는 종교의 의무가 스스로 이렇지 않다고 하랴. 본래부터 그렇다고 할 밖에 없다."

종교세력의 확충은 그 교리를 선교하는 열렬한 의무감이 앞서야 한다. 자기만이 이해하고 자기만이 신앙하면 된다는 소극적인 사고방식인 아라한적인 신앙형태로서는 종교가 확대되지 않는다. 진리를 밝혀 공부하면서 무지를 제도한다는 사명의식이 앞서야 한다.

부처님께서 전도의 선언에서 말씀하였듯이 많은 중생을 위하여 이익, 안정, 평화가 성취될 때까지 포교를 시도하지 아니하면 안 된다. 만해는 전도에 대한 의견으로서 다음과 같이 주장하였다.

"한 사람에게 전도하면 한 사람의 세력이 커진 것이고 두 사람에게 전도하면 두 사람만큼의 세력이 커진 것이 되어 포교가 성행하면 세력이 더욱 늘고 세력이 더욱 늘면 사람들이 따르기 쉬워지고, 사람이 따르기 쉬워지면 포교의 정도가 기대 이상으로 진척하게 될 것이다. 처음에는 포교로부터 세력이 이루어지고 나중에는 세력으로부터 포교가 이루어져 이런 식으로 하여 세월이 흐른다면 그 축적된 결과가 더욱 커질 것이다. 예수교가 동서양을 거의 휩쓴 것도 이 방식을 쓴 까닭일 뿐이다."

　만해의 포교운동은 다수를 향한 외침이 아니다. 한 사람이라도 착실하게 전도하는 것이라고 하였다. 이것은 부처님이 전도를 떠나는 제자들에게 항상 혼자서 떠나라고 권유하였던 것을 생각나게 한다. 한 사람이 하여도 족히 될 것을 두세 사람이 함께 몰려 다니는 것은 인력의 낭비임과 동시에 시간과 공간을 소모하는 큰 손실이 있을 것이다. 포교의 긴요한 방법은 별로 갖추어야 할 것이 없다고 하였다. 항상 진실한 마음을 전달하려는 성실이 앞서야 하는 것이다. 그러므로 만해 자신도 말하기를,

　"우리가 포교하고자 할 때는 반드시 먼저 그 자격을 구비할 필요가 있다. 자격이란 무엇을 말함인가. 첫째는 열성, 둘째는 인내, 셋째는 자애가 그것이니 이 셋 중에서 하나라도 결여되는 경우에는 완전한 포교인(布敎人)이라고는 말하지 못할 것이다."라고 하였다.

　포교하는 사람의 자격은 음성이 좋다거나 사설이 훌륭한 것이 아니다. '열성' '인내' '자애'가 가슴 속에 내재하여야 함을 만해는 강조한 것이다. 정법을 전달하려는 열성이 곧 구도정신임을 자각하는 마음이 앞서야 하는 것이다. 침묵하는 포교, 단박자 악기를 두드리는 포교, 앉아 있는 포교는 현대에 있어서는 무의미한 것이다.

　설법자는 언제나 자애심을 갖도록 노력하여야 한다. 그러한 자애심에서 설법이 나오고 모든 구원의 손길이 뻗혀져야 하는 것이다. '열성' '인내' '자애' 이것이 포교 방법의 세 가지 요건이라고 말한 만해의 생각은 쉽고도 깊은 의미를 품고 있는 것이다. 이렇게 하여 포교가 확산되면 큰 세력이 생긴다.

"즉 세력이란 자유를 보호하는 신장(神將)이니 세력이 한 번 꺾이면 자유 또한 상실되어 살아도 죽은 것과 다를 바 없어지게 마련이다. 이 뒤집혀진 보금자리 밑에서는 성한 알을 기대할 수 없다. 가죽이 남아 있지 않으면 털을 어디 가서 구하랴. 불교가 망해도 승려는 홀로 번성할 수 있겠는가. 불교의 흥망은 실로 승려의 흥망을 예고하는 사전 선고인 것이다."

포교의 세력을 확산하는 것이 최상최고의 의무라고 하였다. 승려의 신분에 있건 신도의 위치에 있건 정법구현의 철저한 각오를 아끼지 아니하고 이행할 때 전도의 세력은 확대되어 갈 것이다.

오늘날 우리들 불교인들도 새로운 포교방법을 시도하여야 한다. 포교에는 전문가가 따로 있는 것이 아니다. 각자가 처하여 있는 입장에서 최선의 전법을 시도하는 것이 포교다. 포교사, 전법사만 포교한다는 시대는 낡은 것이다. 불교를 신앙하는 모든 사람이 전인적 포교사, 전능한 전교자가 될 때 한국불교는 서광이 보일 것이다.

우리들이 오늘날 한국불교를 1600년의 긴 역사를 자랑하는 데 그치지 말고 민족의 가슴 속에 부처의 씨앗과 보리심을 하나같이 발아시켜 그것이 현실 속에서 대승의 정신을 실현시키는 것으로 되어야 한다. 이러한 대승의 장이 확장되는 곳이 정토불교인 것이다.

- 대원 83년 7월 -

청소년은 불교의 보고이다

청소년은 나라의 보배이다. 보배는 그냥 되는 것이 아니다. 잘 가꾸고 다듬어야 한다. 갈고 닦고 함으로써 구슬은 더욱 빛나게 된다. 그러나 요사이 청소년의 생활이 날로 황폐화되어가고 있으니 걱정이 앞선다. 시험지옥 때문에 그런 것만은 아닐 것이다. 물질의 풍요와 산업구조의 삭막함으로 말미암아 청소년의 귀의처가 없는 것이다. 정서적 생활 공간이 태부족이다. 청소년은 정서공간이 확산되면 그만큼 여유있는 심성을 갖게 된다.

아직까지 농촌아이들이 순박하다고 하는 것은 무엇을 의미하는가. 그들은 들꽃을 꺾어보고, 황토길을 걸어보고, 시냇물도 건너다닌다. 이러한 자연성이 인간의 심성 근저에 깔려 호연지기를 기르게 한다. 자연을 가깝게 할 수 없는 도시에서는 그래서 문화 공간을 넓혀 주어야 한다. 우리의 마음은 기계적인 오락으로 너무나 메말라 가고 있으며, 그러다보니 즉물적이고 물리적인 인간성을 배양하고 있다. 학교 교육도 입시 위주의 교육으로 치닫고 있으니 풍류와 공감대가 있을 수 없다. 우리는 청소년들이 풍류적 유유함을 갖도록 학교 문화에 새로운 바람을 불어 넣어야 한다.

듣자하니 문교부에서는 고등학교 교과목에 다양한 과목을 설정할 수 있도록 제도장치를 마련하였다고 한다. 즉 종교, 철학,

논리, 일반경제 등의 과목을 개설하여 선택할 여지를 준다 하니 여간 다행한 일이 아니다. 더욱이 종교과목도 불교, 기독교, 천주교 등을 다양하게 채택, 청소년 정서 함양에 새로운 계기가 될 것 같다.

이러한 문교부의 교육개혁에 대해서 불교계는 큰 눈으로 살펴보아야 한다. 불교계에서 설립한 종립고등학교가 숫자적으로 열세인 것은 주지의 사실이다. 이 종립고등학교는 도별로 따져도 어느 도에는 하나도 없는 곳이 있다. 서울, 부산, 대구, 광주, 대전, 밀양 등의 지역에만 설립되어 있고, 여기에 설립된 고등학교에도 많은 제약을 받아 명실상부한 불교교육이 잘 이루어지고 있지 않다. 윤리, 도덕 시간을 할애하여 불교를 가르쳐 왔는데 항상 당국의 눈살에 어려움이 많았다.

그러나 이러한 모순점을 시정하기 위하여 문교부는 종교학 자격증을 소지한 자에 한하여 각 종교과목을 교육할 방침을 세운 것이다. 이러한 방침은 행정적 시책임에 틀림없다.

그러면 불교계에서 이러한 문교부의 방침을 어떻게 수용하여야 참다운 불교교육을 시행할 것인지 의문이 앞선다. 기존 종립학교에서 불교를 가르치는 것이 정책적 시혜를 받게 되었다고 여기에 만족하고 안주할 것인지, 아니면 더 많은 중·고등학교에서 불교교육을 권할 방법을 모색하고 있는지 묻고 싶다.

종교는 자기 종교를 포교하는 것만이 일이 아니다. 종교는 인간의 근원적 심성을 계발하여 양심적 문화인을 양성하여야 한다. 양심적이고 건강한 정신은 청소년 시절에 함양시키고 훈습시켜야 한다. 청소년은 야성도 강하지만 순진무구성이 더욱 많다는 것을 인식하여야 한다. 이 무구하고 순후한 청소년의 마음 속에 슬기로움(智)과 따뜻함(慈)을 심어주어야 나라가 순리적으로 움직이게 될 것이다.

청소년의 심성이 황폐하고 부랑하면 생명의 중간핵이 곪아 버릴 것이다. 이것은 젊은이 자신의 잘못도 있겠지만 기성세대가 오류를 범한 것이다. 기성세대는 청소년의 삶의 바탕을 여러 형태로 마련하여 주어야 한다. 그것이 어른들의 슬기요, 따뜻한 손길이다. 물질적 뒷받침으로 어른이 해야 할 책임을 다하였다고 생각하는 것은 청소년을 물질적 편리성으로 전락시키는 작태가 될 것이다. 이런 점을 감안할 때 교단의 입장에서도 재고가 있어야 할 것이다.

첫째는 인력수급의 문제이다. 현재 동국대학교에서 배출되는 졸업생이 종교학 교과목을 담당할 수 있는 학과목을 이수할 수 있도록 해야 한다. 뿐만 아니라 중앙승가대학도 졸업 후 종교학을 담당할 수 있도록 제도장치를 미리 준비하여야 할 것이다. 인재의 빈곤은 교단 내의 빈곤만이 아니라 대사회적 빈곤을 의미하므로 선견적 예비를 하여야 한다.

이렇게 하여 많은 수의 종교학 담당자가 배출되면 둘째로 교단에서는 전국 사립학교의 실태를 조사하여 비교적 불교와 가까워질 수 있는 학교가 있다면 끈질긴 접촉으로 불교교과목을 개설하는 데 협조를 받아야 할 것이다. 이것은 약방문에 지나지 않는 방법이라고 생각되지만 우리의 현실을 직시하여야 한다. 삼보의 정재로서 우리가 육영사업에 너무 소원하였던 결과가 아닌가. 그러나 과거를 책망할 시간이 없다. 지금 화급한 일은 교단의 지도자와 해당학교의 설립자나 교장과의 긴밀한 유대를 맺어 점진적으로 개선하여 나가야 한다.

끝으로 우리 불교계도 시, 군 단위 종립학교를 설립하는 문제를 연구하여야 한다. 아니면 25교구 본사마다 하나의 육영재단을 설립하여 중·고등학교를 운영하는 방안을 적극 모색하여야 한다. 이러한 일들을 피안의 물로만 보고 있으면 앞으로 교계는 커다란 타격을 받을 것이다.

모처럼 문교부가 중·고등학교에 대한 종교교육을 강화하는 제도를 두었는데, 이것을 수수방관하면 교단적 위기만이 아니라 청소년의 정신문화가 다른 방향으로 기울게 될 것이다.

불교가 갖고 있는 잠재 능력을 계발하여 하나로 묶어가야 한다. 불교는 무한한 잠재 능력의 보고이다. 그러나 아무도 이 잠재력에 촉매작용을 하려는 적극성을 보이지 않는다. 그러므로 단순 신행자가 되어 종래의 나태한 불교인으로 머물고 있지 않은가. 제도개혁은 단순히 교단 내의 산적한 문제만이 아니다. 대사회적인 실상을 바르게 관조하여 사회를 계도하는 방향으로 초점이 맞추어져야 한다.

이제까지의 3대불사를 혁명할 시대가 오고 있다. 교육, 의료, 복지도 환원되어야 한다. 내적인 문제인 교육, 포교, 역경은 어느 정도의 위상에 도달하였다. 그러나 국민교육, 중생치유, 사회복지는 남의 일로 치부하고 있었지 않았는가.

우리는 새로운 3대사업에 박차를 가하기 위하여 중·고등학교 종교학 개설에 무한한 노력을 쏟아 부어야 할 것이다.

- 대중불교 90년 5월 -

제3장

불교의 미래에 대한 연서(戀書)

오늘날 우리를 더욱 슬프게 하는 사상은
차별의식을 강조하는 사상이 팽배하고 있다는 것이다.
유일사상이나 유일적 신앙이 하나로 솟구치는 마음을
발분시키는데 큰 역할을 할는지는 모르겠으나
지나친 유일신앙이 평등의 의미를 왜소시키는 결과를
초래하고 있지 않은가 의심되기도 한다.
역사는 반야의 광명으로 밝아가기를 희원하고 있다.
무명의 장막을 거두는 그 역사성도 반야를 증득하는
역사의식으로 개안되어야 한다. 그러므로 오늘날의 참다운
성역은 반야광명이 비추어지는 역사성이
행동하는 현장에서 비롯될 것이다.

한국불교의 어제와 오늘

1. 한국인의 신앙

고대 우리 민족은 태양을 대자연계의 주재자로 인간의 화복을 주관하는 최고의 신으로 신앙하였는데, 그 원인은 태양이 광명의 근원이었기 때문이다. 태양은 오직 하나밖에 없는 광명의 원천이며, 최고 최대의 광명을 발운한다. 태양은 세상을 밝히며, 삼라만상을 생성하고 육성하며, 태양이 없는 곳은 암흑과 침울과 사곡이 근저하고 있는 것이다. 이뿐만 아니라 태양이 광명을 잃고 노하게 되면 우뢰벽력(雨雷霹靂)을 발굉(發轟)하여 천지를 뒤흔들고 인간을 화해(禍害)하였다.

이러하므로 우리 민족은 태양을 존중하여 태양에 대한 배반과 모독을 금기하였다. 최대 최고의 광명으로 인간에게 환희를 주는 오직 하나의 존재인 오묘한 태양을 숭배한 것도 삶 속에 빛의 밝음이 내재하여야 함을 감득하였기 때문이다.

태양 숭배에 대한 또 하나의 이유는 태양의 위력으로 귀신을 쫓아 버릴 수 있다는 관념 때문이었다. 단군왕검의 개국 이래 이 땅에 많은 사람이 살게 된 때로부터 민의(民意)의 근본을 깨닫고 방향을 정립한 것이 단군조선이었다. 5,000여 년 이전에 환웅이라는 어른이 대조선 건국의 큰 뜻을 품고 태백산 마루에 내려가려고 할 때 그의 어버이 되는 환인이라는 어른은 천부인(天符印) 세 개를 내어 주면서 '네가 나라를 세워 널리 인간을 이익하게 하라' 하였다.

이에 환웅 어른이 삼천솔도(三千率徒)를 거느리고 테백산 마루에서 개국의 대제전을 거행하여 홍익인간(弘益人間)의 건국이념을 공포하고 360여 관원을 두어 나라를 다스리도록 하였다. 환웅 어른의 건국이념은 그의 아들 단군왕검이 대조선을 창건하면서 더욱 확고하게 계승되어 '홍익인간'은 바로 고조선의 건국이념의 대안목(大眼目)이 되었다.

단군조선의 홍익인간이라는 민본사상은 기자조선에 전승되고 삼한에 이어져 내려왔다. 고조선 개국 이후 우리 겨레에게 숱한 정치적 기복이 있었다고 할지라도 홍익인간이 가진 민본정치의 이념은 변함없이 모든 정치 지도자들에 의해 실천되어 왔다.

우리 겨레는 정치적인 사상보다 종교적인 감성이 풍부하여 선념(善念)으로 생활하며 선행을 하려고 하였던 것이, 우리 겨레의 생래적인 질박성과 민족적 기질이 된 것이다.

우리 겨레가 고대에 여러 가지 잡다한 속신(俗信)을 신앙하여 왔음은 부인할 수 없다. 그러나 그 신앙이 일월성신(日月星辰), 산천거목(山川巨木), 정령(精靈), 토템(Totem), 샤먼(Shaman)이라 하더라도 그것은 종교가 원시적 차원을 벗어나지 못한 시기의 것으로 간주하면 별다른 하자가 없을 것이다. 세계의 모든 종교를 발생학적으로 보면 다신(多神), 범신(汎神), 잡다에서 유일(唯一), 심성(心性)으로 전개되어 왔다. 우리 나라에서 종교라는 형식을 갖추고 고등의식(高等儀式)과 심오한 교리(敎理) 내용을 갖게 된 것은 고구려 소수림왕 때부터라고 하여도 지나친 말은 아닐 것이다. 신앙이 너무나 속화되어 버린다면 그 종교는 그 위의(威儀)를 상실하고 말 것이다.

그러므로 종교는 그 시대에 살고 있는 삶의 주체자들에게 앎의 참 자리를 발현시키고, 그것이 그 사람들에 감응되어야만 역사성을 지니게 된다.

2. 한국의 불교

삼국시대에 전래된 불교는 우리 민족의 고대 신앙이나 고유 풍속 등 종래의 문화와 잘 융화하면서 훌륭한 민족문화로서 기반을 마련하였다. 이 땅에 불교라는 새로운 문화를 가장 먼저 받아들인 나라는 고구려였다.

고구려 제17대 소수림왕 2년(372)에 북쪽 중국 전진에서 부견왕이 사신과 순도(順道) 스님을 보내면서 불상과 경전을 전하였다. 그 뒤 2년(374) 후에 다시 중국에서 아도(阿道)가 왔으며, 그 이듬해에는 최초로 성문사(省門寺)와 이불란사(伊弗蘭寺)를 세웠다. 이를 한국 불교 최초의 전래로 삼고 사원 창건의 효시로 본다. 소수림왕은 즉위와 동시에 율령을 공포하여 문물제도를 확립함에 진력하였고, 대학을 세워 왕이 직접 학사에서 도를 강론했는가 하면, 구복호국의 사상으로서 불교를 깊이 신앙하였다.

앞서 순도가 주석하였던 성문사는 흥국사라 개명되고, 아도가 머물렀던 사찰도 흥복사라 개명된 것은 바로 소수림왕의 구복호국의 정신이 확립된 증좌라 할 수 있다. 고구려에서는 국사종묘(國社宗廟)가 각 지방에 세워짐과 동시에 불교의 오묘한 진리도 널리 전해졌다. 이것은 불교가 인간에게는 복을 주고 국가에는 번영을 주는 것으로 인식된 까닭이다.

당시 불교는 중국이나 고구려에서도 국민과 국가가 하나의 유기체가 되어 자국의 번영과 발전을 위하여 기복적 성격을 띤 신앙으로 일관된 것은 사실이다. 고구려 18대 고국양왕이 "불교를 믿고 복을 구하라"고 한 것도 불법이 바로 복으로 환원되는 것이라 인식한 것이다. 여기서 알아야 할 것은 신앙의 이치를 알지 못하고 맹목적으로 믿는 것은 오히려 재난이 된다는 점이다.

신앙은 논리적인 해석이 앞서기보다는 그 신앙 속에 철학과 이론, 사상과 방향이 제시되어야 한다. 고국양왕은 국민에게 율령을 내려 불법숭신이라는 신앙체계를 공포하여 양심을 개발하고, 불교의 근본 교리인 사제념행(四諦念行)을 닦게 하였다. 중국에서도 42장경이 처음 번역되어 모든 사람이 선행할 것을 계몽했었다. 불교에서 인간을 계몽하는 첫 단계는 사제의 진리를 깨우쳐 이것을 마음에 새기고 실천시키는 것이다.

이는 현실의 고(苦), 괴로움의 원인, 괴로움의 극복, 극복하는 방법을 바로 앎으로써 얻을 수 있는 것이다. 나라의 법으로 불교를 믿고 복을 구하라고 한 것은 맹신적 신앙을 강조한 것이 아니고, 흥복과 흥국이 바르게 이루어지는 길을 가르친 것이다.

소수림왕 때 율령이 제정되었다는 것은 국가의 모든 형률이 불법으로 이행되는 과정을 시사한 것이다. 이것은 불교 전래가 가져다 준 커다란 공헌이 아닐 수 없다. 순도의 전교나 아도의 전법이 초기 고구려 불교의 교세 형성에 조직적인 힘을 미치지 못하였다 하더라도, 고구려 국민을 위하여 인과법에 의한 생활을 가르쳤던 것이다. 이것은 고구려인들에게 불교의 교리적 내용이 삶의 세계로 구현되게 하는 것으로 사제의 현실성과 미래성이 하나되게 한 것이다.

불교의 감화력은 고구려에만 국한되지 않고 백제에도 미쳤다. 제15대 침류왕 1년(384)에 마라난타가 바다를 건너 백제로 들어왔다. 이때 백제의 침류왕은 마라난타를 크게 환영하고 그를 궁중으로 모시고 공경하였다.

이와 같은 사실은 백제가 이미 불교문화를 받아들일 충분한 정신적 자세를 갖추고 있었음을 뒷받침하는 것이다. 이로부터 불과 8년 뒤, 아신왕 1년(392)에 왕이 백성들로 하여금 "불법을 믿어서 복을 구하라"하는 영을 내릴 정도로 불교가 생활화되어 갔음을 미루어 알 수 있다. 불교의 생활화가 백제의 정신문화에 신앙과 사상으로 발전하는 확고한 계기가 된 것이다.

그리고 또 백제는 중국을 거쳐 들어온, 말하자면 간접적으로 수용된 불교문화에만 만족하지 않고 인도에서 불교문화를 직접 수용하려는 노력을 경주하였다. 이런 노력을 보인 이가 바로 겸익(謙益)이었다. 해상교통이 지극히 불편하던 당시 중국까지의 항해는 참으로 어려운 일임을 자료를 통하여 알 수 있는데, 하물며 백제에서 인도까지 항진한다는 것은 감히 상상도 할 수 없는 일이라 할 것이다.

여기서 우리는 백제인의 불교신앙에 대한 투철한 의식에 감복하지 않을 수 없다. 게다가 백제인들은 남이 번역한 경전에 만족하지 않고 직접 원전을 가져와서 자기네 손으로 번역하여 백제 나름의 율전인 신률(新律) 72권을 완성하였으며, 거기에다 백제 불교인이 직접 주소(註疏)를 덧붙여 율전으로서 완벽을 기하였다니 참으로 놀라운 일이 아닐 수 없다.

삼국 중 지리적인 조건이 가장 불리하여 새로운 문화의 추세에 어두웠던 신라는 고구려를 통하여 들어오는 불교문화의 새 흐름을 무조건 받아들이려 하지 않았다. 법흥왕 14년(527)에 왕의 종질이며 근신이었던 이차돈의 순교로 이차돈의 흰 피가 그 땅을 적신 뒤 비로소 불교가 흥교되어 신라문화의 주축이 되었다. 신라의 불교문화를 본격적으로 일으키고 발전시킨 왕은 24대 진흥왕이었다. 그는 어려서 즉위하여 나라를 다스리는 37년 동안 한 마음으로 불법을 신봉하고, 그때까지 삼국 중에서 가장 약소국이었던 신라를 일약 삼국통일의 주체국으로 만들었다.

이것 역시 신라인이 추구하는 사상의 심원한 고매성이 바로 불교에 있음을 숙지하였고 이러한 사상이 현묘(玄妙)의 도(道)로 발전되어 나갔다. 이 '현묘의 도'는 이미 있었던 정신으로 이것은 '유·불·선'(儒佛仙)이 내함(內含)된 것이었으나 이것은 더욱 발전되어 국가 정책면에서 응용되어 국선화랑(國仙花郎)이라는 단체를 조직한 것이다. 이는 불교 사상을 근간으로 설치하였던 청소년 수양단체로 진흥왕이 나라를 흥하게 할 목적으로 불교의 미륵신앙과 이상국가 사상인 전륜성왕 사상들을 중심으로 해서 이룩한 것이다. 그러므로 이 단체에서는 신라의 미륵을 상징하는 국선(國仙)이 모든 무리를 통솔하고, 그 아래에 각각 소단체의 우두머리인 화랑이 있어서 자기 무리의 낭도(郎徒)를 거느렸으며, 또 낭도에는 일반 소년 낭도와는 달리 한 사람의 스님이 낭도로 있으면서 국선을 보좌하였던 것이다. 이와 같이 화랑단체에 불교적인 사상이 수용된 것이다.

불교가 신라라는 시대와 문화에 적응한 증거로는 원광의 세속오계에서 극명하게 나타나고 있다.

세속오계란 첫째 나라에 충성하고, 둘째 부모에 효도하며, 셋째 벗을 믿음으로 사귀고, 넷째 싸움터에서 물러서지 말며, 다섯째 산 목숨을 함부로 죽이지 말라는 것이다. 불교에서는 절대 살생을 해서는 안 된다는 율장의 가르침이 있으니, 원광의 세속오계 중에서 다섯 번째의 항목은 불교의 가르침과 어긋나는 것처럼 된다. 그러나 사람이 사실상 세상을 살아 나가는 과정에서 절대 살생을 하지 않는다는 것은 어려운 일이므로 가려서 하라는 것이다. 이는 신라인이 불교의 참뜻을 새롭게 수용한 것으로 볼 수 있으며, 그 시대의 삶이 앎과 깊은 관계를 맺은 포괄적 이해라고 할 수 있다.

고대 이래 뿌리 깊게 내재하여 온 민간신앙의 순수성 위에 민족의 운명과 조국의 번영에 직결되는 호국수호의 관념이 불교를 수용하면서, 다른 어느 나라에서 찾아볼 수 없는 한국적인 불교를 생성하였다. 불교의 자비정신은 반야의 지혜에서 생기하는 것이어서, 그 밝음은 물질적인 빛이 아니라 마음의 밝음이며 또한 이지의 밝음이었으므로 태양의 광명을 숭배하던 신라인의 의식에 크게 영합되었던 것이다. 삼국인이 다 가졌던 신앙형태였지만 특히 신라인들의 이 같은 종교관념은 진보된 사상이었다고 할 수 있다. 그들의 생각은 낡은 것이 아니라, 시대적 사명에 부응하는 투철한 생의 의지였던 것이다.

신라를 뒤이은 고려 또한 불교적 정신 기반 위에 선 국가였다. 고려는 불교를 신봉하면서도 유교를 통치와 국민생활의 원리로 수용하였다. 고려의 문화는 고스란히 신라를 계승한 것이었다. 이에 따라 불교가 확고한 국가 통치의 지도이념으로 확립되어 독특한 불교문화를 창출하게 되었다. 특히 고려는 국가정책에 있어서도 태조의 훈요십조나 과거제도에서 불교 수용의 자세를 보여 주고 있다. 태조가 세상을 떠나기에 앞서 "우리 나라가 대업을 성취하게 된 것은 반드시 모든 부처님의 가호하심에 힘입은 바 크므로, 마땅히 선·교(禪敎)의 사원을 개창하여…" 등의 훈요십조를 지어 왕업을 계승하는 귀감이 되게 하였다.

특히 1, 2, 6조에서 불법을 신봉하고 불교문화를 발전시킬 것을 강조하고 있다. 불교가 이와 같이 국가정책의 일환으로 채택됨으로써, 고려의 문화는 귀족 중심의 불교문화로 발전한 점도 있다.

그런 반면 불교의 국가적 신봉은 국난 극복의 일환으로 대장경을 각판하게끔 하였다. 이 고려대장경은 그 체제나 내용에서는 물론이요, 글 자체의 정교함에 있어서도 가장 우수한 것으로 평가되고 있다. 그런데 그 조판 시기가 40년 가량에 걸친 북방민족과의 항쟁 중 국난을 극복하기 위한 민족적 슬기가 함축된 결과이므로, 우리에게 더더욱 깊은 의미를 가져다 주는 것이다.

이처럼 아름답고 순수한 믿음은 끈기 있게 연속되는 문화의식이 되어 고려시대에도 선대의 전통을 보존하였고 이를 국력에 총결하여 항몽의 외침 속에서 불교의 신앙은 강화의 하늘에 사무친 호국의 일념이 된 것이다.

종교적 신앙은 강압으로 제거되는 것이 아니라 법이자연(法爾自然)에 의하여 굳어지는 양심의 심층세계(深層世界)인 것이다. 제도적으로 강제되어 믿어지는 것은 종교가 아니라 무궤도(無軌道)한 폭정(暴政)인 것이다. 스스로 믿고 행하려 하기에 그 일은 자연스럽고, 진행하는 데 있어서도 무리한 것이 없는 것이다. 종교를 강제함이란 인간의 양심을 몰이해한 폭행에서 보는 소치인 것이다.

이 폭행을 강압적인 치정의 법으로 삼았던 조선왕조의 억불숭유책은 어떠한 것인가. 조선왕조 전반에 걸친 불교 배척의 시대사조 속에서도 간혹 적극적으로 불교를 일으키고자 하는 봉불(奉佛)의 왕이 있었는가 하면, 왕실의 후비(后妃) 중에서도 불교의 교단을 부흥시키려고 노력한 문정 왕후와 같은 이도 있었다.

그리하여 불교문화에 있어서 가장 중요한 위치를 차지하고 있는 불교경전의 번역사업이 이러한 와중에서 시도되었던 것이다. 우리 역사상 최초의 훈민정음으로서의 불경 번역사업이 제7대 세조 때에 이루어졌다. 세조는 초기의 억불정책을 지양하고 불교부

홍책으로서 불교문화를 크게 일으킨 왕으로, 조선 역대 왕 중에서 유일한 불교부흥의 군주였다. 세조는 간경도감을 설치하고 많은 불경을 우리 글인 훈민정음으로 번역하였다.

거승(巨僧)은 민족을 사랑하고 위승(偉僧)은 조국을 수호하였다. 이것은 억압에 의하여 사라지는 불교정신이 아니라 중생을 제도하려는 비장된 자비심의 발로인 것이다. 조선왕조의 불교에 대한 강압은 폐풍(弊風)에 휘몰린 사대숭유(事大崇儒)의 위정자에 의한 것이었다. 그러나 민족의 양심과 조국의 운명을 지켜 역사를 현양하려 한 것은 산승(山僧)들의 원력이었다.

불교적 체질로 환화된 인생은 소아(小我)보다 대아(大我)를 생각하고, 별이한 것보다 더 지극한 것을 찾아보려 하였다. 불교적 생사관, 이것은 죽어서 살아가는 적극적 생사관인 것이다. 그들은 죽음 속에 삶의 연속과 죽음이 내재하고 있음을 인지하고 있다. 그러므로 무념무상(無念無常)의 무아적(無我的) 본체가 모든 고난을 극복하려는 힘이 되어 있으므로 몰아적 충효비심이 개진되는 것이다.

이와 같은 전통과 생명력을 지닌 한국 불교이기 때문에, 36년간을 일제에게 짓밟혀 이 땅의 모든 것을 다 빼앗겼지만 불교만은 침탈할 수 없었다. 국토와 민족을 송두리째 삼킨 일본이 우리의 민족문화이며 사상이고 종교인 한국 불교를 가만두지 않았다. 우리의 불교는 일본의 사찰령에 묶여 신음하면서도 선·교 양종 또는 조계종의 정통성을 끝까지 우리의 것으로 간직하여 왔던 것이다.

그러나 최근에 들어서 한국 불교는 견실하게 발전할 만한 입지조건을 갖추고 있음에도 불구하고 정체 내지는 퇴보의 나락으로 빠져들려는 모습을 보이고 있는 것도 사실이다. 조선시대 배불정책과 연이은 식민통치의 사찰령에 묶여 있었던 후유증은 아직도 너무나 많은 과제와 문제성을 드러내고 있다. 그러나 이제는 새로운 역사를 창조하기 위해 헌신할 일이다. 작은 것을 버리고 큰 것을 위해 노력하는 것이 필요하다. 구분보다는 화합이 우리의 미래를 결정할 것이다.

- 법사회보 96년 8월호 소집교육 강의 -

종교다원사회에서의 한국불교의 역할

　현대 사회처럼 언어의 성찬이 만개한 시대는 없었다. 언어로 표현될 때는 그 의미가 명확하여야 하고, 또한 그 의미 속에 담겨 있는 뜻이 여실하게 개화하여야 한다. 다만 언어만을 나열할 뿐 그 의미가 구체적으로 성립되어 있지 않으면 희론에 불과하다.

　새벽을 열면 무수한 언어정보가 매스미디어를 통하여 송출된다. 언어홍수에 인간이 휩쓸려 갈 정도로 언어의 폭류는 극심하다. 우리는 언어가 쏟아지는 폭포 밑에서 물받이를 할 수 없다. 왜냐하면 폭포의 수량이 너무나 육중하고 그 굉음이 사람의 모든 소리를 빨아들이기 때문이다. 그러나 하루 한 번만이라도 그 폭포처럼 쏟아지는 광경을 외면하고 살려 하지 않는다. 소식 정보에 이미 중독되었기 때문이다. 이 난치의 병을 치유하는 의료시설은 지구 어디에도 없다.

　근대 이전만 하더라도 '지구상(地球上)'이라는 말이 있었다. 지구의 어느 국가나 지역을 표현할 때는 '지구상'의 지역, 사건, 행, 불행 등을 표현하여 그것은 직접적인 관계성이 아니라, 먼 이역의 사건으로 짐작하게 했다. 그러나 지금은 그렇지 않다. 이러한 언어표현에 상응하는 지구촌이 나의 것, 우리의 것으로 대칭되고 있는가에 대한 의문도 일어나고 있으니 이 또한 우리를 혼란스럽게 한다.

우리 나라에서도 몇 년 전만 하여도 국제화라는 말이 자주 쓰이고, 이 국제화란 말을 쓸 때만이 자국의 경제가 발전하고 자국의 문화가 상승하는 듯하였다. 누구든지 식자(識者)라면 국제화라는 말을 상용하면서 국제적 인물이 되려고 노력하였다. 국제화라는 언어가 매스컴의 단골용어로 등장되어 너·나 할 것 없이 국제·국제를 노래하며 매판을 하였다.

그런데 얼마나 국제화가 되었는가 싶더니 그 말은 슬며시 자리를 바뀌어 '세계화(世界化)'라는 언어로 환술(幻術)을 부리게 되었다. 국제화와 세계화의 차이성이 어디 있는지 모르지만, 지금 우리는 세계화 세계화라는 환호와 열창에 귀가 멍멍하다.

언어에는 마력이 있다. 언어에 마력이 있다는 것은 마력(魔力)과 마력(馬力)의 차이이다. 언어가 마력(魔力)으로 등장하면 임기응변으로 적당한 말이나 합리적인 논리로 어떤 사건을 마력(魔力)으로 포장하여 인간을 현혹시킬 것이다. 그러나 그것이 현혹된 사실로 판명되고 나면 사람들은 허무와 불신의 늪에 빠지게 될 것이다. 언어를 구사하는 쪽에서는 언어를 마력(魔力)으로 사용하면 실망과 불운을 점지하는 결과가 될 것이다.

그러므로 언어는 마력(馬力)이 있어야 한다. 말은 힘이다. 힘은 그 말에 담겨 있는 뜻을 살리는 길이다. 아무리 잘 달리는 말일지라도 길이 잘 닦여져 있지 않으면 잘 달릴 수 없다. 즉 치도(治道)가 되어야 한다. 말은 치도에는 잘 나갈 수 있지만 험도(險道)는 헤쳐가기 힘들다. 그러므로 말(言)에도 뜻이 잘 담겨 있어야 하며 그 뜻을 수행할 수 있는 힘이 있어야 한다. 이렇게 보면 언어는 마력(馬力)과 깊은 관계가 있는 것이다. 우리가 지금껏 말의 마력(魔力)과 마력(馬力)을 구별하지 않고 살아오면서 함부로 말을 해왔다. 함부로 말을 한다는 것 자체가 오류를 범한 것이다.

서양에서 나온 말에 다원주의(多元主義 ; Pluralism)라는 것이 있다. 일원론, 이원론보다 뜻이 광범위하게 내포된 말이다. "하나이다. 이것이다."라는 단정적 표현이 아니고 '다원'이라 '많은 것과 함께' '다른 모든 것과 같이' '다양성의 공존' 등으로 해석되는 대단히 의미가 깊은 듯하면서도 복합적이며 모호한 언어이다.

서양종교학자들이 쉽게 쓰는 말이지만 이 말에 부합된 행위나 행동이 쉽지 않다. 이것을 주장하는 것에 대해 저것이 반대하는 것은 긍정·부정으로 찬성과 반대가 성립되지만, 다원은 모든 것과 이것이 함께 이해되고 함께 있어야 할 의미가 다분히 내함되어 있기에 더욱 어려운 것이다.

다원을 내세우는 쪽도 자기 것을 고수하면서 다른 모든 것을 흡수하려고 한다거나 다른 모든 것과 같이 있는 듯하면서 자기를 주장할 무엇을 간직한다면 이는 다원의 본의는 아닐 것이다.

이러한 다원주의가 종교를 이해하려는 종교학자로부터 처음으로 발언된 것도 기이한 일이다. 다원이란 새로운 의미로 해석하여 보면 삶은 원칙, 원리가 있음을 전제하여야 한다. 깨달음의 눈으로 보면 하나의 원리나 원칙밖에 없다. 그러나 깨달음이 아닌 이해의 방법을 동원하면 원리란 자연적, 물리적, 화학적, 생활, 문화, 신앙 등 다양한 원리를 찾아 낼 수 있을 것이다.

불교적 원리는 하나이면서 모두이다. 즉 화엄의 원리이며 육상원융(六相圓融)의 무진연기(無盡緣起)이다. 우주의 모든 법계는 총체적인 모습임과 동시에 개체적 성질이 있다. 또한 총체적인 것은 동질성을 집성한 것이다. 그러나 그 총체적인 것은 이질성이 분리되기도 한다. 어떠한 시간에 주어진 공간이 있다고 하면 여기에는 총·동·성(總·同·成)인 생(生)의 에네르기와 별이괴(別·

異·壞)인 멸(滅)의 에네르기가 작동하는 것이다. 이러한 생의 역동량(力動量)과 멸의 역동량(力動量)은 등치가(等値價)를 갖고 있다. 등치가의 상호성을 인정하는 자리에 평등성이 있음을 자각하는 것이다. 생의 총체력과 멸의 총체력을 이해하지 못한다면 자기 편애나 자기 독단에 빠지고 만다.

그러므로 다원이란 말은 불교에 있어서는 가장 기초적 인식에 지나지 않는다. 본래 다원이면서 일원(一元)이라는 이론이 정립되지 아니하고 일원적 사고방식에 집념하다가 새로운 다원을 내놓으려 하니 사고에 마찰이 생기고 이러한 사고의 마찰에 의한 신앙체계를 주장하려 하니 자연히 관용의 가슴이 협착하게 된다.

화엄의 주론인 '일즉다 다즉일(一卽多·多卽一)'은 이미 "일원(一元)이다. 다원(多元)이다"의 변별법을 초월하고 있다. 일(一)이 다(多)가 될 때도 생(生)하는 총력에 의한 것이고 다(多)가 일(一)이 될 경우에도 멸의 총력에 의한 것이다. 이 깨달음의 힘은 증감의 법칙에 따르지 않는 부증불감(不增不減)이다.

그러므로 다원이라 주장하면서 일원을 섭용하거나 수용한다면 그 다원은 전제나 독점을 의미하게 될 것이고, 또한 일원이 다원과 공존한다는 것은 유일적(唯一的)인 주장을 전제하고 있는 논리이므로 용납되지 않는 언어구사인 것이다.

다원이 제법실상(諸法實相)이라고 한다면 일원은 만법일심(萬法一心)이다. 제법실상과 만법일심이 동시적(同時的)으로 생멸하고 이시적(異時的)으로 생멸하는 이법(理法)을 각증(覺證)하는 자리에 삼세시방(三世十方)의 우주가 개설(開設)되는 것이다. 설(說), 사상(思想), 주의(主義)가 난무하고 주장되는 세상은 화쟁(和諍)이 없는 세계이다. 그러므로 다원주의로 종교를 이해하려는 것은 아직 사상(四相)의 견해(見解)를 고착하려는 자신들의 주장에 지나지 않는다.

관용을 최대한으로 베푸는 것 같지만 최대한이란 수량에 얽매여 있을 뿐이다. 관용은 무연지비(無緣之悲)로 실천하는 길밖에 없다.

다원의 세계와 일원의 세계를 별이(別異)로 세워서 보는 것이 아니라 동시적 상황으로 융섭하여 자신보다 타인의 행복을 혜시하려는 구세대비적 일심(救世大悲的 一心)을 구현하려고 하였다. 다시 말하면 성인보살(聖人菩薩)의 행화(行化)로 향진할 것을 가르쳐주고 있다. 그러므로 언상(言相)에 매여있는 다원적 관용이 아니라 이언적 멸상(離言的 滅相)의 의미를 구현할 때 마력(魔力)에 사로잡힌 다원이 아니라 말에 힘이 있는 뜻을 성숙시키는 정진력으로 일체를 총섭(總攝)하는 한 마음이 '다즉일(多卽一) 일즉다(一卽多)'의 묘용(妙用)이 되어야 언어희론(言語戱論)의 수렁에서 빠져나와 다원의 본질을 구현할 수 있을 것이다.

그러므로 다원이라는 가면(假面)을 쓰고서 일원을 속이는 연극은 막을 내려야 하고, 일원의 참 마음으로 다원의 현실을 받아들이는 비관적 비시행(悲觀的 悲施行)이 되어야 할 것이다.

한국불교 최상대승선(最上大乘船)으로

항해가 시작되는 새벽이다. 그런데 닻을 올리기 전에 선박에 대한 점검을 확실하게 하여야 한다. 정비되지 않은 선박을 항진시키면 큰 일을 예고하는 것이다. 오랫동안 항해하다가 항구에 접안된 선박은 둑으로 끌어 올려 배 밑바닥에 칠이 벗겨져 녹슨 구석이 있는가 살펴야 한다.

항해 도중에 바닷물에 찌들어 쇠녹이 나고 이끼가 붙고 고동각질이 붙어 있다. 이들은 배 밑바닥에 구멍을 낼 위험을 안고 있다. 모두가 힘 모아 둑으로 끌어올려 망치질로 쇠녹을 털어 내고 골탄, 페인트로 덧칠을 하여 항해 도중의 침수를 막아야 한다.

기관실의 기계들도 정비하여야 한다. 조이고 닦고 하면서 낡고 헐겁게 된 부속품을 하나도 남김없이 새것으로 바꾸어 고쳐야 한다. 언제나 항속을 유지하기 위해서는 완전히 정비된 기관실이 되어야 한다. 선장실의 나침반, 해난측정기, 레이다, 무선기 모두를 새로 정비하고 컴퓨터도 새롭게 살펴보고 항해지도도 새 것으로 바꾸어야 한다. 망망한 바다에서는 해도가 가장 중요한 것이다. 식량창고, 물탱크도 살펴야 하고, 의무실의 상비약을 하나도 빠짐없이 챙겨야 한다. 또한 스크류도 살피고 방향타도 점검하여야 한다. 한번 항해한다는 것은 쉬운 일이 아니다.

한국불교도 이제 새로운 항해를 하게 되었다. 자타가 지켜보는 항구에서 지금 배를 수선하고 있다. 개혁이라는 의미로 아니 한국불교가 구종(求宗)되어야 한다는 의지로 수선한다기보다 새로운 배를 조선하고 있다는 말이 적합할 것이다.

배질, 물질에 이골이 난 도선주들, 수십년 동안 배를 타고 다니면서 열심히 일하던 선원들 그리고 새 배를 타야만 망망한 대해를 항해할 수 있다고 날마다 달마다 해마다 새 배를 희구하던 신생 선원들이 합심하여 조선을 하고 있는 것이다. 장하고 거룩한 일이다. 주변에서 배를 고침에 배 만듦에 기술적 경제적 도움이 없는 조선소 현상에서 비지땀을 흘리고 있다.

어찌 보면 통나무를 베어다 떼배를 만드는 원시적인 일이라 손가락질 할지 모른다. 그러나 경험과 이력 그리고 정열이 삼박자가 되어 떼배를 만드는 것은 순수한 일이다. 고물선을 사다가 고치는 것보다 순수하게 살아있는 거목들을 베어다 떼배를 엮어 가는 것이 현대적 참선이요, 염불이요, 정진이 아닌가. 우리는 너무나 낡은 파철선을 사다가 새 배를 만들려고 하는 무모한 욕망과 기계적으로 낡아간 마음을 가진 것이 아닌가 하고 반성하여야 한다.

몇 십년 가꾸어 온 총림. 이 나무들은 우리들 모두가 묘목하였고 식수한 나무가 아닌가. 어디 누구의 도움에 의하여 얻어온 나무가 아니다. 수행과 정진으로 피와 땀이 영글어 총림이 된 것이다. 거기서 자란 나무들을 간목하여 떼배를 만드는 것은 신앙적인 의미로 보나 종교적 세계에서 보나 가장 합당한 울력이다.

울력은 기계화된 시대에서는 참다운 의미를 찾기 힘들다. 울력은 제일의적으로 인간의 노동을 요구하고, 그 울력에 동참한다는 것은 공동체 사회를 결속시키는 것이라 할 것이다. 그러나 기계적인 힘에 의하여 얼마나 많은 사람들의 종교적 내면세계가 파괴되고 황폐하게 되었는가.

이러한 편리성의 물리력에 의하여 한국불교교단은 사이비 선장은 갖고 있지만 동참의 원력을 해맑게 투사하는 선원은 갖지 못하였다. 선장의 횡포에 선원은 이 눈치 저 눈치를 보면서 가슴 속에 간직한 여래의 씨앗에 피멍이 들었다. 마음이 일구어진 선장은 모든 선원의 마음을 돈오의 빛으로 헤아려 어루만지는 제법(諸法)의 법문이 있는 것이다. 공부함에 의하여 할소리를 듣던, 방[榜]으로 어깨가 으스러져도 그 곳엔 환희와 법열이 있었다. 이것이 바로 선가의 살림살이가 아닌가.

그런데 이러한 덕스럽고 슬기로운 살림살이가 깡그리 파괴되고 무너져 버려 모두가 선장을 두려워하고 선장을 질시하는 선원으로 뒤 돌아 앉게 한 허물이 파철선을 운전하는 한 사람의 독주자에게 있었던 것이다. 고철, 파철은 용광로에 보내야 한다. 삼천 년 전 대숲 절[죽림정사]에서 무소유를 설파하신 부처님의 말씀따라 마음의 배를 만들어 새로운 항해를 시작하여야 한다.

이것이 새로운 불교로 지향하는 길이다.

"출가스님이시여, 헌배를 고쳐 거친 바다에 나가지 마세요. 떼배를 엮어 강으로 부터 내려오는 항해법을, 그리하여 다시 돛단 배를 하나 마련하여 바다를 건너고 또 다시 철갑산을 조선하여 망망대해를 항진하여야 합니다. 부처님께서도 말씀하셨습니다. 처음도 중간도 끝도 다 훌륭하고 수승하여야 한다고 하셨습니다,"

처음이 잘 못 되면 끝을 볼 수 없다. 그 처음이 깨침으로 되어야 한다. 깨침 속에서 방편이 나와야 한다. 방편으로 깨침을 찾는 것은 허구이고 오류이다. 우리는 지금까지 허구와 오류의 담장을 높이 세워 유아독존의 성책으로 살려고 한 사람들의 끝을 바르게 봐야 한다.

불교는 본래부터 담장이 필요 없고 성책이나 망루가 없는 것이다. 그 허망한 망루에서 세계를 바라보는 것은 망상과 아집인 것이다.

새배를 한국불교에 진수시키려는 스님들이여, 부처님의 정법에서 출항되고 회항하는 단단하고 부드러운 큰 배를 만들어 일체중생이 함께 승선할 수 있게 하여야 한다.

만해 스님도 일찍이 배를 만들어 우리 앞에 내어 놓았다. 나룻배인 것이다. 어느 누구도 쉽게 타고 저 언덕으로 건너게 하는 나룻배인 것이다.

이제 한국불교가 거듭나기 위한 불사로서 배를 만들 때 최상대승선(最上大乘船)을 만들어야 한다.

그러면 우리들 재가 불자들은 배를 만드는 여러 스님 앞에 음식과 음료수 아니 야밤에 일할 땐 불 밝히는 등명의 기름을 바쳐 올리려 한다. 이 정성 오래 가기 위한 기도가 살찌워 나가기 위하여 스님들이시여, 세계라는 바다에 한국불교의 대승선을 만들어 함께 건네주는 자비의 화신이 되소서.

삼국유사에 나타난 불교 이야기

『삼국유사』에 나타난 불교사상은 관음신앙과 미륵신앙, 아미타신앙, 정토신앙 등으로 나누어 살펴볼 수 있습니다.

여기서는 크게 관음신앙과 미륵신앙으로 나누어 살펴보겠습니다.

종교란 본디 신성한 것이며 비장되어야 하는 것이기에 일연 스님이 『삼국유사』를 편찬하던 그 시기까지는 많은 이야기들이 유실되지 않고 전해질 수 있었습니다.

『삼국유사』는 삼국시대의 남은 이야기를 기록했다고 할 수도 있지만 오히려 불교에 관계되는 이야기를 빠짐없이 모아 놓은 종교문화사(宗教文化史)라고 할 수 있습니다.

특히 고조선부터 삼국 이전까지의 이야기들은 김부식의 『삼국사기』에도 등장하지 않는 단군 한배검의 이야기까지 실어 투철한 역사의식을 담고 있습니다.

『삼국유사』는 지극히 개인적인 이야기들로 이루어져 있습니다만 결코 부분적이거나 지엽적인 이야기들은 아닙니다. 육당 최남선 님은 『삼국유사』를 이렇게 설명하고 있습니다.

"삼국유사는 국가의 비밀스러운 일까지 기록한 훌륭한 책이다."

이 책의 내용은 이야기가 전개되는 도중에, 이야기된 바를 모아 편찬하실 때는 일연 스님께서 항시 답사를 하며 쓰셨다고 합니다. 그러나 그가 생활하는 반경의 한계 때문에 『삼국유사』에는 백제, 고구려 부분이 약간 부족한 안타까움이 있습니다.

삼국으로 전해진 불교

먼저 삼국으로 불교가 어떻게 홍포되었는가를 함께 살펴보겠습니다.

고구려의 경우 소수림왕 2년(372년)에 전진으로부터 불교가 전해졌습니다. 기록에 의하면 전진의 왕이 고승 순도와 사신을 통하여 불상과 경문을 보냈다고 하였는데, 당시에 어떠한 경전이 전래되었는지는 정확한 기록이 없는 탓에 알 수 없습니다.

그 후 2년 뒤에 동진에서 아도가 오자 나라에서는 375년에 초문사를 지어 순도를 머물게 하고, 이불란사를 지어 아도가 있게 하였습니다. 여기서 '절 사(寺)'자는 원래 '모신다'는 의미의 글자였답니다. 관청의 이름으로, 국빈을 모시던 영빈관의 일종입니다. 이곳에 스님이 머물면서부터 불법이 홍포되었습니다. 즉, 고구려 최초의 절은 초문사로서 이는 결국 우리 나라 최초의 절인 셈입니다.

백제에 불교가 전해온 과정은 조금 독특합니다. 고구려는 불교가 전해진 지 2년 만에 절이 생겼습니다만, 백제는 인도 혹은 티벳의 스님이라 추측되는 '마라난타' 스님을 왕이 직접 마중나가 모셔왔습니다. 이 때는 한강 주변으로 세력이 확장되던 즈음이라 385년에 수도 한산주에 절을 짓고 스님 열 분을 모시어 불법을 펼쳤습니다. 고구려에 비해 다분히 능동적이며 적극적으로 불교를 받아들였던 것입니다.

신라 불교의 시초는 눌지왕 때에 고구려의 승 '묵호자'가 건너

온 것으로부터 비롯됩니다. 묵호자는 모례라는 이의 집에 머물고 있었는데 당시 양나라의 사신이 향을 가지고 왔습니다. 아무도 향의 쓰임을 모를 때 묵호자가 "이것은 향(香)으로서 정성을 신성(神性)에게 통하게 하는 것입니다. 신성으로 치면 삼보(三寶)보다 나은 것이 없으니, 이를 불전에 사르고 소원을 빌면 반드시 영험이 있을 것입니다"하며 일러주었다고 합니다.

언젠가 왕녀가 병이 나자 묵호자가 향을 피우고 소원을 말하니 말끔히 병이 나았다고 합니다. 이것은 아마도 향을 사룸으로써 환경을 전환시켜 정신적인 병을 고친 것이 아닌가 싶습니다.

21대 미추왕 때에 고구려 사람, 아도(我道)라는 분이 신라로 건너 왔습니다. 그는 다섯 살에 출가하여 위나라에서 공부를 마치고 돌아왔으며, 열아홉에 그의 모친이 "신라에 불교가 크게 떨칠 것이니 그곳으로 가 불법을 전파하라"고 일러 신라로 건너 온 것입니다. 이 때가 263년이라고 일연 대사가 기록한 것을 본다면 삼국 중에서 신라에 가장 먼저 불교가 전해졌다는 주장입니다. 그것도 100여 년이나 앞섰으며, 고구려나 백제를 통하지 아니하고 독자적으로 불교를 받아들였다고 할 수 있습니다.

우리 나라에는 관음(觀音)신앙이 아주 강합니다. 조선을 건국한 이성계가 남해 보광산에서 기도를 올린 뒤 왕이 되었답니다. 보광산의 영험을 고맙게 느낀 태조는 산의 이름을 비단금(錦)자를 써서 금산으로 바꾸었으며, 그 곳에서 정진하면 각도성취(覺道成就)한다고 하여 절 이름도 보리암(菩提庵)으로 바꾸었다고 합니다.

이처럼 우리는 관음신앙과 밀접한 수 많은 이야기를 간직해오고 있습니다. 그 중『삼국유사』에 나타난 관음신앙을 몇 가지 살펴보겠습니다.

중국에 사실적인 그림을 기막히게 잘 그리는 화공 장승요라는 사람이 있었습니다. 그는 신라에서 불법을 신봉한다는 소식을 듣고 '불사를 닦아 동방을 널리 이익되게 하겠노라'는 발원을 세우고 경주에 도착하였습니다. 그는 경주 낭산에 위치한 중생사에 관음보살상을 그렸는데 여기에서 관세음 보살의 기적이 일어났습니다.

신라의 유명한 재상 최승로는 그의 부모가 이 중생사 관음상 앞에서 기도한 끝에 태어난 아들입니다. 그가 난 지 석 달 만에 견훤의 침입을 받자 그의 부모는 관세음 보살님께 아이를 맡기고 피난을 하였고 반 달 후 돌아와 보니 새로 목욕한 듯 어여쁜 모습에, 젖냄새가 나더랍니다. 이 밖에도 중생사의 관세음 보살의 영험으로 빚어진 이야기는 참으로 많습니다.

경주의 북산은 경주의 금강산, 혹은 소금강이라고 합니다. 이곳에 백률사라는 절이 있는데, 이차돈 성사가 순교할 때 목이 날아와 떨어졌다고 하는 절터로서 지금도 남아 있습니다.

신라 효소왕 때의 일입니다. 문무왕이 아끼던 보물이 만파식적이라는 악기이듯 효소왕에게도 신기한 피리와 가야금이 있었습니다. 이 피리를 한번 불면 풍랑이 일던 바다가 고요해졌다고 합니다.

어느 날, 신라의 국선(國仙) 부례랑이 신적과 현금과 함께 말갈족에게 잡혀간 사건이 벌어졌습니다.

부례랑의 양친은 백률사 부처님 앞에서 여러 날 기도를 올렸습니다. 이 때 갑자기 향탁 위로 두 보물이 놓여졌고 부례랑도 돌아왔습니다. 부례랑이 전하는 말에 의하면 적국에 잡혀가 말 먹이는 일을 하던 중 한 스님을 만나게 되어 잠깐 사이 이곳까지 오게 되었노라고 하였습니다. 이 소식을 들은 백성들은 부처님의 은덕에 고마워 하였다고 합니다. 여기서 말하는 피리란 신라인이 공유하고 있는 음악(정신적인 공감대)이거나 민족의 고유 사상일 것이라 생각됩니다.

우리 민족과 가장 밀접한 관세음신앙의 4대 도량이 있습니다. 양양의 낙산사, 남해 금산 보리암, 강화 보문사, 금강산의 법기도량이 바로 그곳입니다. 또한 관세음 보살을 지극히 염하는 사찰로 서울에는 약수암, 미타암, 연주암 등이 있습니다.

관음에 관한 경전은 여러 종류가 있지만 법화경의 제25편 관세음 보살 보문품이 손꼽힙니다.

관세음 보살은 자비에 으뜸이신 분으로 이 분의 명호를 지극히 부르고 생각하면 늘 함께하신다고 합니다.

신라의 선천촌이라는 곳에 노힐부득과 달달박박이라고 하는 두 사람이 살고 있었습니다. 둘 모두 범상치 않았으며 높은 생각이 있어 출가를 하였습니다. 인간세계를 버리고 백유산이라는 명산에 들어가 노힐부득은 동쪽고개에, 달달박박은 북쪽고개에 각각 암자를 지어 정진하면서, 부득은 미륵불을 구하였고, 박박은 아미타불을 염송하며 생활하였습니다.

정진한 지 3년이 채 못 되던 어느 날, 날이 저물 무렵 달달박박에게 자태가 아름다운 낭자가 하룻밤 묵기를 청하자 달달박박은 지체말고 떠나라며 낭자를 보내버렸습니다. 낭자는 다시 노힐부득을 찾아갑니다. 노힐부득은 중생의 뜻에 따름도 보살행의 하나인데 어찌 소홀히 대하겠느냐며 맞아들였습니다. 마침 낭자에게 산기가 있어 해산을 하게 되었습니다. 해산을 한 뒤 목욕을 청하자 가엾이 여기는 마음이 우러나 곧 물을 끓여 목욕을 시켜주었습니다. 낭자는 노힐부득에게 함께 목욕하기를 청하였습니다. 노힐부득이 함께 목욕을 하자 물 속에서 짙은 향기가 나면서 물이 금색으로 변하였고 그 물에서 함께 목욕을 마친 노힐부득은 부처님이 되었습니다.

바로 그 낭자가 관세음 보살이었던 것입니다. 다음날 찾아온 달달박박도 남은 물에 목욕을 하여 성불했다고 합니다.

미륵불을 구하고 아미타불을 구한 두 승려가 끝내 관세음보살로 성불했다고 함은 관음신앙이 그만큼 당시에 강했음을 알 수 있으며, 신라의 불교는 주술을 떠나 신라적인 것을 노래하고 있음을 말해주고 있습니다. 또한 중생의 아픔뿐만 아니라 수도자의 고뇌까지 어루만져주는 관세음보살님 그분의 자비가 얼마나 크고 넓은지를 느끼게 해줍니다.

양양 낙산사에는 커다란 해수관음상이 동해바다를 바라보며 서 있습니다. 관세음보살의 원력으로 일본의 수탈이 멎어주기를 바라는 의미에서 석굴암의 부처님처럼 동해를 응시하도록 만든 것입니다.

의상 대사가 당나라에서 돌아오니 관세음보살이 그 해변에서 산다는 이야기를 듣고 서역에 보살이 산다고 하는 보타락가산의 이름을 따서 낙산(洛山)이라는 이름을 지었습니다.

동해의 용이 여의주를 의상에게 주었으며, 대사가 관세음보살을 친견하니 "한 쌍의 대나무가 솟은 곳에 불전을 지으라"고 하여 이에 금당을 짓고 관음상을 만들어 모셨습니다. 그리하여 절 이름을 낙산사라 하고, 의상 대사가 관세음을 친견한 자리를 의상대라 전합니다.

『삼국유사』에는 후에 원효가 이곳을 참배하러 찾아왔으나 관음의 참 모습은 뵙지 못하고 떠났다고 전하고 있습니다. 이것은 의상이 원효보다 관음신앙이 더 강했다고 하는 사실을 말해주고 있습니다.

흔히 남가일몽으로 묘사되는 조신의 사랑 이야기도 낙산사 관세음보살 앞에서 빚어졌습니다.

신앙이란 결국 그러합니다. 자신이 느껴보아야 가능한 것입니다. 느끼고 보면 의심이 필요하지 않습니다. 표현할 수 없는 신비가 깃들인 것이 종교의 세계이기 때문입니다.

미륵은 부처님의 제자로서, 돌아가신 후 도솔천에 살면서 가까운 미래에 나타나신다고 하는 분입니다. 혹은 56억 7천만 년 뒤에 용화세계에 내려와 세 번 설법을 하신다고 합니다.

이로 인해 우리 나라에는 두 종류의 미륵 신앙이 복합되어 있습니다. 죽어서 도솔천에 올라 미륵의 설법을 듣고 싶다는 미륵상생신앙과 후세에 용화세계에 내려오시는 부처님을 따라 성불해야겠다는 미륵하생신앙이 복합되어 있는 것입니다.

요즈음은 보기 드물지만, 수십년 전만 해도 시골 동리 어귀마다 천하대장군, 지하여장군이라 하는 장승들이 서 있었습니다. 이는 미륵신앙이 민속화되어 나타난 모습입니다. 또한 미륵신앙이 제주도로 전해지자 그곳의 전통과 어우러져 하루방이 되었습니다. 미륵신앙은 우리 나라에서 가장 많이 민속화되고 토속화되어졌습니다.

무엇보다 중요한 것은 종교란 바르게 알고 바르게 믿는 가운데 올바른 쓰임이 있어야 합니다. 죽은 다음에 성불한다는 것보다 이 현실에서 우리가 미륵의 세계를 만들자는 의미가 진정한 뜻이 아니겠습니까. 그럼에도 불구하고 미륵을 바탕으로 하여 삿된 종교로 빠져든 경우가 꽤 많습니다. 미륵신앙이 극성을 부릴 때는 그 시대의 말기적 증상이었던 적이 많았습니다. 현실이 불안하기에 보이지 않는 미래에 의지하려는 나약한 심성이 덧붙여지기 때문이겠지만, 시대가 어두우면 어두울수록 더욱 열심히 극복해낸다는 참여의식이 진정한 종교인의 모습일 것이라는 생각이 듭니다.

'신라의 아쇼카 왕'이라고 불리우는 진흥왕의 경우 법흥왕이 공인한 불법을 일으키기 위해 세운 절에 흥륜사(興輪寺)라 이름하여 지성으로 신앙하였고, 진흥왕의 왕비는 출가하여 여승이 되었다고 합니다. 신라시대 때에는 화랑들을 용화낭도라고 하여 '미래의 미륵들'이라는 기대감을 가졌습니다. 젊은 낭도들의 강한 기질과 그들의 심신수련을 통하여 신라가 강해진 것이라고 볼 수 있습니다.

본디 화랑도는 서로 도의로써 닦고 노래와 시가를 외우며 즐거워하고 명산대찰을 다니며 연마함이 기본 생활입니다. 그리하여 그들은 세월을 그저 허비하지 않았으며, 두루 불법을 탐구하여 법륜 안에서 생활하였습니다.

신라인들이 화랑에게 건 기대란 실로 큰 것이어서 그들을 소년 미륵이라 칭하다 보니 '미륵반가사유상' 등의 태자사유상들을 빚어내었습니다.

일본의 경우 저들이 최고의 보물로 손꼽고 있는 국보 제1호 목조 반가사유상은 모양이나 자태가 우리의 것과 흡사하여 우리 나라에서 건너간 것으로 추측되고 있습니다. 여하튼 신라의 불교란 현실을 바탕으로 현실 속에서 불국토를 건설하려는 온 백성의 열망 속에 발전하였음을 알 수 있습니다.

신라에서 불법의 계율을 바르게 정한 이는 자장 율사였습니다.

자장의 아버지는 뒤를 이을 자손이 없자 천 분의 관음보살상을 조성하고 천불전 앞에서 삼보에 귀의하여 자식 낳기를 축원하였습니다. 천불전이란 현겁의 발전을 기원하는 곳입니다. 이로써 얻은 아들이 바로 자장입니다. 그는 당나라로 건너가 부지런히 정진하였고, 귀국해서는 대국통(大國統)이 되어 모든 규범을 바르게 하였으며 계율을 풀이하는 등 가장 흥성하게 불법을 보호하였습니다.

　말년에 들어 진실된 수도생활을 하고 있을 때였습니다. 한 늙은이가 거지차림으로 망태에 죽은 강아지를 담아 메고 자장을 찾아왔으나 자장은 그를 꾸짖어 내쫓았습니다. 집을 나온 늙은이가 망태를 털자 죽은 개가 사자보좌로 변하였습니다. 그 늙은이는 이에 올라타고는 '어찌 아상(我相)을 가진 자가 나를 보겠냐'며 사라져 버렸습니다.

　이 말을 전해 들은 자장 율사는 그토록 기다리던 문수 보살을 친견치 못함에 안타까워하다가 문수 보살이 떠난 고개를 오르다 그만 쓰러져 세상을 떠났습니다.

　이 이야기를 통해 보여지는 모습에 대해 갖는 선입견이나 편견이 실로 큰 업(業)이 됨을 알 수 있겠습니다.

　자장 율사는 중국(唐)에서 불상과 불경 외에 부처님의 정골사리를 갖고 오셨습니다. 양산의 통도사, 울진의 불영사, 정선의 정암사, 오대산 적멸보궁, 설악산의 봉정암 이 곳을 5대보궁이라고 합니다. 이들 부처님의 진신사리를 모신 곳에는 등상불이 따로 존재하지 않습니다. 부처님의 사리가 있기 때문입니다.

　조정에서 자장 율사에게 재상이 될 것을 명하였으나 "내 차라리 하루 동안 계율을 지키다 죽더라도, 백 년 동안 계율을 어기고 살기를 원하지 않는다"라고 말한 일화는 아주 유명합니다.

　종교에 있어서 계율이란 자기 양심의 구현입니다. 각기 나름대로의 합리화가 가능할지라도 율을 피하는 것은 분명 어그러진 것이라고 생각합니다.

　진표 율사의 일화도 한 편 소개하겠습니다. 나이 열두 살에 출가한 진표 율사는 순제 법사에게서 '미륵·지장의 두 보살에게 법을 간절히 구하라'는 가르침을 받고 수도정진하였습니다. 지극한 마음으로 정진하던 율사에게 지장보살과 미륵보살이 율사의 이마를 어루만져 힘을 주기도 하였습니다. 그는 김제에 금산사를 세우게 되었는데 이때 미륵보살이 감응하여 미륵장육상을 만들었다고 합니다. 당시 미륵보살이 도솔천에서 내려와 율사에게 계법을 주는 모습이 금당 남쪽 벽에 그려져 있습니다.

부처님께서 중시한 가르침 중에서 으뜸인 효(孝)에 관한 이야기도 소개하겠습니다.

진정 법사가 속인이었을 땐 집안이 가난해서 무척 어렵게 살았답니다. 집에 있는 재산이라고는 오직 다리가 부러진 솥 하나 뿐이었습니다. 어느날 스님이 보시를 구하자 어머니는 그 솥을 내어 주었고, 이 말을 전해들은 진정은 기쁨을 감추지 못했답니다.

와분을 솥을 삼아 어머니를 봉양하던 중 의상 대사가 전법을 하고 계심을 전해듣고 어머니와 상의를 하였습니다. 어머니는 "불법은 만나기도 어렵고, 인생은 빠른지라 효도를 다한 뒤면 늦을 것"이라며 아들을 재촉하여 출가시켰습니다. 부지런히 용맹정진한 끝에 그는 의상의 10대제자 중의 한 사람이 되었습니다.

무엇보다도 우리에게 이 무수한 이야기들이 전달해 주는 것은 지극한 마음으로 삼보에 귀의하고 정진하여, 이 땅 위에 진정한 불국정토를 이루려는 원을 세우고 이를 실천하는 모습이 진실로 간절하였음을 보여주고 있습니다.

『삼국유사』는 참으로 많은 이야기들이 담겨 있는 역사책으로 우리 민족에게는 영원한 고전입니다.

특히 이 땅에 발을 디디며 생활했던 고래(古來)로부터의 선조들의 모습을 더듬으며 그분들의 생활 철학, 그분들의 정신적 향기, 그분들의 지극한 신심들과 우리는 만날 수 있음이 얼마나 다행스러운 일인지 모릅니다.

  이 『삼국유사』를 경전처럼 늘상 곁에 두고 자주 읽어 우리 또
한 자랑스러운 불자가 되어 봅시다.

- 대원 85년 10월 -

역사의 공간

　공간은 넓은 곳이다. 공간은 비어있는 허공이다. 넓은 곳은 환한 곳이고, 밝은 곳이다. 허공처럼 허허하고 현현한 곳은 아득하다. 여기에는 허접스런 것이 있으면 더러운 진창이 된다. 쓰레기 더미에 쌓여 있는 곳은 온갖 해충이 잉잉 거린다. 악취와 오수가 뒤범벅이 된 곳은 모든 사람이 싫어한다.

　파란 들풀이 자욱하게 웃자란 곳에서는 아이들이 마음대로 뛰놀고, 더욱이 시골 동구 밖에 빈 공간이 있으면 자 치기, 줄말 타기, 고무줄 넘기 등 온갖 놀이가 이루어 진다. 참으로 좋은 곳이다. 그런데 지금은 이러한 빈 공간이 이름붙일 수 없는 폐기물로써 채워지고 있으니 한심할 뿐이다. 사람들이 제 살기에 편한 쪽으로 이끌어 쓰다가 버리는 물건들은 다시 살 사람들에게 엄청난 폐해를 주고 있으니 깊이 생각하여야 한다.

　역사에도 공간이 있다. 그 시간 속에서 창조된 문화는 역사의 공간 속에 담겨져 민족의 자긍심을 뿌듯하게 느끼도록 한다. 역사 공간을 선용하는 민족은 슬기로운 국민이다. 어떤 경우는 역사의 공간을 황무하게 하고 황폐하게 하는 사람이 있다. 역사를 몰각한 사람들의 소행이다. 자긍심이나 자존심이 열약한 사람들은 역사공간을 파행시킨다.

우리 주변에도 역사공간을 잘 가꾸어 보호하는 사람이 있는가 하면 역사공간을 황량한 황무지로 만드는 사람이 있다. 이들은 민족의 자존심이나 자주심이 소진된 사람이다. 이 소진된 사람들이 한 집단이 되어 역사의 울타리를 헐고 비민족적 매국적 사상과 문화를 이끌어 들이고 있다. 역사의 울타리가 무너지면 서양의 벽돌, 왜국의 게다신, 아랍의 흙모래 뿐만 아니라 음식, 옷가지, 향수, 보석, 일상용품, 유일적 신앙이 마구 비집고 들어온다. 울타리를 새로 치려는 생각, 울타리 안을 새롭게 단장하려는 의식이 없이 황무한 외제 쓰레기에 코를 박고 혀를 날름거리며 산다. 그렇게 사는 것이 선민족속(選民族屬)이나 된 듯 양어깨를 으쓱대고 있으니 가소롭고 애잔하기도 하다.

순간의 생각에 무지가 들어오면 반야가 끊어지고, 순간의 생각에 지혜가 들어오면 반야가 생긴다는 말씀이 있다. 한 번 생각해 볼 만한 말씀이다. 우리는 한 찰나도 그냥 사는 것이 아니다. 생각의 물줄기가 흘러 오고, 생각의 빛살이 넘쳐나고 있는 것이다. 생각이 끊이지 않고 있는 것이다. 숨결이 있는 한, 살아 있는 동안 생각은 요요하게 생동하는 것이다. 생생하고 요요한 의식이 항상 마음 속에 자리하고 있어야 한다. 암흑하고 아둔한 무지가 마음 속에 들어오면 어떻게 되는가. 그것은 바보요, 천치만치다. 천치만치가 이 세상을 활보하면 미친 자의 개소리가 판을 치게 된다.

그래도 개소리가 판치는 공간을 가져야 하는가. 순간의 순간, 찰나의 찰나에 지혜가 들어 와야 한다. 이 지혜가 나라를 굳건히 하고 겨레를 엄존하게 한다. 천안독립기념관은 날림공사로 빗물이 새고, 효창공원에는 선열의 묘역이 있고, 김구 선생의 기념관이 있는데도 불구하고 그 옆자리에 일본 창가학회의 포교전당이

들어선다고 하니 하늘이 노할 일이다. 어떻게 이러한 발상을 할 수 있는 민족이 되었는가. 얼나간 사람이 아니고는 도저히 할 수 없는 소행이 아닌가.

우리 주변에 살고 있는 어떤 사람들이 얼을 빼고 얼을 놓고 사는가. 취중생활을 하는가. 몽중생활을 하는가. 상기된 눈빛에 흰 창이 가득히 담겨져 나라도 겨레도 선열도 애국도 자존심도 긍지도 모두가 흐리게 보이는가. 생각을 고쳐 사는 백성이 되어야 하고 얼을 담고 사는 알이 되어야 한다. 알은 살아 있는 육질인가 하면 얼은 생명하는 심핵이다. 육질이 생생하여야 미감이 솟구치고, 심핵이 요요하여야 사상이 샘솟는다. 하늘 땅 넓고 광활하여도 얼은 빛을 발하게 하여야 하고, 알은 숨을 내쉬는 것으로 가득 채워야 할 것이다.

여기 공간이 있다. 무한한 생명의 공간이 되게 하여야 그 공간이 기름지고 탐스러운 생활터가 될 것이다. 그러나 그 공간을 마구 탕치면 악취와 오염이 장막을 치게 될 것이다.

이제 우리는 각오를 새롭게 하여 가야 한다. 역사의 공간에 홍한한 맑음을 채우는 기도를 하여야 한다. 역사의 공간에 민족의 정기를 세우는 발원을 하여야 한다. 역사의 공간에 화평과 평등의 탑을 세우는 합장이 있어야 한다.

이러한 일들을 한다는 것은 그렇게 어려운 것이 아니다. 순간의 무지와 몽매가 쳐들어 오지 않게 하면 되는 것이다. 순간의 생각에 슬기의 빛살이 들어오게 하면 역사의 공간은 찬란한 배달 탑을 세우게 될 것이다.

역사는 긴 연기(緣起)와 같다. 연기와 화엄으로 이어지면 역사는 장엄된다. 그리고 삼세 무궁한 역사가 창조된다. 우리 역사가 짧은 것이 아니다. 유구한 반만년의 실증적 역사를 갖고 온 민족이다. 그러나 유구한 역사시간에 외침과 내란, 반목과 질시, 부정과 부패, 사대주의와 외세의존이 침탈되어 역사공간이 황량한 불모지로 변하기도 하였다.

깨쳐 나가는 백성이 되어, 밝아지는 백성이 되어, 맑아지는 백성이 되어, 반만년 긴긴 역사 위에 겨레가 자존하고 겨레가 자각하는 공간을 새롭게 가져야 한다. 우리의 역사 공간은 성스러운 아사달이 되어야 하며 한겨레의 얼이 살아야 하는 전당이 되어야 한다.

- 법사회보 '95년 10월 -

역사를 재생하는 힘은 신앙을
재생함으로써 가능하다

요사이 어린이들은 조립식 장난감을 갖고 논다. 조립하는 솜씨도 능란하다. 조립식 장난감은 부속을 고루 갖추고 있지 않으면 만들고 싶은 것을 만들지 못한다. 자동차를 만들려면 바퀴가 있어야 하고, 핸들·기어 등 온갖 것이 구비되어 있어야 한다. 그 중 하나가 없으면 불량품이라고 가게에 바꾸러 가거나 아니면 놀다가 잃어버린 것이라 하여 그 부속을 찾는 데 온 시간을 다 버린다. 왜냐하면 완제품을 만들려면 모든 부속이 없으면 안 되니까….

나는 아이들이 장난감을 가지고 노는 것을 한참 보다가 암담한 생각이 머리에 스쳐 지나갔다. 신앙의 생명체에 훼손이 생겼다면 우리는 어떻게 할 것인가. 신앙은 우리를 이상적으로 환생하게 하는 힘을 주는 것이다. 그런데 그 신앙의 생명체가 훼손되어 있다면 믿음도 훼손될 것이 아닌가 하는.

파불(破佛)이나 도불(倒佛)에 대하여 아무런 생각없이 절하고 기도하는 것도 좋으련만 그러나 파불이나 도불에 절하는 것은 믿음에 앙금이 생기는 것이라 생각하여 새로운 완불(完佛)에게만 예경한다면 파불이나 도불은 영원히 정위치에 오지 아니할 것이다.

우리 나라의 많은 불교인은 가람의 완전하고 원만하게 보좌하고 있는 불보살상에게만 예경한다. 나무랄 수 없는 일이다. 그리고 그 완불이 도괴되거나 훼손되면 개금불사를 하거나 새롭게 조성하려고 새로운 불사를 시작한다. 좋은 일이다. 그러나 역사 속의 조성불사(造成佛事)가 파괴되고 훼손되어 있다면 이도 또한 새로운 복원불사가 이루어져야 할 것이다.

우리 나라 명산대찰에는 훼불되고 파손된 불상이 수없이 많다. 이 불상들은 머리가 잘리우고, 불신(佛身)이 땅에 매몰되어 숨도 한번 쉴 수 없게 버림받고 있다.

우리는 원만법신에 대한 신앙은 알뜰하지만 변만법신에 대한 외호나 가호는 없는 것이다. 우리 나라를 부처님과 인연있는 나라, 즉 불연국토(佛緣國土)라고 한다. 그렇게도 부처인연이 가득한 나라에 부처가 초로풍우를 피할 길 없이 땅바닥에 버려져 있다면 전도된 불연이 아닐까.

경주 남산에 오르다 보면 처처에 보이는 그 많은 부처님은 땅에 누워계시고, 또한 목마저 어디에 가 계시는지 알 수 없다.

그래도 우리 불교인들은 역사 속의 유물로서 보아 넘기지 그 이상의 생각은 하지 않는다. 경주 남산은 신라인의 성지이다. 그 자리는 화엄의 도량이 되고 법화·정토의 도량이 되어 신라인의 마음을 하나로 오롯하게 감싸준 무진찰해법도량이었다. 그들은 나라와 국민을 위한 예경과 찬탄으로 하루를 보내고 또 보내었다. 그러므로 그곳은 보살주처가 되어 호국의 성지가 된 것이다. 그러나 역사의 비극은 불교의 비극인 양 그 신심 들여 조성한 불상은 모두 버려졌다. 아니 신라인의 신앙을 우리는 짓밟고 있는 것이다.

우리에게 재생능력이 있다면 역사를 재생하는 신앙이 앞서가고 있어야 한다. 역사를 재생하는 힘은 신앙을 재생함으로써 가능한 것이다.

극단적으로 표현하면 우리가 잘 흥륭하지 못하는 것은 역사 속의 부처님에게 헌공하지 않는 업보가 아닌가 한다.

이러함에 비추어 부처님마을 사람들의 '경주 남산 부처님 바로 찾기 바로 세우기' 운동은, 새로운 불연(佛緣)을 되찾는 운동이 되리라고 본다.

역사 속에서 불연을 찾고, 현대 속에 불연을 접목시키는 것은 우리 민족의 긍지이다. 긍지가 없는 민족은 사대주의의 종속자가 될 수는 있어도 자기 민족의 자존을 일굴 수는 없다.

파불·도불의 목숨을 살리려는 믿음이 치솟아 오를 때 삼세제불이 응감하실 것이다.

어린아이가 제 장난감을 잃어버리면 어떻게 하나. 우리는 생명의 믿음이 파손된 자리에서 안락할 수 있을 것인가.

한국의 멋

　세상에는 언어가 많지만 우리 나라만이 '멋'이라는 말을 씁니다. '멋'이라는 말이 어디서부터 비롯되었는지는 밝히기 어렵습니다.

　그러나, '맛이다·맛있다·맛좋다'의 맛에서부터 멋이 나오지 않았나 합니다. 예를 들면, 나물을 무치는데 오밀조밀 맛있게 무쳐야 하는데 간장, 깨소금, 식초를 많이 넣어서 간이 넘치게 되면 맛이 떨어집니다. 간이 맞다는 것은 시금치, 참기름, 간장 등이 그 사이사이가 알맞게 되는 것을 말합니다.

　간을 맞춘다고 소금을 더 넣거나 하면 맛이 떨어집니다. 인간 사이에서도 간이 맞아야 합니다. 인간의 최고 우정이 연속되는 것은 간격없는 사이가 지속되는 것입니다. 그래서 '맛'에서 '멋'으로 변하지 않았나 합니다.

　'맛'은 외형적이고 취각적이며 후각적이고 그리고 미각적인데 그러면 멋은 무엇인가. 예를 들면 바나나 모양을 멋있다고 한 것은 미각적인 표현은 아닙니다. 바나나가 지금 열려 있는 것을 보고 우람하게 풍부하게 열렸다고 한 것이지 바나나를 먹어 보니까 참 멋있다고 하는 것은 아닙니다. "바나나를 먹어보니까 멋있더라"이런 말은 다섯 살 먹은 어린애도 안 합니다.

　우아한 것, 풍요한 것, 심미한 것, 웅장한 것 이런 것을 멋이 있다고 합니다.

그러면 멋이란 무엇인가? 먼저 멋에 들어가기 전에 미에 대한 본질이 무엇인가 살펴보아야 하겠습니다. 미라는 것은 아름다움 이라는 것, Schönheit, beauty를 말합니다. 물질적인 아름다움, 생명적인 아름다움, 정신적인 아름다움, 이 세 가지로 나눌 수 있습니다.

먼저 물질적 아름다움과 생명적인 아름다움이 잘 혼효되어 나타난 것이 자연미이고, 생명적인 아름다움과 정신적인 아름다움이 잘 혼효되어 나타난 것이 인간미인 것입니다. 자연의 아름다움에 어떤 것이 있을까요. 나이아가라나 토왕성 폭포처럼 장관적인 아름다움, 천불동 계곡의 올망졸망한 바위, 기암절벽 등과 같은 괴기미, 세련된 아름다움, 단순한 아름다움, 또한 모자이크의 멋처럼 복잡한 아름다움이 있습니다.

또 질서 정연한 옛날 서울대학교 앞 가로수를 심어 놓은 것처럼 잘 고르게 조화된 균제미, 통일미, 비장미, 비극도 일종의 아름다움 입니다. 그러한 자연미와 인간미가 다 공통되는 것인데 이러한 것을 종합하여 '예술'이라고 합니다. 이렇게 복잡하고 다양다기한 아름다움이 어우러져 우리 세계를 조화시켜 나가는 것이 바로 예술의 미가 됩니다.

그러면 미를 느끼는 대상은, 미를 느끼고 감상하고, 미라고 표현하는 것이 무엇이냐고 하면 그것이 바로 주관인 것입니다. 미를 의식하고 표현하는 것은 주관과 대상과의 관계입니다. 그러면 주관과 대상과의 관계가 무엇이냐 하면, 주관에 대한 대상의 자극량이 풍부하면 풍부할수록 미의 느낌이 증대합니다. 미를 느낀다. 아름다움을 느낀다는 것은 우리가 객관적인 자극에 대하여 주관의 흥분으로 말미암아 주관이 생리적인 신진대사가 순조롭게 발생하는 감각을 말하는 것입니다.

예를 들면 아름다운 대상에 대하여 주관이 의식할 수 없을 만큼 홍분해 버린다거나, 한라산에 올랐을 때 전에는 한번도 한라산 백록담을 못 보았는데도 주관의식을 매료시켜 "아! 멋있다"고 외치게 됩니다. 우리의 주관의식이 자연의 숭고미, 웅장미, 수려미에 대하여 홍분의 도가 고조될 때 멋있다고 말하게 됩니다.

그 반대로 더러움, 추함이라는 것은 어떤 것일까요. 추함이라는 것은 객관의 자극에 대한 주관의 홍분으로 말미암아 주관의 생리적 신진대사가 감퇴할 때 일어나는 주관의 기피의식을 말합니다. 예를 들면 우리가 길을 가다가 오물을 보았을 때 더럽다, 냄새난다고 합니다. 바꾸어 말하면 주관이 객관에 대하여 홍분의 신진대사가 극대화되는 것을 아름다움이라 하고 주관이 객관에 대하여 홍분의 신진대사가 감퇴되는 것을 더러움 즉 '추하다'라고 합니다.

우리 마음 속에 스며있는 의식에 대해 한없이 극대화시키는 것을 미라 했는데 미에는 앞서도 말했듯이 여러 가지가 있습니다. 형식적으로나 합리적으로 적당하게 해서는 멋이 나지 않습니다. 어떤 지경, 미칠 수 없는 지경에 이르러야 멋이 납니다.

우리 나라 무형문화재인 한영숙 여사는 승무와 학춤을 제일 잘 춥니다. 자기 할아버지께서 일곱 살 때부터 춤을 가르쳤는데 지금 춤따라 살기를 60여 년 하였으면서도 지금도 무슨 춤을 제일 먼저 시작하느냐 하면 승무부터 한다고 합니다. 우리 나라 춤은 손의 춤 어깨 춤이라고 '리차드 러터'는 논평했는데 한영숙 여사의 말을 들어보면 우리 나라의 춤이라는 것은 '발의 춤'이라고 합니다. 발의 동작 엄지발가락 하나, 새끼 발가락 하나 어떻게 올림으로써 버선코가 어떻게 되고, 속치마가 어떻고, 겉치마는 어디로 가고, 저고리는 어떻게 되고 하는데 이런 발동작이 되지 않으면 승무가 되지 않는다고 합니다.

보통 여러분이 춤을 추면 몸만 춤을 추는데 그것은 몸의 춤이지 마음의 춤은 아닙니다. 심무(心舞)를 추어야만 진짜 춤입니다. 원효 대사가 심무를 춘 사람의 시조인데 그가 춘 춤을 '무애무(無碍舞)'라고 합니다. 시골 방방곡곡 다니며 '무애무'를 추면서 뭐라 했느냐 하면 '나무아미타불'이라고 가르쳤습니다. 경북 성주에 가면 지금은 그런 타작은 하지 않지만 옛날 도리깨로 보리 타작을 할 때 후렴이 '애미타불'이라고 하였습니다. 이것은 나무아미타불의 준말입니다.

이만큼 미라는 것이 그렇게 간단히 이루어지는 것이 아닙니다. 사람들은 지금까지 아름다워지는 작업으로 머리모양이 어떻고 액세서리, 옷의 모양 등 외형적인 미를 어떻게 하면 나타낼까 걱정합니다. 그러고선 nice한가 smart한가, noble한가, dendy한가 하지만, 외형적으로는 아름답고 근사한지 모르지만, 한 번도 아름다움이 나타나지는 않습니다. 아름다움에는 외형적으로 나타나는 아름다움도 있지만 참으로 아름다운 멋이란 무엇인가? 우리 나라 글자 'ㅏ'를 180도 회전하면 'ㅓ'가 됩니다. 지금까지 멋있는 여러분들이 '맛'만을 위하여 살았습니다. 외형적인 맛만 보고 살았습니다.

지금까지 여러분들이 맛을 좋게 하기 위해 화장을 하고 외형적으로 살던 것을 이 '멋'에 대한 원리를 알고난 뒤부터 180도 회전해서 멋이 어디서부터 우러나오고 있는가, 멋의 생산 본적지가 어딘가 찾아 보십시오.

멋의 생산 본적지는 객관세계에 있는 것이 아니라 주관세계에 있습니다. 주관세계가 순화·정화되고 잘 조화되는 곳에서 멋이 생산되는 것입니다. 그러면 멋을 창조하는 것은 무엇인가? 마음입니다. 왜 마음이 멋을 창조하는가.『화엄경』에서 마음이라는 것이 세상 일체의 그림을 다 그린다고 하였습니다.

그러나 모든 그림은 다 그리는 마음이 미망하여 전혀 당치도 않는 그림을 그리고 있습니다.

첫째 욕심을 그리고, 둘째 성내는 그림을 그리고, 셋째 어리석음의 그림을 그리는 것입니다. 욕심의 그림을 그려서 자꾸 맛을 보려고 하는데 그래서 오늘날 문화는 향락의 문화입니다. 어떻게 하면 향락을 잘하고 사느냐. 문화가 발견되고 발전되는 모든 부수조건이 무엇인가. 그것은 어떻게 하면 향락에 도움을 주는가 하는 것입니다. 그 향락 가운데 제일 큰 향락이 술의 향락과 성(性)의 향락입니다. 세계의 모든 양조장은 술을 만들어서 drink의 향락을 도와주고, 세계적 Sex maker는 Sex를 도와주고 있습니다.

오늘날의 문화는 노이로제의 문화입니다. 향락에 치닫다 보니 향락도 극에 달하여 더 나은 것을 찾는데 더 나은 것은 없습니다. 더 나은 게 없다보니 자연히 인간이 어떤 생각을 하게 되느냐. 외톨이가 되었다고 생각하고, 소외의식, 고독 등에 사로잡히게 되는 것입니다. 어떤 산업은 향락을 조장하는 물품을 생산하고 있습니다. 모두 맛의 문화를 맛 속에 파묻고 맛에 의하여 타락으로 치닫고 있을 뿐이지 한번도 '멋'에 대한 문화를 창조하지 않고 있습니다.

본래 인간은 멋있던 것이 아닐까요. 그런데 180도 회전해서 외향적인 맛으로만 나아가고 있습니다. 내향적인 멋은 도무지 가꾸려 하지 않습니다. 그 속에 들어가면 죽는다고 생각하고, 멋을 기피하고 있는 것입니다. 우리들이 연극이나 영화구경을 갔을 때 일등석에 앉아서 편히 보는 것, 빈약한 무대장치에서 보는 것, 무대장치를 굉장하게 확대해서 보는 것, 일등석에 앉았는데 형편없는 연극을 보는 것과 삼등석에 서서 보더라도 풍부한 연극을 보는 것이 감회가 다 다를 것입니다.

다시 말하자면 대상의 자극이 동일할지라도 우리의 주관적인 신경의 소모량이 보다 적을 때 미의 감각이 나타나고 주관적인 신경 에너지의 소모량이 동일할지라도 대상의 자극량이 보다 클 때 미적 쾌감을 느끼고, 세 번째는 신경에너지의 소모감보다 그에 대한 대상의 직관적 자극량이 증가할 때 앞서 말했듯이 일등석에 앉아서 빈약한 연극을 보는 것보다 삼등석에서 풍부한 연극을 보는 것이 우리의 미적 쾌감을 높여줍니다.

멋을 창조하는 것은 밖으로 멋을 창조하는 것이 아니라, 안으로의 멋이 우러나와야 합니다. 안으로의 멋이 우러나오기 위해서는 마음 속의 모든 집착 dogma, egoism 이런 것을 제거해야 합니다. 우리가 '하하' '호호' 하고 웃는 것, 눈으로 웃는 것은 웃음이 아닙니다.

이런 웃음은 다 웃을 수 있지만 제일 좋은 웃음은 경주 석굴암 부처님처럼 가슴이 웃고 있는 것입니다. 그 석굴암 대불이 동해를 바라보면서 그 가슴이 웃고 있습니다. 완만하면서 풍요한 것, 그러한 웃음 왜 그렇게 되었는가. 본래 마음이 웃었기 때문에 마음따라 가는 객관이 저절로 웃게 되는 것 입니다. 주관이 웃었기 때문에 객관이 웃었고 부처님의 영원한 미소가 있으므로 부처님 육신 전체가 웃는 것입니다. 부처님 육신 전체가 어느 곳 하나 웃지 않는 곳이 없는 것입니다. 우리는 기껏 눈과 입이 웃는 것이지만 참 웃음은 웃지 않습니다. 그 사람의 웃음이 멋이 있다고 할 때 마음의 멋이 얼마나 풍부했길래 심소(心笑)할 수 있겠습니까.

모든 대상을 볼 때 웃음의 대상, 자비의 대상, 섬김의 대상, 봉사의 대상으로 보아야 합니다. 상대를 대할 때 억압이나 지배의 대상으로 보지 말고 내가 너에게 봉사한다고 하는 마음이 앞서야 합니다. 자기를 완전히 무화(無化)시킬 때 심소가 나옵니다. 마음이 웃지 않으면 안 됩니다. 마음이 일어나지 않는데 어떻게 하느냐 이런 말을 흔히 사용합니다. 정말 멋이란 마음의 활동력이며 거침없이 뻗어가는 광명한 빛살 그 아름다움의 극치인 것입니다. 이 아름다운 말 멋에 대해 서양사람들은 여러 가지로 흉내내어 Smart, elegant, nice, refine, Wonderful, 이렇게 많은 단어를 사용해도 우리 말처럼 단 한번의 말로 '멋지다' '멋있다'라고 할 수 없습니다.

아! 오늘 우리 놀이에서 멋있게 놀았다. 유쾌한 모임에서 멋있게 놀았다고 할 때 이 때는 신나게 놀았다는 뜻도 됩니다. 그러면 '신'이란 무엇인가. 마치 스스로 신이나 된 것처럼 바로 신처럼 신령스럽게 놀았다는 것입니다. 신령스럽게 놀았을 때 무아지경이 되는 것입니다. 망아지경에 들어가야 남녀노소할 것 없이 흥겹게 신나게 놀 수 있는데 체면을 앞세우면 마음놓고 걸림없이 놀지 못하는 것입니다. 인간이 가지고 있던 형식적인 것을 파괴할 때 멋이 있습니다.

인간이 격을 파하지 못하고 굴레, 격식, 형식, 전통, 법칙에 얽매여 벗어나지 못하면 절대 창조를 하지 못합니다. 전통적, 보수적인 사상은 고수할 수 있지만 혁명적인 미래학적인 안목을 가진 문화창조는 할 수 없습니다.

어떤 규칙을 깨뜨릴 때 다시 말하면 문화를 창조한다는 것은 지금 바로 여기 서서 내일을 지향하는 힘을 도약시키는 것이 나오지 않을 때는 파격이 나오지 않습니다. 그래서 멋이란 쉽게 풍기고 나타나는 것이 아닙니다.

연애를 할 때도 파격적이어야 합니다. 동서고금 지금까지 모든 위대한 사람은 파격적 정열로 연애를 하였습니다. 세계적으로 가장 멋 있었던 사람은 관세음보살인데 관세음보살은 어떤 멋을 가졌는가 하면 안으로는 중생을 구제한다는 멋이 있고, 밖으로는 칠보의 보관을 쓰고 영락을 두르고 안개 같은 옷을 입고 자비를 실천하는 구도와 구제의 멋이 넘쳐 흐르고 있습니다. 이것이 바로 신라 여성의 미인 것입니다.

신라 여성들은 남자를 제대로 섬길 줄 알았고, 외형적인 멋도 부렸던 것입니다. 관창이 계백 장군과 황산벌에서 싸울 때, 물을 마시려는 핑계로 어머니의 얼굴을 보려고 우물가에 왔을 때, 그 어머니는 말 엉덩이를 때려 그대로 싸움터로 가게 했습니다. 관창이 계백에게 패하여 사라지긴 했지만 그 여세를 빌어 삼국통일을 할 수 있는 원동력이 된 것입니다. 아들을 때릴 수 없어 말 엉덩이를 때렸는데, 그것은 안으로는 마음의 자비와 밖으로는 여성의 우아한 몸매를 지키려는 것이 그러한 미를 창조했던 것입니다.

그런 미를 조각한 것이 신라 석굴암 11면 관세음 보살상입니다. 안개에 물 가듯이 대리석이 그렇게 하늘하늘한 치마자락을 보이면서 얼굴은 얼마나 자비한가. 구원의 미와 고통을 빼는 것, 즐거움을 베풀어 주는 것, 이런 것이 완전히 혼효되어서 인간의 모습으로 나타날 때 이것이 멋입니다. 외형적인 것이 아니라 행동이 극치에 다달은 것, 원력이 극치에 다달은 것 완전히 그 이상 갈 수 없을 때 나타나는 것이 멋입니다.

이 멋이라는 말은 예전에는 풍류라고 했습니다. 바람이 스쳐가는 것과 같이, 물이 흘러가는 것처럼, 자연 그것이 가지고 있는 숭고한 인간이 도달할 수 있는 지극한 경지입니다.

앞서도 말했듯이 물질적 아름다움과 생명적 아름다움이 혼효

되어 자연의 아름다움이 있고, 생명적 아름다움과 정신적 아름다움이 지극한 곳, 자연과 인간이 조활될 때 가장 완성된 예술의 멋이 있는 것입니다.

인간은 생명과 정신의 합본체, 자연은 물질과 생명의 합본체입니다. 그래서 "멋지다"라는 것은 이르를 수 없는 경지를 향하여 보살의 원력이 한없이 지향할 때, 물에 빠진 사람을 보고 뛰어들어가 남이 할 수 없는 것을 구해 주었을 때, 지금 죽어가는 사람을 구해 주었을 때 그 사람 멋있다고 합니다. 지극한 자리에서 섬김과 봉사가 있을 때 인간은 멋이 있습니다.

지금까지 여러분들이 맛만 보던 인생을 멋을 누리면서, 멋을 누리려면 '맛'은 180도 회전하여 밖으로 먹지 말고 안으로 먹어야 합니다. 밖으로 먹는 사람은 밥을 먹는 사람, 안으로 먹는 사람은 법을 먹는 사람, 밥 먹고 사는 사람은 맛만 보고 사는데 법대로 사는 사람은 멋이 있는 것입니다.

우리 나라 모두 사랑

왜 한국 사람들은 말할 때 우리부터 시작할까요. 우리 엄마, 우리 아기, 우리 나라 등, 모두가 우리로 말미암아 생각이나 행동이 이어지게 됩니다. 그것은 우리 나라 사람들이 이 나라를 이룩하는 처음부터 공동체 의식이나 단체 생활을 중시하여 온 때문이 아닐까요.

서양 사람들은 제 자신만 살면, 먹으면, 기쁘면 모든 것이 해결되었다고 생각할지 모르지만 이 나라에 살고 있는 모든 사람들은 나보다 모두가 함께 살아야 하고 먹어야 하고 즐겨야 한다는 깊은 생각을 갖고 있었던 것입니다. 그러므로 나 자신이라는 개체, 즉 자신의 어머니를 부를 때도 우리 어머니라고 하는 것은 개인보다 모두를 생각하고 보호하고, 섬긴다는 깊은 뜻이 있는 것입니다.

지금은 우리라는 말 속에 개인적인 냄새가 짙게 풍겨오고 있긴 하지만 그것을 잘 가다듬으면 본시 그 말이 발생하였던 참다운 과거의 얼을 되새길 수 있는 것입니다.

그러면 이 민족은 우리 모두가 운명적인 역사의식을 갖고 산다는 의미로 해석할 수 있습니다. 세계의 모든 나라가 씨족사회에서 부족국가로 발전하는 것이 사실이지만 어느 정도 국가가 크게 융성하게 되면 씨족적인 사고방식에 의하여 지나치게 개개인에게 힘을 기울이다보면 개인주의, 이기주의로 흘러가게 됩니다.

개인에 집착한 역사가 긴 나라들은 개인주의에 흘러가는 것도 별달리 흠잡을 수 없는 것입니다. 그러나 우리라는 복수개념으로 자기자신을 지칭하고 집단형식으로 사고하면서도 개인적인 행동으로 기울고 있는 것은 문제삼지 아니하면 안 됩니다.

본래부터 자기로부터 시작하여 개인주의로 흘러간 것은 그나마 이러할 수 있는 것입니다. 우리는 그렇게 된 것이 아니고 나보다 우리가 잘 살고 빛나고 힘이 있어야 한다고 하면서도 그것이 개인 의식으로 변질되어가고 있다면 우리는 병든 사람이 된 것입니다.

몸이 병들면 치료를 하거나 해부를 하여 도려내고 긁어내고 아니 환부를 말끔히 갈아치우면 됩니다. 그러나 그 병이 몸이 아니고 마음이라면 크게 놀라고 깨침이 번개처럼 급속하게 닥쳐와야 합니다. 마음은 생각의 첫 마당입니다. 우리의 생각이 자유자재로 형성되고 의식이 일어나는 마당에 병이 들면 좋은 생각의 씨앗을 뿌려도 싹틀 수 없고 자랄 수 없습니다. 우리라는 집합명사가 낱낱이 흩어진 개인이나 자기만의 이름으로 쓰이는 말이 되었다면 우리라는 말의 본뜻을 찾아내어 새로운 뜻으로 쓰이게 하여야 합니다.

말이 처음 쓰이게 된 시원적 의미를 찾아내어 그 말의 음가 이외에 의미가 일치되게 노력하여야 합니다. 말은 소리가 아닙니다. 그 소리 속에 속뜻이 있고 그 속뜻은 생각과 행동을 좌우하는 것입니다. 말이 소리로서 표현되고 만다면 그것은 무의미한 것입니다.

우리는 지금 의미를 담아야 하고 그 의미가 우리 언어의 변천사에 있어서 행동하는 철학으로 그 자리를 지켜주어야 합니다.

그렇게 되는 곳이 생각하는 마당이 맑아지고 밝아지는 곳이 될 것입니다. 생각하는 마당이 청정하게 되면 그 곳은 여래장(如來藏)이 자리할 것입니다. 본시 그대로 오고 감이 자유롭고 생명있는 실상으로 갖추어 있는 것이 여래장입니다. 이 여래의 공간이 활성화되는 곳이 역사를 창조하는 밝은 힘이 될 것입니다.

그러면 지금까지 이야기된 것을 간추리고 더 앞으로 나아가 '우리'에 대해서 생각하여 보기로 합시다.

'우리'라는 말은 하나이면서 모두라는 것입니다. 우리 모두가 어디에 태어났는가 하면 나라에 태어나고 나라의 일원이 된 것입니다. 내가 나다, 내가 생겨나다라고 하는 것은 바로 내가 이 나라의 생명으로 태어난 '나'인 것입니다. 이 나가 나라의 사람이며 나라사람이 바로 나인 것입니다. 나라와 나가 일치하는 것이 우리인 것입니다.

우리가 잘 되어야 한다는 것은 우리 나라가 잘 되어야 한다는 뜻을 함장하고 있는 여래성인 것입니다.

이러한 나라와 나가 하나이면서 전체라는 생각이 더욱 굳혀진 것은 화엄사상에 그 뿌리를 둔 것이 아닌가고 억지의 생각을 하여 봄직합니다.

일찍이 화엄사상을 간결히 체계 세운 신라의 의상 스님은 이렇게 설파하였습니다.

하나 속에 하나
하나 속에 모두
모두 속에 하나
모두 속에 모두

정말 의미있는 표현이 아닌가요.

개인이 개인일 수 있습니다. 개인으로 태어난 개인은 개인으로 성장할 수 있습니다. 그러나 그 개인은 전체 속에서 개인일 수 있음과 동시에 개인은 전체로부터 성장하여도 됩니다. 그리고 전체는 전체를 서로 보호하고 이해함으로써 원융한 세계가 이룩되는 것입니다.

우리 나라의 모든 사람들은 자기가 모르는 사이에 이 화엄적인 사고방식에 의하여 성장하여 온 것이 아닌가 생각합니다.

이것이 바로 '우리'라는 집합적 전체명사가 아닐까요. 이 집합적 전체가 원융무애하게 되는 것입니다. 어디에 매이지 아니하고 두루 이익되는 현상인 것입니다. 자기에게만 이로움이 있으려면 다른 모두에게는 폐끼침이 있어야 하는데 자기도 이롭고 다른 상대들에게도 해로움이 가지 않고 이익과 평안이 함께하는 것이 원융이 꽃피는 자리가 됩니다.

이것이 우리 겨레가 살아온 슬기입니다. 화엄의 깊은 사상, 너나 없이 참답게 살 수 있는 길이 무애의 노래이며 무애의 춤인 것입니다. 이 노래와 춤은 원효 스님의 대자유 사상에서 나온 것입니다.

우리들의 혈관 속에는 의상 스님의 화엄정신이 도도하게 흘러왔고 앞으로도 흘러가야 합니다. 또한 원효 스님의 무애가, 무애춤이 이 나라 어디서라도 불려지는 노래가 되어야 하고 그 익살스런 춤사위가 골목마다 거리마다 넘실거려야 합니다. 한마디로 대승적 자존이 현존하는 실상이며 대승적 무애가 역사하는 현장이 되어야 합니다.

그런데 지금은 우리들이 전일적인 '우리'의 의미를 물량적 노예로 하락시켜 왜소하게 만들고 서구적인 해석방법으로 자기, 개인,

합리라는 말로 변용하여 버리고 말았습니다.

그러므로 전통적인 애국심이나 호국정신이 퇴색하여 자기만의 삶에만 치중하여 많은 남들에게 상처와 아픔, 그리고 괴로움을 주고 있지 않습니까.

우리 나라는 우리 겨레와 함께 복되게 하여야 하고 슬기롭게 빛내어야 할 원초적인 의무와 책임이 있는 것입니다. 이 의무와 책임을 도외시하고 자기만의 행복이나 편안이 있을 수 없습니다. 앞서 의상 스님의 화엄사상에서 읽어 볼 수 있듯이 우리는 나라 속의 국민인 것이며 국민이 나라 속에 안주할 수 있는 것입니다.

우리는 용케도 이 나라를 지켜왔고 보호하여 왔습니다. 삼국시대로부터 무수한 전쟁을 치뤘고, 몽고 글안의 침략, 임진란의 비극도 맛보았습니다. 또한 일제치하의 가혹한 압박도 받았습니다.

그러나 끈기있는 우리를 찾는, 우리에다 결속시키는 힘으로 우리 나라를 광복시킨 것입니다. 이것은 바로 우리 나라는 '우리가 태어 나는 곳이다'라는 깊은 민족철학을 갖고 있기 때문입니다.

3월이 오면 우리의 국기를 찬바람에 높세우는 것도 모두가 우리가 나라에 살아야 할 의지를 보이는 것입니다. 나라는 우리 모두가 마음놓고 살 민족의 보금자리인 것입니다. 이 복된 자리에 사는 우리 모두가 절대적인 평등이 연기법으로 상즉하는 실체임을 파악하여 외형적인 유혹이나 외래적인 사상에 물들지 아니하고 우리의 참다움이 무엇인가를 되묻고 다시 찾아내는 작업을 부지런히 하여 우리 겨레의 흰 빛을 3월의 하늘에 내어놓아야 합니다.

하나 속의 하나가 모두 속에 모두가 되는 겨레의 참 생각과 행동을 오늘에도 유감없이 발휘하여야만 우리 나라가 이 세기를 앞설 수 있는 자재 무애한 배달민족이 될 것입니다.

- 아사달 83년 3월 -

보여지는 선심(禪心)

　병력은 백 년 동안 쓰지 않더라도 하루하루 준비하지 않으면 안 된다고 이율곡 선생이 말하였다. 선생의 말처럼 어느 나라를 막론하고 항상 준비하지 않으면 남의 나라에 당하고 만다. 더욱이 우리 나라는 모든 것에 대비하지 않으면 안 된다. 지금은 무한 경쟁의 시대다. UR이 세계 도처에서 몰려 오고 있기 때문에 하루하루가 아니라 찰나찰나 의식있는 생활을 하여야 한다.

　나라를 지키고 사랑하는 데는 국민 모두가 함께하여야 한다. 여기에서 국교의 역할도 큰 몫을 하게 된다. 그러므로 고려시대의 불교가 어떠하였는가를 살펴보는 것도 좋은 일일 것이다. 고려 불교는 삼국시대의 불교를 계승하여 교학과 선종이 발전하였다. 선종은 임제선이 발전하여 한국불교의 한 정신성을 높이 이어 왔다. 해맑은 선 정신에서 청아한 예술을 만들어 내기도 하였다. 뿐만 아니라 교학의 발전도 균여, 의천 등에 의하여 급등하였다.

　그러나 고려시대에 있었던 세계사적인 업적이 무엇인가 하면 그것은 고려대장경, 청자, 금속활자에 있다. 역사는 인간이 살고 있는 현실이다. 그러나 그 현실 속에 인간이 어떻게 살았는가. 그저 밥 먹고, 자고, 세상을 지새고 살았는가. 먹고, 자고 하면서도 의미를 부여하였는가. 그 의미 부여에서 문화 창달이 발전하였는가 없었는가 이것이 중요한 것이다. 고려의 국교인 불교는 당시의 역사, 문화에 의미 부여를 하였다고 생각한다. 고려의 이 최고 최상의 극치인 순수무구한 한마음의 선심(禪心)으로 들어갔다. 맑고 향기로운 청정한 마음이 되었다. 선수행으로 오도한 세계다. 범부는 감히 생각하고 지어낼 수 없는 마음이 되었다.

이러한 마음을 형상으로 표현할 수 없지만 그래도 예술적 문화로 나타내면 무엇이 될까 하여 이것을 표현하려고 일심으로 노력하였다. 선심(禪心)을 예술로 징표하는 새로운 작업이 시도된 것이다. 이것이 고려불화로 나타나기도 하고 또 고려청자로 탄생되기도 한 것이다.

고려불화는 세계 어디에 내어 놓아도 명품 중의 명품인 종교화이다. 선심과 화심이 원융하여 일심으로 그려진 것이다. 어찌 고려의 선종을 한낱 종교에만 국한시킬 수 있으랴.

또 고려청자를 보자. 도자기 제조사상 이토록 맑고 고요한 빛을 낼 수 있는 민족이 어디 있는가. 중국 도자기, 일본 도자기, 서양 그릇에 비교해 보면 즉석에서 판별이 가능하지 않는가. 당삼채, 채색, 모자이크식 그릇에 비하면 푸른 하늘을 옮겨 왔는지 바다를 옮겨 왔는지 대자연의 청정삼매를 옮겨 온 듯 그 푸르름에 마음이 가라앉는 선정삼매의 청자 그릇들이여.

이 모두가 세계에 들어간 그 자리를 색상(色相)으로 표현한 것이다. 심즉색(心卽色). 이 말은 틀린 말이 아니다. 마음이 곧 형상이고 형상이 곧 마음이다. 그렇다고 형상이 마음은 아니며, 원리와 현상은 하나로 나타나야 한다. 하나로 되지 않는 것은 모두가 허상이고 허망함이다.

불교의 구경처(究竟處)는 바로 하나로 발현시키는 데 있는 것이다. 하나가 되지 않으므로 싸우고 부수고 노략질, 전쟁을 한다.

하나되면 평등일심이 되어 모두를 보드랍게 쓰다듬고 공존하려는 요익 중생하는 마음이 앞서 간다.

고려불교의 공헌은 바로 여기에 있는 것이다. 모든 국민이 하나로 귀의하여 청정한 마음으로 생활하게 하는 마음, 기도하는 마음, 발원하는 마음이 중대하여 모든 국교행사에 의식행사가 많았다. 어떻게 보면 의식 중심의 불교였지 않느냐고 비판하는 경우도 있다. 하지만 사실 거기엔 순일하고 청정한 선심에 귀향시키는 의도가 강하였는데 범사에 물든 사람들은 자기 중심의 발원에 박자를 맞추는 경우도 있었다. 이것이 흠이라면 흠이었다.

종교의 길이 선심으로 이끌어 오고 있을 때 나라도 하나의 목적의식이 있어 나라를 방비하는데 한 치의 틈을 주지 말아야 한다. 북방 방비에 허술하였다. 압록강 너머의 방호에 의식하지 못하였다. 천리장성을 쌓아서 국방을 도모하였지만 그것은 압록, 두만을 염두에 두지 아니한 국책이었다. 서희 장군의 북진정책이 말살된 것이 안타깝기 한이 없다. 글안, 여진, 요동을 '금수지국' 즉 짐승의 나라로 생각한 것이다. 국교적 차원의 외교술이 허술했던 것이다. 국방과 외교는 요체다. 외교적 수완과 국방을 함께 사용하지 않으면 안 된다. 국방의 무력도 약하고, 외교의 책략도 없으면 국가기반은 흔들리게 된다.

여기서 글안은 수차례 무력으로 침략하여 고려국 전체를 말발굽 아래 휩쓸고 대구 팔공산 부인사에 보존된 초조대장경, 속장경이 일시에 인멸되고 말았다. 전화의 피해는 걷잡을 수 없이 민초를 괴롭혔다. 고려가 만들어 놓은 모든 문화가 일시에 잿더미에 뒹굴게 되었다.

국가 경략의 허술함이 고려인 전체에 미친 화근이었다. 이에 눈을 돌려 천리장성을 쌓기도 하였지만 이것이 큰 오산이다. 압록, 두만 위쪽 경략을 포기한 꼴이 되었다. 북방정책이 너무나 소홀하였다.

글안 이후 몽고가 세워졌다. 몽고는 동정(東征)에 만반의 준비를 하였다. 이것은 고려 공략의 계략인 것이다. 그래도 그들은 동정의 길을 요구하였다. 고려국은 응할 수 없었다. 이것이 몽고의 침입이다. 중국, 서역, 유럽까지 공략하여 승전한 몽고군은 대단한 무력을 갖고 일시에 고려를 함락시켰다. 이 국난을 극복하기 위해 비껴서 간 곳이 강화도였다.

고려 고종은 여기서 항몽전쟁을 치루게 된 것이다. 전쟁의 와중에서 고려장경을 판각하게 된 것은 참으로 신이한 일이 아닐 수 없다. 강 건너 몽고군이 진주하여 화살과 창칼이 날아오는 곳에서 경판을 판각한다는 것은 불구덩이 속에서 좌선하는 형국인 것이다. 불바다에서 헤쳐 나와야 생명을 건질 것인데 불 속에서 염불, 기도하는 것은 도저히 상상할 수도 없는 것이다. 화염삼매가 있다더니 바로 그것이 아닌가. 아무튼 고종 23년(1232)부터 고종 38년(1251)까지 19년 동안 지속되었던 장장한 불사였다. 이것이 고려대장경(팔만대장경)이고 현재는 해인사에 보관되어 있다.

여기에 우리가 살펴 볼 수 있는 일이 있다. 대장경 인각은 바로 정신문화창달의 길임을 선조들이 확신한 것이다. 위기에 처해 있으면서도 정신을 잃지 않으려는 강한 투쟁의식, 항쟁의식이 있었던 것이다. 대장도감 아래 진주, 강화에 분사도감을 설치하여 항쟁과 문화 창달을 함께하는 의식은 고려불교가 국가에 기여한 것이라 할 수 있다. 일자 일획에 정성을 쏟아 놓은 것도 부처님의 힘이 마군 몽고병을 퇴치한다는 신앙심이 불타 오르고 있었기 때문이다.

종교의 힘은 가공한 세계를 우리에게 투여한다. 대장경이 이룩된 이후 몽고는 물러났다. 전쟁 중에 국민들의 쓰라린 고통은 말할 수 없는 형편이었지만 세계사에 괄목할 만한 업적을 남긴 것은 고려인의 자긍심이요, 고려인의 신앙심의 결정체였다. 세계 문화사에서 이토록 방대한 판각문화가 남아있는 나라도 없다. 이것은 곧 활자인쇄의 기틀이 되기도 한다.

고려시대의 불교가 우리 역사에 남긴 것은 청순하고 무구한 마음으로 자연스럽게 살아야 할 불심의 세계를 소개한 것이다. 아니 소개가 아니라 실제적으로 보여준 것이다. 마음이 하나로 정진하면 일체를 만들어 내는 것이다. 그것은 경전의 말씀이 아니라 진리의 실현이 곧 이 세상에 이루어짐을 말씀하신 것이다.

국보 해인사 대장경이 책의 해에 나들이를 하였다. 이것은 자작나무 경판이 나들이한 것이 아니라 고려인의 호국정신, 문화정신, 과학정신이 나들이 한 것이다. 가을 하늘 청자빛처럼 청명한데 고려정신이 팔만대장경으로 나들이할 때 청자 차완에 담긴 찻물도 맑고 우리 관람객의 마음도 호국과 문화에 한마음으로 합장하였다 하니 어찌 불심의 길이 도탑지 않을 것인가.

비밀을 깨고, 잠을 깨고

　침묵이 금이라는 잠언이 있지만 인간은 항상 침묵을 지키면서 살 수 없다. 자기가 사고하고 의식한 것을 바르게 언어로 표현하여 자기의 주장이나 의견을 내어 놓고서 살려는 것이 보통 사람이 하는 일이다.

　무엇 대단한 인물이 되어 어느 누구도 헤아릴 수 없는 천기를 깨쳤다 하여 그것을 입 밖으로 내쏟으면 천기누설로써 벼락 벌을 받을지 모른다 하여 그저 조용히 침묵을 지키는 사람은 없다. 인간은 어떤 의미에서 보면 평준화된 의식으로 생각하고 행동하므로, 그 언어 사용의 범주도 크게 잘못을 저지를 수가 없는 것이다.

　범용한 사람들의 대화는 친근미가 있고 되씹을 만한 뜻도 있는 것이다. 그러므로 이 세상 사람들이 비상한 일을 하고 있다 하더라도 사실 가만히 살펴보면 다반사처럼 항용하는 일들을 하고 있는 것이다. 항상 비상한 일을 한다고 생각하는 것 자체가 틀린 것이다. 이 세상 모든 일은 범상하고 범용한 일들이 있는 것인데, 혹 어떤 사람들은 자기만이 그 일을 할 수 있고 자기가 아니면 도저히 감내할 수 없다고 우기고 억지를 부리는 것이 우스운 일이다.

　이처럼 사람들이 범상한 일을 하려면 항상 모이고, 모여서 대화하고, 대화하면서 의견이 조절되어야 한다. 그러나 비상한 일들을 하는 사람들은 몇 사람의 특수관계의 사람만 모이고 모여서 모의한다. 그리하여 모의된 일은 감쪽같이 해치우려고 한다. 이것은 아무나 하는 일은 아니다. 그러므로 비상한 일이라 하고, 비상한 일이므로 비밀히 하려고 온갖 곳을 가리고 막고 누구든지 드나들 수 없게 한다. 이러한 일들을 대사라고 하지만 부처님의 일대사(一大事)에 비할 것 같으면 하찮은 일임에 틀림없다. 우리는 부처님께서 일대사의 일을 밝게 하고 개방적으로 하심에 대한 의미를 알아 새겨야 할 것이다.

그런데 요사이 하는 일들은 공개적이면서도 공개되지 않는 일들도 있는 것 같다. 그것은 의도된 외형성만을 공개하는 것에 불과하며, 밀의된 내면성은 복장하기 때문이다. 밀의한 일이 진여성에 입각하여 밝아진 주밀(呪密)이 되어야 한다. 아무리 어려운 주밀이라 치더라도 일심으로 공부하면 언젠가는 깨침을 입을 수 있는 것이다. 역사적 사건으로 이미 전개된 일들을 신주(神呪)의 비밀처럼 복장한다고 그것이 감추어지지 않는다.

역사 앞에 있었던 일들은 그것이 바로 공개성이요, 개방성이란 의미를 가진다. 역사성이라는 말도 어떠한 사건이 전개되는 그 찰나적 시간성과 일이 일어난 현장적인 장소가 있는 것이다. 그 시간 그 장소를 떠나서 역사성이 있을 수 없다. 그러므로 불교의 역사성이 전개될 수 있는 것은 삼세와 시방계(十方界)이다. 이 삼세는 과거 현재 미래라는 시간적 무한성을 의미하고 또한 공간적 시방계도 우리를 초월하는 것이다.

무한 무량한 시공 속에 기멸하는 일들이 어줍짢은 일이라 할지라도 그 자체의 업력에 의하여 인과되었기 때문에 원초적인 업인을 바르게 돌아올 수 있도록 만드는 참회가 없으면 안 된다.

오물을 아무리 좋은 비단으로 포장한다 하여도 그 내용물은 오물임에 틀림없다. 역사는 포장하거나 감싸는 것으로 해결되는 것이 아니다. 역사는 제일 처음의 원인이 바르게 되어가고 있었는가를 준열하게 판별하여 그것을 행동하게 하여야 한다. 만약 그 첫 원인이 잘못되어 있음에도 불구하고 방치된 상태에서 일을 시작하였다면 그 결과는 명약관화한 일이 아닌가.

승찬 스님도 호리의 차이가 천지현격하게 된다고 말씀하셨다. 잘못된 인(因)이 있다면 그 인을 발본색원하여 참다운 인으로 만들어 일을 시작하여야 한다. 그러나 잘못인 줄 알면서 잘못된 그 시간까지 공들여 온 것을 아까워한다. 사실 그것은 공(功)을 들여 온 것이 아니다. 화근의 씨앗을 만들어 왔다는 자각은 하지 아니하고 거기까지 오려고 노력한 정력만을 아깝게만 생각한다. 그러한 아까움을 불교에서 간탐이라고 한다. 이 간탐의 마음을 버려야 한다. 잘못가는 마음의 인색이 큰 병이다.

이 세상에다 성스러운 곳을 따로이 정하고 그 곳은 범접하지 못하게 하는 생각을 내는 사람은 그 머리가 달리 생기지 않았나 … 성스러운 곳은 모든 사람들의 양심이 있는 곳이다. 양심을 접어둔 사람은 성스러운 곳을 지향하는 의식마저 없는 것이다. 우리가 오늘날 어떤 권력이나 권위의 상징으로 성스러운 곳이 있다고 하는 것은 비민주적인 사고방식을 나타내는 것이다.

충담 스님의 말씀이 되살아 나야 한다. 임금은 임금답게, 백성은 백성답게 사는 세상이 되어야 한다. 위정자는 위정자로서 그 소임을 다하면 그 자리가 성스러운 자리가 될 것이고, 백성은 백성의 본분사를 이행할 때가 바로 성스러운 자리가 되는 것이다. 일체처(一切處)가 공덕처(功德處)인 것이다. 모든 곳이 성스러울 수 있는 곳이다. 어느 한정된 자리만이 성스럽다고 한다면 불교의 보

편적 진리체계로서는 이해할 수 없다. 우리의 일심(一心)이 정심
(淨心)이 되고, 그 정심한 자리가 법계를 정화하게 되는 것이다.

　오늘날 우리를 더욱 슬프게 하는 사상은 차별의식을 강조하는
사상이 팽배하고 있다는 것이다. 유일사상이나 유일적 신앙이 하
나로 솟구치는 마음을 발분시키는데 큰 역할을 할는지는 모르겠
으나 지나친 유일신앙이 평등의 의미를 왜소시키는 결과를 초래
하고 있지 않은가 의심되기도 한다.

　그러므로 불교의 깊은 사상, 즉 중중무량(重重無量)의 연기사상
(緣起思想)이 우리의 범용한 일상생활에 뿌리를 내려야 한다. 거듭
거듭 다함없는 상관관계가 있다고 하는 마음이 쉴 때도 항상 깊
은 관계로 맺어지고 얽히고 설키고 서로서로 끊임없이 이어져 있
음을 확신하여야 한다. 나만이 어떻게 하면 잘 할 수 있다는 자
의식의 편벽에서 잠을 깨어야 한다. 그 잠이 바로 무명철벽에 갇
히어 자는 것이므로 암흑의 잠이면서 미망스러운 잠이 아닌가.

　역사는 반야의 광명으로 밝아가기를 희원하고 있다. 무명의 장
막을 거두는 그 역사성도 반야를 증득하는 역사의식으로 개안되
어야 한다. 그러므로 오늘날의 참다운 성역은 반야광명이 비추어
지는 역사성이 행동하는 현장에서 비롯될 것이다.

- 대원 85년 7월 -

토종을 찾습니다

어느 방송사에서 우리 나라의 순수한 토종을 찾는데 열을 올린 적이 있다. 가장 한국적인 돼지, 개, 소, 닭, 벌꿀 등을 찾아 나선 것이다. 원 별 것을 다 찾아 나섰다고 핀잔을 줄지 모르지만 사실 토종개, 토종돼지, 토종한우, 토종닭 찾기가 힘들었다. 아니 힘들었다기 보다 아예 한국적인 순종이 없어지고 만 것이다.

순종이 멸종하고 만 것이다. 아니 소, 닭, 개 ,돼지 등이 이 한국의 땅에서 없어진 것이 아니라 다른 형태, 다른 종류의 가축들로 변질되어 있다는 것이다.

그러나 우리 나라 사람들은 그 기분만 살아서 시골에 가면 토산물적인 별미를 구해 먹고자 하지만 사실 그것은 순수하나 토종이 아니라 잡종화된 것을 먹고 있다. 그러면서도 장소를 옮겨서 먹었기 때문에 가장 순수하고 지방적인 음식물을 먹었다고 기뻐들 한다.

토종감나무, 토종밤나무, 토종자두나무 등이 어느 시골에서 생산되는가 눈을 닦고 찾아보아라. 모두가 헛일이 되고 말 것이다. 본래 순수하고 전통적인 것은 야멸찬 맛은 지니고 있지만 그렇게 크지 않다. 조그마한 것이긴 하지만 한국적인 향기와 미각을 지니고 있고, 그 빛깔도 자연스러움을 지니고 있다. 그러나 그 크기가 좀살스러워 한 개를 먹어서 허기가 가시는 것이 아니라 몇 개를 먹어야만이 요기가 될까 말까한다.

그리하여 서양 과일이 들어오고, 과학이 발달하여 이 과일들을 육종시키는 바람에 순수한 토종과일이 차츰 하나씩 하나씩 그 면모를 달리하게 되어 지금은 한국토종의 과일을 구경조차 할 수 없을 정도가 되었다.

이 육종과학은 식물에만 미친 것이 아니라 소, 돼지, 닭, 개에게까지 미치어 우리 먼 할아버지들이 기르던 가축은 사라지고 말았다. 18세기 중반기의 풍속도에서 볼 수 있는 황소의 싸움, 황구의 달음질, 홰치는 장닭, 꿀꿀거리는 돼지 등은 순수한 토종으로 의심의 여지가 없다.

그런데 지금의 한우라고 고집하는 한국소, 집에 기르는 멍멍이, 양계장의 수탉, 양돈장의 돼지들이 어찌 한국의 가축인가. 그러한 가축이 한국에 살고 있으면 한국의 가축이지 괜한 걱정을 하고 있다고 하겠지만 우리는 우리가 모르는 사이에 잡성화되어버리고만 것이다.

우리 눈앞에 있는 식물, 동물이 알게 모르게 잡성화되어 가고 있다면 우리의 사상도 잡성화된 것이 아닐까 하는 것이다. 모든 것이 잡성화되어 간다 하더라도 한국인은 절대적으로 단일성, 순수성을 지킬 것이라고 주장하는 사람이 많다. 그러나 우리들의 마음도 모든 것을 받아들이는 수용성의 폭이 상당히 넓어지고 있는 것도 현실이다. 이러한 현상적 반응이 다양하나 문화·문명을 받아들이며 조금씩 변이작용을 일으켜 순수한 한국문화의식이 감소되어 사는 것이 아닌가 생각해 본다.

질곡과 억압이 강압적으로 작용할 때는 항상 자유와 평등을 주장하면서, 그 질곡과 억압을 극복하기 위하여 몸부림치고 생존적 독립을 쟁취하려고 목숨을 바치는 경우가 많다. 그러나 어느 정도의 자유와 독립을 누리게 되면 적당하게 사는 습성이 우리 민족에게 있지 않은가 반문하고 싶다. 일제치하에서도 독립과 자유를 쟁취하려고 온갖 수난을 견디고 그 치욕을 감내하였으며, 민족의 정기를 발하여 우리는 순수한 배달민족으로 단결하여야 한다고 하였다.

그 질곡의 역사 속에 단일성, 순수성의 이름으로 아로새겨진 배달정신, 단군역사 등으로 귀일시키고자 하였다. 그리하여 단군의 근본 이념인 홍익인간을 헌법에 아로새기고, 또한 교육의 지표로 삼고 있다. 우리 나라 사람이면 홍익인간이라는 어휘를 모르는 사람이 없다. 또한 이 말씀도 단군의 성지임을 모르는 사람이 없을 것이다. 이처럼 정치와 교육에 보편화되고 생활어처럼 되어 있는 말들이 간혹 한번씩 부딪치게 되는 것은 무슨 일일까.

우리는 이 홍익인간이라는 말을 형식적으로 쓰는 것인가. 아니면 한국적인 간판으로 쓰는 것인가. 이 말은 형식일 수도 없고, 간판으로도 쓸 수 없는 5천년의 긴 역사성이 있는 생명의 말씀이다. 우리 민족의 시원이 아로새겨지고, 피와 땀, 그리고 정의와 평화, 더 나아가서는 끈질긴 생명의 씨줄을 넓게 크게 길게 또 편하게 하여야 하며, 새롭고 복되고 이익되게 하여야 한다는 옹골찬 빛이 담긴 말인 것이다. 이러한 말들이 단군 할아버지가 신시(神市)에서 처음 외친 이후 지금까지 근근이 이어온 것은 배달의 씨줄이 강건한 힘을 가졌기 때문이다.

연속성을 승계하는 민족은 승리한다. 우리가 광복을 맞이할 때 그 광복의 기념으로 개국역사의 전통성을 바르게 세웠어야 했다. 일제치하에서도 외쳤던 배달민족, 단군의 정신, 그 정신을 새로운 국가사직에 기념탑으로 건립하였어야 했다.

그런데 우리는 광복이 되자 새로운 문화·문명을 받아들이면서 우리의 순수성을 잠식당하기 시작한 것이다. 사상의 잠식은 변형된 인격을 만들어 내게 한다. 우리는 광복 이후 지금까지 한국적인 본질을 잠식하면서 살아온 것이 아닌가. 그것이 서구적인 신앙, 서구적인 문화에 의하여 홍익인간이라는 순수한 한국인의 정치관·교육관 아니 그 생활관마저 변질된 것이 아닌가.

앞서 토종 음식이라고 하였지만 그것이 토종이라는 가식된 상표에만 그칠 뿐 순수한 토종은 멸종하고 오직 잡생종이 한국의 가축이 된 것처럼 아릿한 서글픔이 앞선다.

우리 나라에 살면서 우리의 순수한 동식물을 구경할 수 없는 것은 우리 역사가 한 부분 떨어져 나간 것처럼 가슴이 에인다.

앞으로 우리의 역사는 어떻게 될 것인가. 순수한 한국의 정신과 사상은 남아날 수 있을까. 우리는 깊이 생각하면서 살아야겠다. 이 곳 한국에 살고 있는 한국인은 한국적인 사고방식과 생활 의식이라고 주장하는 사람이 있다면 자기도 모르는 사이에 사상의 잡성화, 문화의 예속화, 정신의 감염화 등의 자기 반성 속에서 서양인 아닌 서양인이 아니겠는가 한번 반성하여 보아야 한다. 우리의 가슴에 두 손을 올려 놓고 조용히 두 눈을 감으면 영원히 들려 오는 소리. '홍익인간'이 배달 한국의 사상과 이념의 지표가 되어야 한다는 단군할아버지의 큰 말씀이다.

- 대원 85년 8월 -

사찰의 본질

인간은 도덕을 추구하는 양심을 저버리지 않을 때 청정하게 살수 있다. 도를 구하는 생각이 순간이라도 벗어나게 되면 탈윤리적이고 타락된 생활을 하게 된다. 진리를 향하여 정진하는 수도인이 면면이 승계될 때 이 사회는 밝은 세계를 구가하게 될 것이다.

사찰은 수도하는 사람, 청정을 희구하는 사람, 양심을 밝히는 사람, 정의를 구현하려는 사람, 바라밀을 실천하려는 사람, 즉 삼십칠조도품(三十七助道品)을 발양하려는 사람이 집합하는 곳임과 동시에 모든 공덕을 장양(長養)하는 법회처이다.

먼저 그 자리에 와서 주법(住法)하면서 다음 찾아오는 사람에게 빛의 힘살을 주는 분은 상구적 능동적인 출가중이며, 이 빛의 보살핌에 감응하여 새로워지려고 노력하는 사람들은 하화의 수법자인 재가중인 것이다. 이 상구적(上求的)인 지도자와 하화적(下化的)인 수법자가 여법히 상응하며 만나는 곳이 사찰인 것이다.

그러므로 여기에는 여래의 빛과 생명이 새봄이면 물오르는 새싹들처럼 생동하고 있는 곳이고 또한 시(施)의 응공이 두루 편만하고 있는 곳이다. 그러면 여래의 빛과 생명이란 무엇인가. 여래의 빛은 깨달음을 의미한다. 깨달음은 연기의 이법을 체현하는 것이다. 우주의 본질과 자아의 본성이 무애자재한 법성임을 자각하는 것이다.

이러한 구체적이고 전일적인 깨달음이 주객항주(主客恒住)의 실천임과 동시에 무아적 능동태로 무진연기한다는 것을 증득하는 것이다. 이러한 깨달음이 자기로 비롯하여 모든 존재에 상보적 관계를 맺으면서도 서로간에 어느 것도 손상하거나 괴롭히거나 억눌리지 아니하고 제법실상 그대로 여여히 연생연멸(緣生緣滅)케 하는 것이다.

또한 생명이란 자증되는 깨달음의 연속을 의미한다. 즉 깨달음이 체(體)가 된다면 생명이란 용(用)으로서 시대적, 상황적 모든 사상(事象)을 남김없이 빠뜨리지 않고 역사적 인연으로 확립하여 여래장의 활동력을 의미한다. 현장에 일어난 모든 사실적 행동도 무루의 그물망에 상응하여 실상으로 전개되어지는 능동적인 힘이 바로 생명인 것이다. 이와 같은 깨달음과 깨달음의 활용인 생명이 하나가 되어 진리를 밝히고 그것을 남김없이 베풀어 주고, 인간의 의식과 무의식의 세계에서 일체의 번뇌와 공포를 제거하여 주는 구원의 실재가 바로 삼시(三施)인 것이다.

이와 같이 여래의 빛, 여래의 생명, 여래의 삼시가 현실적이고 즉시적 희망으로 현현되는 현장이 바로 사찰법회이다. 오늘날 우리들의 사찰에서 이러한 광명한 공덕이 이룩되지 아니하고 있다면 사찰이 회처(會處)로 자리잡지 않았음을 의미한다. 우리들은 부처님이 화엄의 법좌만이 아니라 일체의 회처를 시설한 불타의 모든 뜻을 새롭게 아로새겨야 할 것이다.

더욱이 유마 거사가 광엄 동자에게 교시한 그 도량이 오늘의 사찰이 아닌가? 유마 거사는 광엄 동자에게 "청순한 진심이 도량입니다. 그것은 거짓이 없는 까닭입니다. 마음을 정하고 수행하는 것도 도량입니다. 그것은 능히 사물을 판별할 수 있기 때문입니

다. 마음 속 깊이 도를 구하는 것도 도량입니다. 그것은 공덕을
증가시키는 일이기 때문입니다. 보리심도 도량입니다. 그것은 진
리를 의심하지 않기 때문에 잘못에 떨어지는 일이 없기 때문입니
다. 육바라밀도 도량입니다. 사무량심도 도량입니다. 사제법도 도
량입니다.” 등 유마 거사의 도량은 일정한 주처나 장소, 즉 사찰
이 아니라고 하였다. 유마는 진심, 발행심, 신심 등 우리들 마음
에서 깨달음을 지향하는 구도적 자세와 구도된 결과를 무지하고
병고에 신음하는 사람들을 향하여 베푸는 구원의 생명력이야말로
도량이라고 하였다.

　오늘 우리의 불교가 불타의 참뜻이 유마 거사가 설한 도량의
의의와 다르지 않다고 파악하여 이해한다면 사찰은 자연스럽게
운영될 것이다. 무기력하고 무기질적인 사찰로 하락시키지 말고
기력 있고, 능동적인 자연공간으로 활용되게 하여야 한다.

- 법사회보 93년 3월 -

사찰의 위치

사찰이 어디에 세워졌던가를 살펴보는 것은 중요한 일이다. 또한 부처님께서 비산비야(非山非野)에 절을 세워야 한다고 한 말씀도 새겨보아야 할 일이다.

우리는 절이 깊은 산 속에 지어져 있어야 하고 그렇게 되어야만 조용한 아란야가 된다고 생각하는 경우가 많다. 그러나 절은 대부분 도시와 산 중간에 세워졌다. 너무 지나치게 산 속에 치우쳐 있으면 걸식행에 장애가 되고, 도시 속에 있으면 수도에 방해가 되기에 산과 도시의 중간에 지으면 하화중생과 상구보리하는데 별다른 지장을 받지 않기 때문이다. 농경산업이 주가 되었던 시대에 상응하는 사찰의 위치였다고 생각한다.

인도의 죽림정사나 기원정사는 산 속에 있지 않았다. 모두가 왕도와 가까운 장원에 절을 세워 모든 사람이 쉽게 부처님을 뵙고 법을 들을 수 있었던 것이다.

백마사는 중국에서 제일 먼저 창건된 절이다. 이 절도 왕궁과 가까운 곳에 위치하였고, 지금 서안(西安)에 자리하고 있는 대안사, 소안사도 도시 속에 있다. 우리 나라 고구려의 9사도 대동강변에, 그리고 백제의 정림사는 부여시 한 가운데, 신라의 황룡사와 분황사도 모두 도읍의 중심지에 위치하였다. 사찰이 도시 가운데 자리하였다는 것은 그 당시의 사람들과 밀접한 관계가 있었다는 점을 시사한다.

부처님께서 요즘의 군사 도시에 해당하는 병장촌에서 설법하시면서 더 많은 사람에게 법을 전하기 위하여 두 사람이 함께 가지 말고 혼자서 가라고 하신 것은 의미 있는 일이다. 사람이 살고 있는 곳이면 어디든 찾아나서 전법하여야 함을 강조하신 것이다.

한국 불교는 조선조 억불정책에 의하여 불교가 산으로 들어 가면서 승려적 기풍이 많이 쇠진된 것이 사실이다. 그러나 일본이 강점하고 있을 때 동본원사파(東本願寺派), 서본원사파(西本願寺派), 진언종파(眞言宗派)가 도시 중심지에 별원(別院)을 설치한 것만도 백여 사원이 웃돌았다.

한국불교는 해방과 더불어 도시 불교로 바뀌어 질 수 있었다. 해방과 함께 중소도시에 위치하였던 일본 사원을 이용, 불교의 도시화에 기여케 하는 불교계 인사가 있었다면 현재의 한국불교의 교세는 판이하게 달라졌을 것이다.

그런데 한국을 강점하고 괴롭힌 일본 재산을 이용할 수 없다는 청렴한 결벽성이 작용하였다. 일본이 한국에 포교당을 세우고 동본원사 진종사찰을 세웠던 것은 식민야욕의 발로였다. 그러나 이러한 사찰을 그냥 버리고 도망갔기에 한국불교계에서 인수·관리하였다면 한국불교는 해방과 더불어 도시불교의 장이 확산되었을 것이다.

언제나 연기적으로 보아야 한다는 생각이다. 연기는 역사의 정안(正眼)이다. 역사는 지나 버린 과거를 되새김질하는 향수적 회원이 기록된 것이다. 역사는 오늘을 점검하는 현실적 관찰이요, 현실적 설계이다. 관찰과 설계가 없는 사람은 내일을 회향(廻向)받을 수 없다. 회향이라는 역사적 선물은 언제나 여실지견하는 투시력이 있어야만 가능한 것이다. 이러한 일들을 놓고 오늘의 불교를 한번 뼈아프게 반성해 보아야 한다.

한국불교에서 40대 이상의 신자는 그 수가 많다. 또 40대 이상의 불교인 가운데 여성신도가 웃돌고 있는 것도 불교가 도시화, 사회화가 될 수 없는 원인 중의 하나이다. 남성신도를 증가시키는 일과 청소년을 불교로 이끄는 길도 도시화, 사회화가 되어야만이 가능한 것이다.

사람은 어느 곳에서도 살 수 있다. 벽촌, 산간, 어촌에서도 살 수 있다. 그러나 대부분 도시 근처에 살거나 도시에 살려고 한다. 살기 편하고, 교육의 영역이 넓고, 경제교환이 필요한 곳에 살고 싶어 하는 것이다. 그러므로 도시가 발전하고 위성도시가 발전하는 것이다. 교육, 문화, 경제, 정치가 하루하루 발전하는 곳이 아니면 살지 않으려고 한다. 이러한 인간의 제일의적인 욕망이 도시 인구를 조밀하게 한다

한국의 어느 도시건 과밀 현상이 일어나지 않는 곳이 없다. 이 과밀 지역에서 한국 불교가 하는 일은 무엇인가. 별달리 한 일도 없고, 할 일도 없다. 포교의 취약지구이다. 청소년 포교, 유아포교의 제로섬이 아닌가. 공격적·독선적 교화가 앞서고 있는 이 마당에 청량한 가르침이 있어야 한다. 포용적·공동적 교화가 이룩되는 포교당이 있어야 하고 탁아소가 있어야 한다.

유일신적인 생각을 앞세우는 종교는 참다운 사랑을 펼치는 종교라고 할 수 없다. 나의 믿음이 있기 위하여 남의 신앙을 파괴하여야 한다는 훼불운동이 날로 치성하고 있다. 이러한 현실은 모두가 유일신적인 신앙이 파생시킨 것이다. 나의 유일이 중요하면 남의 유심(唯心)도 이해하여야 한다는 진리를 그들에게 간곡하게 전해주어야 한다.

그렇지 아니하면 훼불의 참화는 더욱 격화될 것이다. 그들의 훼불은 여태까지 그것을 짐짓 방관해온 불교 쪽에서도 책임을 져야 한다. 불교에서 올바른 포교를 하는 마당을 넓혀야 함에도 불구하고 안이한 묵선에 좌정하고 있었기 때문이다.

종단협의회는 할 일이 많지만 먼저 시·읍·면 단위 종단합동 포교당을 세우는 일을 생각하여야 한다. 한 종단에서 할 수 있으면 좋은 일이지만 당해 종단의 지역적 교세를 감안하여 협동체제로 포교당을 운영하여 유아들에게 인성교화를 하여야 한다. 밝은 눈, 따뜻한 가슴을 간직하도록 이끌어야 한다. 모든 사물이 서로 깊은 관계가 있음을 이해하는 연기법은 지혜로운 밝은 눈이자 따뜻한 자비이다. 또한 모든 사람을 따뜻하게 돌보는 보시법을 가르쳐야 한다.

이 세상에는 유일한 자기만 있고 대부분의 남은 나쁘다고 가르치지 말고, 모두가 나임을 알게 하고 깨닫게 하여야 한다. 우리는 하나의 공동사회 속에 살고 있는 운명공동체임을 인식하도록 하는 것이 무엇보다 중요하다는 말이다. 불교의 오묘하고 광대한 화합성을 언제나 쉽게 전할 수 있는 마당이 있어야 한다.

사찰은 도시와 산 가까운데 지어져야 한다.

항상 연기법을 보는 안목이 있어야 한다.

오늘 청소년 교육, 유아 교화에 관심을 갖지 아니하면 한국불교는 역사로부터 버림받을 것이다. 버림을 받지 않는 한국불교가 되려면 항상 현발하고 있는 역사적 연기법을 자각하고 있는 항각자(恒覺者)가 되어야 하고, 항행자(恒行者)가 되는 부처님의 여래사(如來使)가 되어야 한다.

- 90년 9월 대중불교 -

사원경제의 활성화

현대를 산업사회라고 한다. 현대를 농경사회라고 착각하고 있다면 이것은 큰 오판이다. 사원경제를 놓고 볼 때 농경사회에 비견하여 생각하면 그것을 말하는 것 자체가 본래부터 개구즉착이라 지적한다면 나는 할 말이 없다. 현대는 농경사회에서 산업혁명을 하였고, 더하여 생산체계가 옛날과 판이한 사회다.

그렇지만 시공을 초월하여 인간의 심성을 교화하고 훈화하는데는 산업이나 농경이 필요없고 오직 한마음만 닦는 것이 소중하므로 그점에 초점을 맞추어 살아가라고 하면 또한 할 말이 없다.

종교는 인성을 광명화·청정화하여야 한다. 인성이 무명이나 야성으로 빠지게 되면 인간사회는 몰윤리화하게 되고 인륜과 질서가 파괴된다. 이를 방지하기 위하여 인성광명화를 가속화 내지 지속화할 수 있는 수계산림법회가 베풀어져 왔는데 이제 그것도 새롭게 개설되어야 한다.

한 번의 수계로 끝나는 것이 아니라 윤리적 행위가 지속적으로 실천될 수 있도록 수계정진대회가 있어야 한다. 수계정진운동을 주별로 실천하여야 한다. 그렇게 하여 인간 내면 속에 자리하고 있던 광명성·청정성이 생활 속에서 현실로 나타나야 한다.

또한 일차적인 종교행위만을 할 것이 아니라, 이차적인 종교사업을 하여야 한다. 종교는 본래부터 사업(事業)이다. 종교사업은 봉사라는 것을 업으로 한다는 의미가 도사리고 있다. 국가가 종교행위를 비영리로 간주해 주는 것은 무슨 뜻이 있는가. 종교교단에서 하는 일체의 일은 모두가 빈민, 구라(문둥병 고치는 것), 치병 등 이러한 일련의 일들을 봉사하는 것으로 생각하기에 비영리라고 정의하고 있는 것이다.

빈민을 구제하고 양로원, 고아원, 탁아소, 병원 등을 세워 중생의 아픔과 병고를 치유하려면 엄청난 재원이 필요하다. 그 재원을 신도들의 보시금으로 충당하면 된다는 원시경제적 발상을 갖고 임한다면 금세 난관에 부딪칠 것이다. 그것은 사상누각에 불과하다. 지금까지 우리는 신도들의 삼륜청정한 보시에 의하여 사찰을 운영하고 대사회사업도 한 것은 사실이다. 그러나 그것이 괄목할 만한 성과로 나타나 모든 빈민, 병자가 혜택받고 있느냐 하면 불문가지의 일로 부끄러울 뿐이다.

본격적인 종교사업을 꾀하기 위하여 농경시대의 보시제도를 탈피하여 산업구조에 맞는 형식을 갖추어야 한다. 경제조직을 불교에도 도입하여 과감한 사회사업을 하여야 한다. 양화가 악화에 밀려나는 것을 보고만 있는 숙명론에 빠지면 안 된다.

한번 생각해보라. 불교방송 성금이 얼마나 모금되었는가. 부끄러운 일이다. 1천 6백년 만에 방송사가 생기게 되었는데 얼마나 모금되었는가. 중앙승가대학 인가에 있어서도 재원이 없다고 온갖 고육책이 나와도 육영보시금이 얼마나 나왔는가. 도심포교를 한다고 애를 태우는 사람이 많지만 얼마나 성과를 거두고 있는가. 이것이 어디에 기인한 것인가.

이러한 모든 일들이 농경시대의 보시금에 의존하고 있기 때문이다. 이제는 절충할 필요가 있다고 생각한다. 보시금 헌납도 좋은 일이고 또 버릴 수 없는 일이지만 보시에만 의존해서는 안 된다는 말이다.

불교도 은행을 설치하여야 한다. 교계에서 유력한 신도이거나 일반 신도에게 공개로 주식을 판매하여 불교인 공동 은행을 설치, 획기적인 사업을 하여야 한다.

불교인이 투자하여, 불교인이 이용하면 3대사업만이 아니라 대민봉사의 장을 새롭게 열 수 있는 것이다. 한국 인구의 절반이 불교인이라 할 것 같으면 은행 이용도가 다양화 될 것이다. 이 은행의 설치에 있어서도 종교법인체로서 순이익은 모두 사회에 환원하는 비영리적 운영이 되어야 한다. 비영리란 이익을 추구하지 않는 것이 아니라 그 이익은 모두 3대불사에 쓰는 것을 의미한다.

신라시대 원광 국사가 점찰보(點察寶)를 만들었다. 이 보를 비영리 은행의 시원으로 보면 어떠할까. 역사 속에 있었던 업무(業務)가 단절되면 안 된다. 원광의 보사업은 획기적인 것이다. 고려 때도 제위보가 있었고 대각 국사 의천도 화폐 이용의 제도를 도입하기도 하였다. 이러한 일련의 일들이 모두 금융과 관계 있는 일이다. 금융(金融)이나 은행(銀行)은 놓는다는 의미가 있는 것이다.

금(金)이나 은(銀)이 원융(圓融)하게 이행(移行)되어야 함을 의미하는 것이다. 금은 빈부귀천을 막론하고 원융무애하고 섭화보응하게 하고, 은이 노병사를 위하는 구제의 수단으로 이행동사하게 된다면 금융과 은행은 바로 불교인의 시대적 사명이 될 것이다.

듣자하니 봉은사 땅의 활용방안에 대한 대책회의를 거듭하면서 그것을 황금분할하여 불교사업에 쓰려고 한다지만, 차일피일 이 핑계 저 핑계로 일의 진척이 불분명하게 진행되어 간다고 한다.

왜 불교인은 있는 땅을 꼭 매각하려고 하는지 알 수 없다. 땅은 재생산이 불가능하다는 인식을 가져야 한다. 한번 매각하면 다시 사들일 수 없다. 땅을 지키면서 일을 하여야 한다. 농경과 산업이 하나되어야 함을 강조하는 것도 여기에 있는 것이다. 농경보시는 땅을 지키는 것이고 산업보시는 금융사업을 하자는 것이다.

안일하고 무사한 사고 방식은 불식하여야 한다. 과감한 대책이 없고보면 불교는 낙후할 것이다. 원시불교가 아란야(阿蘭若)를 중시하는 농경 불교였다면 대승불교는 도시를 중심으로 하는 무역 불교였다. 경전상에 나타나는 인물 가운데 장자거사는 모두 무역인이었다. 이 무역인은 바로 금융을 이해한 사람들이다.

한국불교가 앞으로 나아가려면 금융산업에 관심을 가져야 한다. 돈을 만지면 안 된다고 하는 상좌부적 사고 방식에서 탈피하여 시대에 상응하는 대중부적 사고방식을 계발하여야 한다.

교계의 지도자는 교계 실업인과 이마를 맞대고 가슴을 열어놓고 21세기의 불교위상이 어떻게 되어야 하는가의 청사진도 그려야 한다. 그리고, 그 그림을 실제로 실천시켜 나가기 위하여 불교금융이 현대불교의 돌파구임을 인식하여야 한다.

정체된 종교수행으로 갈 것인가, 동적인 법륜을 사바와 우주에 굴려 중생을 남김없이 태우는 대승적 수레를 만들 것인가. 이 모두가 경제불교를 하여야 한다는 초점에 맞추어 질 것이다.

- 대중불교 90년 4월 -

제4장

삼성반월(三星半月)과 그 파문

형상적인 땀이 심상에 이는 바람이 되게 하는
지혜를 길러야 합니다.
가지려는 마음이 사라져야 합니다.
소유욕을 감소시키는 공부가
바르고 착하게 사는 길이 될 것입니다.
지극한 아름다움이란 무엇인가요.
담담하고 그윽한 것으로 되는 것입니다.
티없이 맑은 하늘, 그것을 높고 높은 하늘이라고 합니다.
우리 마음 속에 일체를 다 놓아버린 것이 자유로운 것이 됩니다.
가지려는 소유는 싸움으로 치솟아올라
우리 몸을 땀으로 멱감게 합니다.
우리가 절대적으로 갖지 않고, 마음을 비우며 살려고 하면
우리의 마음은 고요히 가라앉아 담연한 바탕으로 활동하게 됩니다.

오늘은 광명의 날 부처님 오신날

  오늘은 부처님 오신 날, 등을 밝히는 날입니다. 이 광명하고 좋은 날 우리는 왜 촛불을 밝히는가. 부처님께서는 우리와 같은 몸으로 오셨지만 기실은 무명을 밝히는 광명으로 오신 것입니다. 우리는 아직 광명스럽게 되지 못하였기 때문에 광명스럽게 되자는 뜻으로 우선 현상적인 촛불을 밝히는 것입니다.

  그렇게 함으로 미혹에 빠져 어두운 우리의 마음에 불을 밝히는 것입니다. 부처님께서는 깨달음을 얻으셨을 때나 열반에 드셨을 때나 우리 중생들에게 "자등명 법등명(自燈明 法燈明)"을 말씀하셨습니다. 명이란 가득찬 것을 말하는 것이 아닙니다. 가득 차 있는 방에서는 불을 밝힐 수가 없습니다.

  즉 우리의 마음 속에 욕망이나 어리석음이나 화남으로 가득 채워 놓고 있으면 이 세 가지가 옥신각신 서로 싸우는 까닭에 불은 밝혀질 수 없는 것입니다. 광명한 곳은 텅 빈 곳입니다. 텅빈 곳은 맑은 곳입니다. 맑고 청정한 허공과 같은 곳으로 우리의 빛이 비칠 때 무장무애 걸림이 없이 저 허공 끝까지 비추이게 되는 것입니다. 오늘 초파일 부처님 오신 날에 등을 밝히는 것은 바로 물질적이고 현상적인 불을 밝히는 것이나 그 속은 허공과도 같이 청정하게 비워 놓고 가득히 광명을 밝히고자 하는 것입니다.

어떤 이들은 초파일에 등이나 켜고 과일이나 음식 등을 단에 올린다고 흉을 봅니다. 그러나 부처님도 먹어야 합니다. 바로 나, 부처님이, 여기 계신 여러분들이 모두 부처님인 것을 스스로 알아야 합니다. 먼저는 신앙적인 부처님에게 공양을 지극히 올리고 다음에는 실질적인 부처님의 가르침에 따라 행하는 불종자에게 공양을 올려야 합니다. 청정한 무주상 보시의 마음으로 정성껏 올리십시오.

또한 한국불교는 기복불교라는 말을 하는 사람도 있습니다. 즉 자기의 복만을 빈다는 것입니다. 자기 자신만을 위한다고 한다면 물론 잘못입니다. 그러나 자기가 아프고 짜증나고 배가 고픈데 다른 사람을 진실로 돕는다는 것은 매우 어려운 일입니다. 그리하여 참다운 나를 찾고 항상 바르고 진실하도록 스스로 수행하는 기도를 하게 되는 것입니다.

그러나 빌기만 하지 말고 서로 서로에게 권고해야 합니다. 부처님께서는 무량대복을 비는 대로 보여 주십니다. 그런데 원효 스님은 "열려 있는 극락은 들어오는 사람이 하나도 없고 닫혀 있는 지옥은 안간힘을 다해 들어가려 한다"고 개탄을 하셨습니다. 그것은 오만을 누리며 자기만 잘 살려고 하기 때문입니다.

그래서 불교를 믿는 모든 사람들은 스스로의 오욕락을 비워 내 마음을 광명하게 하고 가정에 우환이 없이 태평케 하여 보시하는 마음이 많이 생기는 불자가 되어 나라와 이웃에 봉사하고 희생할 수 있는 불자가 되어야 하겠습니다. 그렇게 되면 기복불교도 실질적인 대중불교가 된다고 하겠습니다.

이렇게 부처님을 향한 정성스러운 공양을 많이 하고 다음으로 가정의 안택을 위해 기도하여야 하겠습니다. 가정의 화목은 사회를 편안하게 하고 또 국가를 안정하게 하는 것입니다.

그러면 부처님 오신 날, 부처님은 어디서 오셨는가 궁금하지 않을 수 없습니다. 부처님은 인도의 카필라 국 왕자로 태어 나셨습니다. 그러나 왕자는 그 영화스러운 자리를 버리고 일어나 마음을 깨달아 밝히어 모든 무명 속의 중생들에게 가르쳐야겠다고 발심하셨던 것입니다. 이것은 바로 태어나 부처가 되는 것이나 똑같은 것입니다. 지옥에 있는 사람도 마음만 잘 가지면 부처님이 될 수 있다는 것입니다.

다른 어떤 종교를 막론하고 신(神)과 똑같다고 하는 종교는 없습니다. 부처님하고 똑같이 될 수 있다는 종교가 바로 불교입니다. 그런데 누구나 기회는 가지고 있는데 이것을 스스로의 것으로 찾아 가려고 하지 않습니다.

부처님이 될 수 있는 기회는 찾아가지 않으면서 탐, 진, 치 오욕의 면허는 악착같이 찾으려 합니다. 이러한 명예욕, 재물욕, 색욕으로 가득찬 마음을 청정하게 부처님의 법으로 비워내야 한다는 것이 바로 자등명 법등명인 것입니다. 즉 나 자신이 바로 마음의 당체라는 것을 말하는 것입니다.

금이 된 것은 다시 광석으로 돌아갈 수 없습니다. 광석 자체는 금이 아니나 한번 금으로 정제하여 내놓으면 이것은 세상에 제일 귀한 것이 됩니다. 광석은 무명의 덩어리입니다. 그러나 그것을 제련하면 귀한 금이고, 은이고, 쇠가 나오게 되는 것입니다.

부처님께서는 말씀하시기를 모든 중생들에게는 틀림없이 불성이 있는데 이 불성을 스스로 몰각하고 있다고 하였습니다. 주저하지 말고 스스로 가지고 있는 불성을 부처님과 같이 깨닫게 되면 바로 금을 정제해내는 것과 같은 것입니다.

이는 어떠한 일을 하더라도 흐림이 없게 되는 것이고 모든 사람이 다 이와 같이 된다면 이 세상은 바로 불국토가 되는 것입니다. 이 세상은 중생이 굴러다니는 세상이 아니고 모든 부처님이 빛을 발하고 다니는 세계가 되는 것입니다. 이 부처님이 빛을 발하고 다니는 세계에 한 빛이 되고자 하는 것이 바로 오늘 사월 초파일 부처님 오신날을 기리는 의미입니다.

예전에는 부처님을 기렸지만 오늘을 사는 우리들은 스스로가 부처님이 되고자 하는 마음을 가져야 하지 않겠는가 생각합니다.

앞으로 개인적으로 자기의 복덕을 누리는 것이 어떤 독선적이고 몰아적인 개인 복덕을 누리는 것이 아니라 이 복덕이 이웃에 회향되는 마음을 가지고 복덕을 누려야 하겠습니다.

오늘 정성스럽게 밝히신 이 빛은 나의 빛임과 동시에 부처님의 빛입니다. 이 빛이 모든 다른 중생들에게 회향할 수 있도록 훌륭한 불자가 되어 주시기 바랍니다.

- 대원 84년 5월 -

초파일의 큰잔치

　　잔치가 있어야 합니다. 노래가 있어야 합니다. 춤이 둥실거리며 신이 나야 합니다. 노인은 노인의 춤이 있어야 하고 그 춤에 맞 닿는 노래가 있어야 합니다. 어른은 어른이 즐겨 부르는 노래와 춤이 신바람에 넘실거려야 합니다. 아이들도 즐거움에 복받친 노 래와 환희 그리고 작희가 쉴새없이 울려퍼져야 합니다. 그냥 즐 겁고 항상 기뻐서 사람은 행복합니다.

　　그러나 사람이 춤추고 노래 부르고 놀려면 어떤 일이 성숙되어 야 합니다. 목적이 이룩되어야 하고 그 목적을 달성하기 위하여 사람들은 마음을 하나로 가다듬고 일을 한 곳으로 집중시키는 마 음이 한결같아야 합니다. 그리하여 그 집중한 일이 완성되었을 때 사람이 갖는 기쁨이란 것은 어디에도 비길 수 없습니다.

　　우리는 인도의 역사를 통하여 인간이 그토록 기뻐하고 용약한 일이 드문 현상을 목도하게 됩니다. 룸비니의 꽃동산에 모두가 향기에 가득한 현장을 보게 됩니다. 꽃이란 꽃 모두 피고 그 밖 에도 삼천년에 한 번 피는 우담발화 연꽃이 수레바퀴살보다 더 크게 활짝 핀 신이하고 신기한 향기를 풍기는 것을 보게 됩니다.

　　또한 이 세상 모든 새들이 노래하고 춤추는데 그 중에 가장 귀 한 금시조가 노래하고 가릉빈가가 춤추는 모습이 온 룸비니 꽃동산을 밝히고 있습니다. 아홉 마리 용은 기쁨에 벅차 감로의 물 뿜어내고, 코끼리 사자, 사슴할 것 없이 모든 짐승이 작약하고 용약하는 것은 무엇 때문입니까?

이 세상 끝 갈 데 없는 이 한자리에 모인 천룡, 팔부, 건달바, 긴나라, 가루라 모두 나와서 기뻐함은 무슨 소식이 왔기에 이토록 환희열락하는 것입니까.

마야 부인의 기쁨의 소리, 가비라 국에 가득합니다. 나는 아들을 얻었습니다. 나는 부처님을 탄생시켰습니다.

나는 일체(一切)의 지자(知者)와 일체(一切)의 승자(勝者)를 출현시키는 산모가 되었습니다. 정말 기쁘고 즐겁습니다. 어쩔 수 없습니다. 아 - 무엇으로 표현하여야 내 마음에 앙금이 사라지겠습니까.

마야 부인의 기쁨의 소리, 가비라 국으로부터 나팔의 소리가 되고 법고 소리가 되고 징소리가 되고 종소리가 되고 피리소리가 되고 대금소리 해금소리 이 모든 소리소리가 되어 마갈타 국으로 코살라 국으로 넘어가고 울려 퍼져가고 있습니다.

이 광경은 장관이고 화엄의 법좌이고 녹야원의 광장입니다.

정반왕의 기쁨은 참으로 기적을 만난 것 같습니다. 정반왕의 환희는 생활의 실상입니다.

아시타 선인도 모든 바라문도 점술가도 철학자도 사상가도 종교가도 모두가 감격과 감동의 눈물이 솟구쳐 올랐습니다.

여기에 싯달타가 부처님으로 오셨습니다. "하늘 위에서나 하늘 아래서 오직 내가 가장 존귀하다"는 외침이 동쪽편 연꽃 일곱 잎에 서쪽편 연꽃 일곱 잎에도 남북 쪽 연꽃 일곱 잎에도 아로새겨져 칠보의 영롱한 색깔로 빛나고 있습니다.

구원실성(久遠實性)의 광명의 깨달음이 연꽃 위에 내려 오셨습니다. 사바가 환하게 밝혀져 삼세 다함없는 자비의 실체가 구원으로 오셨습니다.

이제 이 세계는 무명만이 있는 곳은 아닙니다. 빛과 힘이 있습니다. 빛은 크게 깨닫는 지혜의 빛이요, 힘은 모두를 구원하는 자비의 힘입니다.

이 빛과 힘을 여기에 내리기 위하여 부처님은 무량아승지겁동안 인행(忍行)의 수행을 감내하였습니다. 보살의 길은 고행을 수월하게 참아내는 것입니다. 참지 않고 함부로 하는 일은 열매가 굳게 맺을 수 없습니다. 보살은 빛이요, 힘입니다.

우리들이 사바교주 석가모니불이라고 이름할 때는 거기엔 뜻이 있는 것입니다. 부처님은 사바의 교주만이 아니라 삼세시방의 광명이시고 지혜이십니다.

그러므로 부처님께서는,

"비구들이여, 나는 모든 신의 것이든 인간의 것이든 일체의 얽매임에서 벗어났다. 비구들이여, 너희들도 신의 것이든 인간의 것이든 일체의 얽매임에서 벗어났다."고 말씀하셨던 것입니다.

누가 누구에게 얽매이는가. 그 얽매임은 신의 것도 아니고 인간의 것도 아닙니다. 무리를 얽어매는 것은 바로 자기 자신의 무지인 것이고 자기 계박의 아집인 것입니다. 자기 무지가 자기 광명으로 바뀌고 자기 계박이 자기 해탈로 환원하게 되면 그곳엔 바로 광명과 해탈이 자재하게 됩니다.

그러나 사람들은 유식을 공부하면서 무식을 공부하게 되니 자기 무지의 성채가 만리장성이 되고 맙니다. 또한 사람들은 해방을 바라면서도 자기 속박을 일삼으니 자신이 얽히고 설키어 도저히 헤어날 수 없는 천 길 수렁에 빠지고 마는 것입니다.

우리는 신의 것으로 형성된 일체의 계박을 벗어던지고 인간이 조작한 일체의 형식의 사슬에서 해방되어야 합니다. 유기적인 질곡이든 무기적인 질식이든 이 모든 것을 바르게 통찰하는 눈을 밝혀야 합니다. 지혜의 눈을 바르게 초점을 맞추어 오늘을 바로 살아야 할 책무가 주어진 것을 깨쳐 내어야 합니다. 그리하여 그 깨달음의 힘으로 내 곁에 있거나 멀리 떨어져 있음을 불문하고 건짐의 손길을 넓혀야 합니다. 그것이 바로 구원의 역사가 열리는 길입니다. 구원의 힘이 없는 종교, 구원을 내면으로 갈구하는 신앙 이것은 오늘날 살아 남을 수 없습니다. 자기 합리화의 편견을 척파하여 다원 화합의 정도로 나가야 합니다. 이것이 부처님의 가르침입니다.

우리 다시 한번 춤을 추고 노래합시다. 인간에게 해탈의 말씀을 일러주신 부처님이 오신 날에 거침없이 자재로운 춤을 추고 노래 부릅시다.

우리의 겨레가 불교를 받아들인 지 어언 1600년, 긴긴 세월 동안 불교는 우리 민족의 생명의 젖줄이 되어 왔습니다. 그 젖줄에는 자비와 지혜가 용해되어 그 젖을 마시는 사람 모두가 자상하고 부드럽고 또한 슬기롭고 영리하게 되었습니다.

이양하고 영악함이 사라지는 감로의 젖줄이 바로 불유(佛乳)이며 각유(覺乳)인 것입니다. 이 부처님의 젖줄을 흐리게 하거나 탁하게 하는 조달(調達)이도 구원하신 부처님이 오신 초파일, 우리는 이 불유(佛乳)와 각유(覺乳)가 넓고 광활한 대하(大河)로 바르게 흘러넘치게 하기 위하여 정견의 정정진이 있어야 합니다.

설혹 해치려는 삿된 무리가 있다 하더라도 그 무리를 애민섭수하는 마음을 길러야 합니다. 그것이 자비를 수렴하여 행동하는 보살이 되는 것입니다.

어린이의 고사리 손에 들린 저 연등 속에도 할머니의 주름살진

손이 들고 있는 저 토시등에도 부처님의 힘은 가득히 빛나고 있습니다.

우리 모두 하나되게 빌고 하나되어 거룩한 자비의 고향으로 다가가야 합니다.

사월 초파일 이날은 혼돈이 조화로 승화되는 날입니다. 무명의 장막이 걷히고 빛으로 발광하는 날입니다. 갈등의 응어리가 용해되어 이해의 강물이 되는 날입니다. 우리는 희망과 복덕을 소유하게 되었습니다. 지금껏 우리들의 희망은 자기 속에 이룩된 소아적인 행복이었습니다.

그러나 부처님 세계에서 증득하는 행복이란 '더불어 살아가는 지혜의 나눔'인 것입니다. 더불어 살아가는 지혜는 상호 관계를 맺으면서 축적하는데 의의를 두는 것이 아니라 서로 나누어 가지는 보시의 슬기입니다. 한쪽에서만이 절대적으로 베푸는 것도 좋습니다. 그러나 다른 한쪽에서도 무조건 이바지하는 마음이 연속되어야 합니다.

이것이 무진연기(無盡緣起)의 길입니다. 다함없이 일어나는 이 세계의 모든 일들이 다함없이 해결되는 일들이 있어야 합니다. 일어나는 일만 있고 해결되는 일이 없다면 상보적 관계가 성립될 수 없습니다. 다함없는 번뇌가 일어나고 있음이 현실이라 할지라도 다함없는 깨달음이 모든 중생에게 해탈열반을 안겨주어야 합니다. 다함의 세계와 다함없는 세계가 화합하는 곳이 바로 부처님이 오신 곳입니다.

부처님, 저희들 신나게 노래하고 춤추고 놀아보려고 합니다. 이 놀음이 막연한 유희에 그치게 하지 마시고 놀음 속에 놓음이 있고, 놓임이 있는 무애자재의 큰 힘이 솟구쳐 그것이 박자가 되고 노래가 되고 음정이 되게 하여 자유와 해탈로 이어주도록 하소서.

부처님, 정말 오늘은 기쁜 날입니다. 이 큰 잔치를 받아주소서. 등불을 밝히고 환희의 춤을 대불법당(大佛法堂)에 공양하옵니다.

- 아사달 83년 5월 -

네 마음, 내 마음

요사이 학생들이 자주 쓰는 말 가운데 "내 마음이지 네 마음이
냐"라는 것이 있다. 이것은 자기 마음이 자기의 주인공이 되었다
는 말로 들리기도 하지만, 다른 뜻으로도 생각되기 때문에 생각
이 갈팡질팡해진다.

가령 어떤 행동을 하였는데 상대방이 왜 그렇게 하였느냐고 따
져 물을 때 그의 대답이 "내 마음이지 네 마음이냐"고 한다면 그
것은 상대방에게 피해가 가고 고통이 있더라도 나만 편하고 아픔
이 없으면 그만이라고 하는 자기 편의주의에서 나온 말이 아니겠
는가. "내 마음이지" 하는 말은 "남이야" 하는 말과 통하는 것이
아닐까. "남이야 무엇을 하든" 상관하지 말라는 것이다. "내 마음
이지"와 "남이야"라는 말은 가장 쉽게 쓰이면서 우리 주변의 모
든 사람에게 피해를 주고 괴로움을 주고 있는 것이다.

그러면 마음이란 어떤 것인가. 우리 의식의 총결체가 마음이다.
모든 의식기관이 활동하는 것은 마음의 작용인 것이다. 우리는
의식하는 능동적인 체와 상대되는 모든 대상인 상이 평등하고 바
르게 적중할 때 기쁨을 자아내게 된다. 마음은 대상과 일치되는
곳에 바른 마음이 생기는 것이다. 마음이 모든 판단을 바르게 하
고 좋은 생각을 자아낸다 하더라도 그것은 공평과 무사를 놓쳐버

리면 그 마음의 작용도 잘못될 경우가 생긴다. "내 마음이지"라고 할 때 그 마음 속에는 "나의 행동" "나의 욕구"만이 들어있고, 상대방이 어떻게 될 것인가에 대한 생각은 전혀 없이 "내 마음이지" 한다면 상대방을 수렁에 빠뜨리는 경우가 있을 것이다. 내 마음은 남의 마음 속에 함께 자리하고 있다는 생각으로 "내 마음을 이렇게 하면 네 마음이 어떻게 될까" 하는 것을 탐구하여야 한다.

요즘 사람들은 사색을 통하여 생활하는 것이 날로 희박해지고 있다. 항상 행동이 먼저이다. 이 행동은 악행이 앞서 일어날 수도 있다. 그러므로 우리는 사색과 행동이 함께하는 생활이 되어야 하는 것이다. 올바른 판단은 깊은 사고를 통하여 얻어진 결과이다.

"내 마음이지" 이렇게 말한 것은 내 행동이 앞서고 난 뒤, 어떤 결과가 상대방에게 피해를 주었을 때 염치나 양심은 고사하고 "네 마음이냐"고 밀어붙이는 이기적인 행동인 것이다.

나의 행동은 생각 없이 마구잡이로 하더라도 상관이 없고 피해를 받거나 상처를 입는 것은 네 몫이라고 단정하는 논법이 확대되어 가는 오늘 우리 모두 깊이 반성하여 볼 문제다.

이 세상에는 나 하나와 더불어 사는 많은 남이 있다는 생각을 하여야 한다. 많은 남이 나 하나를 위하여 협력하여 주고 있는 실상을 바르게 파악하여야 한다.

부처님이 깨달으신 '연기'는 인간일심·인간공동을 유지하라는 것이다. 아둔한 '내 마음'이 이웃을 괴롭히고 아픔을 주고 있음을 직시할 때 그 말을 함부로 쓸 수 없을 것이다.

겸허한 마음, 서로 이익을 주는 마음이 자기 속에 자리하고 어떤 행위를 하여 상대방이 기쁨을 맛볼 때 네 마음이 편하냐고 하여야 한다.

“네 마음대로 하여도 나는 너를 이해한다”고 하는 그 마음이
“내 마음”이지 그 밖의 모든 마음은 내 마음이 아닌 것이다.
　우리 이제부터 새롭고 착한 내 마음으로 기쁘게 살아가야 할
것이다.

비켜서는 마음

겨울날 양지바른 볕을 쪼이는 것은 따스할 뿐만 아니라 운치도 있다. 골목 안 햇빛이 가장 잘 드는 곳에 옹기종기 모여 앉아서 일직선으로 내리쪼이는 볕살을 받는 것은 온돌방의 온기보다 아파트의 텁텁한 열도보다 신선한 맛을 풍겨주기도 한다.

그러나 이제 높은 고층아파트의 숲속이나 빌딩의 위용에 깔려 골목 안의 풍속도가 사라진 지 벌써 오래 되었다.

옛날 디오게네스라는 철학자가 통나무 속에 웅크리고 앉아서 쏟아지는 햇볕을 쪼이고 있었다. 통나무 속의 좁다란 공간 속에 제 몸을 뉘여놓고도 행복은 대단한 것처럼 보였다. 남이야 고대광실의 거옥에서 살거나 말거나, 디오게네스는 마음의 고향처럼 훈기가 감도는 이 조그마한 통나무 집에서 제 마음의 모든 것을 사색하고 부족함이 없는 생활을 하고 있었다.

마침 그 나라에서 가장 힘있고 높은 임금이 다가와서 디오게네스에게 왕사가 되어주기를 간청하였지만 그는 유유자적한 표정을 지으면서 "대왕이여, 당신이 나에게 오는 햇볕을 가렸으니 조금만 비껴 서 주었으면 좋겠다"고 하였다.

왕사가 되는 것보다 복되게 내리쪼이는 햇볕만이라도 방해받지 않고 마음껏 쪼일 수 있다면 그것이야말로 최대의 행복이라고 한 옛 철인의 말은 무엇을 의미하는가.

우리 모두의 생활을 살펴보자. 무언가 자기만 많이 가지려고 온갖 잔꾀를 다 쓰고 있지 않는가. 돈·권력·명예 등등 영광이 자기에게 오게 하기 위하여 남을 괴롭히고 속이고 있지 않는가.

왕사의 자리를 마다한 디오게네스가 한 줄기 햇볕만을 구하였다는 것은 욕심의 세계를 넘어선 새로운 마음가짐이 있지 않았는가. 그것은 자연스러움을 말하는 것이요, 무욕(無欲)의 세계를 절대적인 가짐이라고 표현한 것이 아니겠는가.

우리는 조금씩 비껴서는 마음이 있어야 한다. 자기를 앞세워 사는 사람은 자기를 뒷줄에 세워 놓고 한번 쯤은 모든 것을 자기 손아귀에 다 채우려 하지 말고 조금씩은 흘리고 살아야 하지 않겠는가.

옛날 거문고를 잘 타는 사람도 그 줄이 너무 조여져도 안 되고 혹은 느슨하여도 소리가 맑고 곱게 나지 않는다고 하였다. 자기만이 제일이라고 자기를 내세우는 것도 아니고, 남만이 제일이라고 하여 그 속에만 빠져들어가는 것도 아닌 그 중간의 자기를 바르게 파악하고 남을 이해하는 그 중간적인 자기가 얼마나 슬기로운 것인가.

자기의 고집이나 생각을 조금은 돌려 세우는 참 자기, 남의 일에 덩달아 춤을 추는 못난 자기가 되지 않는, 참으로 자기에로 돌아서게 하려는 마음이 있어야 할 것이다.

한쪽으로 억세게 치우치는 마음은 자칫 잘못하면 다치기 쉽다. 항상 자기를 비껴서게 하는 마음을 갖고 하루하루를 살면 그것이 남을 위하는 마음일 것이다. 비껴선다는 것은 겸손과 양보를 앞세우는 마음일 것이다. 더 나아가서는 모순성을 비우는 일이다.

하찮은 자기를 앞세우고 아등바등 사는 몸짓을 조금 느슨하게

하고 자기 안의 참다움이 솟아 나올 수 있도록 못된 자기 행업을
비껴서게 하면서 살면 얼마나 맑고 밝은 햇볕이 다가설 것인가.

밝은 마음, 맑은 얼굴

땀이 납니다. 날씨가 가물어서 땅이 헉헉 타올라가고 비를 기다리는 마음이 조그만 불덩이로 타고 있습니다.

그러나 나는 그래서 땀이 나는 것이 아닙니다. 기후적인 탓으로 땀을 흘리지 않습니다. 기후 때문에 흘리는 땀은 날씨가 시원하게 된다든지 찬물을 등어리에 퍼부으면 이내 식은 몸으로 탈바꿈하게 됩니다. 지금 땀이 나는 것은 몸의 땀이 아니라 마음의 땀입니다.

요사이 자라나는 청소년들이 패싸움을 하면서 깨진 병이나 쇠막대, 손칼 등으로 마구 쑤시고 찌르고 하여 아까운 생명이 죽어가기 때문에 피땀을 마음 속에 흠뻑 흘리는 것입니다. '너 피를 보아야 하느냐' 하는 것은 '너 죽어야 알겠는가' 하는 말과 일치합니다. 우리의 목숨이 얼마나 귀하고 존귀한 것인가를 깊이 생각하도록 합시다.

불일암 법정 스님은 "흙을 접하지 못하는 사람은 자연의 너그러움을 모른다"고 말하였습니다. 사실 도시 사람들은 항상 사면이 벽돌로 싸인 기하학적 공간에 살고 있는 것이지 자연공간에서 호흡하는 것은 아닙니다. 기하학적 공간 속에서 되어먹지 않은 악성문화를 이식시키어 하루하루의 광란 속에 살다보니 우리들

젊은이들의 마음이 약하게 되고 모질게 되어갑니다.

스스로의 마음 속에서 땀을 빼어내고 잔잔한 바람이 불어오게 하여야 합니다. 마음을 부드럽게 한다는 것이 얼마나 자연스럽게 인격을 형성하는 것인지 모릅니다. 마음이 굳어지고, 탁탁하고, 연기가 가득하면 얼굴도 붉어지고 핏발이 서게 됩니다. 우리들의 얼굴을 부드럽게 하려면 우리 마음 속에서 잔잔하고 고요한 선의 바람을 불러일으킬 때 가능합니다.

7월의 태양이 이 땅을 마구 부글부글 끓게 하고 아스팔트가 녹아서 우리들을 이글거리게 하더라도, 몸으로는 '땀을 흠뻑 흘리더라도 마음 속 깊은 곳에는 바람이 살랑거리도록 노력합시다. 마음이 시원하게 되면 모든 것이 청정하게 보입니다. 마음이 불타면 모든 대상을 미움의 대상으로 보게 됩니다.

왜 주먹질이 나오고 발길질이 나오고 칼질이 나옵니까. 이 세상에 존재하는 것은 누구랄 것 없이 한결같은 생명의 존엄성을 갖고 있습니다. 우리가 살고 있는 현장이 어려움이 많고 부족함이 많다 하더라도 참고 살 수 있는 슬기를 길러야 합니다.

형상적인 땀이 심상에 이는 바람이 되게 하는 지혜를 길러야 합니다. 가지려는 마음이 사라져야 합니다. 소유욕을 감소시키는 공부가 바르고 착하게 사는 길이 될 것입니다.

지극한 아름다움이란 무엇인가요. 담담하고 그윽한 것으로 되는 것입니다. 티없이 맑은 하늘, 그것을 높고 높은 하늘이라고 합니다. 우리 마음 속에 일체를 다 놓아버린 것이 자유로운 것이 됩니다. 가지려는 소유는 싸움으로 치솟아올라 우리 몸을 땀으로 멱감게 합니다. 우리가 절대적으로 갖지 않고, 마음을 비우며 살려고 하면 우리의 마음은 고요히 가라앉아 담연한 바탕으로 활동하게 됩니다.

젊은이여, 그 몸에서 용솟음치는 정열의 땀을 식히어 우리가
지금 무엇을 끌어내 발원하는가, 혹은 나를 성장시켜야 하는가를
깊이 생각하여 봅시다. 우리 모두 당나무 아래서 나의 마음을 식
혀 봅시다. 7월의 이 따가운 땀을….

-아사달 82년 10월-

선생님의 어떤 말씀

오늘날 학교교육이 다양하게 발전하여 가고 있다. 학교교육이 옛날처럼 서당에서 스승 밑에서 종아리를 맞아가며 교육을 받는 것이 아니라, 가능하면 배우는 학동들에게 매질을 하지 않고 교육을 하려고 안간힘을 쓰고 있음도 사실이다.

훈장의 일거수 일투족이 모두가 교육이다. 스승의 그림자를 밟지 않는다는 말도 있듯이 스승의 언행은 천금처럼 고귀하고 존경스러운 것이었다. 흔히 나는 바담풍 하여도 배우는 너희들은 바람풍 하라는 것은 익살로 받아넘길 수 없는 것이다. 스승의 발음에 조금 잘못이 있어도 너희들은 바르고 정확한 발음을 내야 한다는 것은 스승의 염원이 무르녹아 있다고 보면 좋을 것이다.

스승의 발음이 틀린 것은 사실이다. 혀가 짧기 때문에. 그러나 스승의 그 안쪽 마음은 바르고 정확한 발음을 하였으면 하는 열망이 되새겨져 있다고 보면 앞서 대화가 교육을 지상목표로 삼고 있는 훈장의 마음임을 읽을 수 있다고 하겠다.

그런데 요사이 학교 교사 가운데 간혹 엉뚱한 자랑을 하는 사람이 있다고 한다. 자기의 능력이 거기까지 미치지 못하더라도 외형적인 모습이나 또한 다른 형태의 힘으로 학생에게 영향을 미치려고 하는 것이다. 즉 나는 태권도가 5단이다. 검도 3단이다.

왕년에 무엇 무엇을 한 사람이라고 학생들에게 윽박지르는 교사가 있다고 한다.

교사는 교사가 갖추어야 할 인격이나 학문 이외의 것을 구비할 수도 있다. 그러나 학생이 할 수 없는 것을 갖고 학생들에게 위협을 가하여 방편으로 말을 하는 것은 삼가야 한다.

국어 선생은 국어교육에 매진하여야 하고 수학, 영어, 미술 선생은 자기 전공분야에 최선을 다하고 교육에 필요한 전문 지식이 심원하여야 한다. 그러나 도덕 선생이 나는 유도가 4단이라고 하여 배우는 학생에게 기합이 들어가는 암시를 주게 된다면 얼마나 불행한 일인가.

몇 년 전 충무에서 봉직하던 교장선생님이 정년이 되고 난 다음에 하는 일도 없고 하여서 충무 시내에 버려진 담배꽁초, 휴지를 주우러 다녔다고 한다. 뿐만 아니라 충무의 넓고 넓은 바다에 침을 뱉는 일까지 삼가하도록 하였다고 한다.

그 일에 대하여 교장선생님에게 넓은 바다에 가래침이 들어간다고 하여 그것이 무엇이 대수냐고 하였더니, 충무에 있는 사람이 하루 한 번씩 가래침을 뱉어낸다면 충무의 푸른 바다는 가래침의 바다가 될 것이라고 하였다고 한다.

우리는 깊이 생각하여야 할 것이다. 내가 할 수 있는 작은 착함이 지금은 모르지만 이것이 큰 도덕률로 아로새겨짐을 이해하여야 할 것이다. 선생님의 자랑은 위협이 되거나 공갈이 되면 안 된다. 선생님의 자랑은 당장 그것이 실행되지 아니하더라도 항상 슬기로운 가르침이 되도록 노력하여야 한다.

태권도, 유도, 검도 등의 유단자라고 하면 즉시적인 위협은 될지 모르나 얼마 지나고 보면 씁쓰레한 느낌을 마음 속에 담게 될 것이다.

　옛날 훈장의 회초리에 사랑이 담겨 있었던 것과 같이 오늘날 교사들의 몸짓에서 사범의 멋이 풍겨나와야 할 것이다. 스승의 자랑은 힘으로 위협을 주는 것이 아니라 사랑과 봉사의 향기가 감도는 자비스런 가르침의 자랑이 되어야 할 것이다.

-아사달 82년 8월-

무더운 여름날은 부처님 농사

"당신도 밭을 갈고 있습니까?"라고 바라문 바드라바아쟈는 부처님께 여쭈었다. 왜냐하면 바드라바아쟈가 밭을 갈고 있는 곳에 부처님이 와서 탁발을 청하였기 때문에 노동도 하지 아니하면서 무엇을 얻어 먹으려고 하느냐는 비웃음에 찬 질문이었다.

이러한 질문에 부처님께서는 서슴치 않고 "나도 밭을 갈고 있다"고 하셨다. 부처님의 농사는 여느 사람의 눈에는 뜨이지 않는다. 농사를 지으려면 논밭이 있어야 하고 소, 쟁기, 호미, 괭이 등의 농구들도 있어야 하는데 부처님의 대답을 듣고 보니 바드라바아쟈가 의아해질 수 밖에 없었다.

"당신은 무엇으로 농사를 짓습니까?"고 반문하였다. 부처님께서는 이 반문이 나오기를 기다렸다는 듯 "나는 진리의 밭을 갈고 있소." "나는 지혜를 기르고 있소." "나는 해탈의 열매를 거두고 있소."라고 말씀하셨다.

참으로 부처님의 농사법은 우리들 농부가 농사를 지어 형상적인 알곡을 거두어 들이는 것과는 판이한 것이다. 우리 육안으로는 도저히 볼 수 없는 진리의 밭을 갈고 있다는 것이다.

이 세상은 물질만이 삶의 기쁨을 준다고 생각하는 사람이 많은데 물질보다 소중하고 귀한 것이 있다는 것을 암시하고 있는 것

이다. 그것은 정의와 평화가 가슴 속에 내재하여야 함을 가르친
것이다.

우리의 육신을 건강하게 연명시키려면 적당한 곡물이 있어야
한다. 그러나 인간이 지나치게 물질에만 한눈 팔다보면 욕망의
나락에 빠질 경우가 많다. 그러므로 부처님은 지혜로운 것을 길
러 해탈의 열매를 거두어 들이도록 당부하였다.

해탈의 열매란 무엇인가. 그것은 상대를 업신여기지 않고 깔보
지 않고 존중하고 귀히 여기는 마음이다. 저만 잘난 체하는 것은
욕망의 열매를 기르는 것이고, 남을 위하는 것이 해탈의 열매를
기르는 것이다. 이 세상에서 가장 농사 짓기가 쉬운 해탈의 열매
를 거두는 농사를 짓는 것이다. 이것은 오랜 시간 봄, 여름, 가을,
겨울의 계절적 변화를 기다릴 필요도 없다. 즉시에 농사 짓고 즉
시에 수확할 수 있는 것이다. 지금 당장 상대를 귀하게 여기고
존경하고 봉사하면 바로 그 자리에서 존경을 되돌려 받게 된다.

이처럼 수확이 확실하고 정확한 농사도 없다. 그러나 사람들은
이 농사를 짓지 않고 물질적인 알곡만 생각하고 아등바등한다.
사실 그것도 알곡일 수 있다. 그러나 마음의 알곡을 만들어 내야
할 것이다.

이제부터 가을이다. 이 가을이 오는 동안 우리는 무엇을 하였
는가. 봄부터 밭일을 하였는가. 직장에서 학교에서 아니 자기가
처해 있는 모든 곳에서 구김살없는 일을 시작하였는가. 그리하여
이 가을의 열매를 거두려고 들길에 나서고 있는가.

가을날 들길에 나서면 상쾌한 느낌을 받는 것은 무슨 이유인
가. 그것은 성숙된 오곡이 제 열매를 마음껏 자랑하기 때문이다.
누렇게 익은 황금 벼이삭, 붉게 불타오르는 고추들, 이 얼마나 봄
부터 가을까지 숱한 자연적인 고난을 극복하였는가.

우리 계절이 바뀌는 문턱에서 자기점검을 다시 해보아야 할 것이다. 우리들도 부처님같이 슬기를 심고 해탈의 열매를 거두고 있는가고…. 나는 가을이 올 때마다 부처님의 농사법이 인류를 행복하게 하는 지름길이 될 것이라고 생각한다.

-아사달 82년 9월-

위대한 자비 그 힘살

우리가 살고 있는 대지는 생명으로 가득하여야 합니다. 대지가 메마르고 황량하게 되면 모든 것이 살아갈 수 없습니다. 모든 생명이 자유스럽게 살 수 있는 것은 대지가 살아 있는 낙토이기 때문입니다.

조그만 겨자씨 하나라도 그것이 잘 생육하려면 기름진 옥토를 만나야 합니다. 겨자씨 속에 생명의 씨눈이 살아 있고, 그 살아 있는 씨눈이 새로운 삶의 형태로 뻗어나가려 하여도 메마른 박토를 피해 상대적으로 좋은 대지를 만나야 하는 것입니다. 대지는 일체의 생명의 자양지요, 삶이 바르게 형성되는 생의 고향입니다. 그러므로 대지는 자비스러운 보호력을 발휘하는 우주의 가슴입니다.

대지가 자비하다고 한 것은 우리 앞에 나타나는 산천초목, 일체유정물이 저마다 품고 있는 생명력을 바르게 살 수 있는 영양분을 주는 텃밭입니다.

사람이 사는 것도 마찬가지입니다. 산악지대에 사는 사람과 광활한 농경지에 사는 사람, 그리고 망망한 대해를 바라보고 사는 사람들의 성품은 큰 차이가 납니다. 산악박토에 사는 사람은 기갈이 억세고, 물 좋은 벌판에 사는 사람은 느슨한 마음자리가 있습니다. 그리고 바다를 향하여 가슴을 벌리고 사는 사람은 대개가 용감합니다.

자연이 주는 교훈은 큰 것입니다. 그러므로 그 자연이 모두 자비의 대상이요, 덕상으로 바라보는 눈을 가져야 합니다. 사람은 대지의 은혜를 입고 사는 생명체임과 동시에 우주의 자비를 섭수하며 사는 실존 덩어리입니다.

또 다르게 말하자면 자비는 희생을 노래합니다. 희생을 쉼없이 자아내는 물레가 되어도 지치거나 싫증을 초월한 것입니다. 그러므로 자비는 희생의 노래라고 하는 것입니다. 억지가 숨어 있고 타율이 전제하게 되면 그것은 자연스런 섬김과 보살핌이 아닌 것입니다.

그저 자비는 자연스럽고 저절로 되는 심성의 춤입니다. 자비에 가식의 화장이 칠해지고 형식의 무대가 마련된다면 그것은 파행적인 보호가 되는 것입니다. 우리들 주변에 수 많은 파행적인 보호가 줄을 잇고 있습니다. 그 줄에 걸리면 할 수 없이 그물 속의 생활을 하게 됩니다.

그러므로 그 생활이 부자유하고 얽매임이 많습니다. 그 생활이 연속되면 사람들은 의욕과 의지가 위축되고 앞으로 나아가는 힘이 쇠진하여 하나의 점으로 응결하게 됩니다.

사람은 하루를 살아도 자유를 누리고 편안을 노래하고 싶습니다. 그것이 마음대로 이룩되지 아니하면 괴로움의 불길 속으로 허우적거리며 걸어들어가는 것입니다.

우리는 스스로가 편안하게 살기를 원하는 만큼 남에게도 편안을 줄 수 있는 덕목을 갖추는 생활을 하여야 합니다. 그러므로 자비는 물이 되게 하여야 하고 구름이 되게 하여야 합니다. 물처럼 항상 높은 곳에서 아래로 흘러내리게 하고, 큰 그릇이나 둥근 그릇 아니면 모난 그릇에도 무념한 속성으로 가득히 담겨 주듯이 무위적(無爲的) 심행(心行)으로 존재하여야 합니다.

자비는 유연한 힘을 가지고 있습니다. 부드러움을 모두 갖고 있으므로 큰 힘이 되는 것입니다. 강한 것이어야 큰 힘을 발휘할 수 있다는 것은 치우친 생각입니다. 강한 것도 강한 세력을 나타낼 수 있습니다. 그러나 우리들은 부드럽고 자상한 것이 큰 힘을 갖고 있음을 알아야 합니다.

지나친 예가 될지 모르나 한여름 더위가 극심할 때 선풍기 바람을 강속으로 돌려 놓으면 처음은 매우 시원할 것입니다. 그러나 그 강속풍을 오래 받고 있으면 신체에 지장이 옵니다. 한더위라고 하여 갑자기 냉탕 속으로 들어가면 사람을 치사케 하는 경우도 있습니다. 사람은 항상 부드러운 바람과 미지근한 물로써 더운 몸을 식혀야 할 것입니다.

또한 자비는 하늘을 흘러가는 구름처럼 자유로워야 합니다. 자유롭지 못한 것은 고형화된 물체입니다. 자비는 자유자재롭게 마음먹은 대로 옮겨 놓을 수 있어야 합니다. 자비가 무거운 물체로 나타나고 있으면 이동하기가 힘들 것입니다. 자기가 옮겨 놓고 싶은 곳이면 어느 곳에라도 옮기고 싶은 때 언제든 마음대로 옮겨 놓을 수 있어야 합니다. 자비는 우주보다 더 큰 부피나 모양을 하고 있더라도 그 무게는 마음놓고 들어 옮길 수 있는 유연성이 선재하여야 합니다.

그러므로 자비가 수미산처럼 우뚝하든 갠지스 강처럼 긴 강물이든 상관할 것이 못 됩니다. 자비는 질량적인 형태가 아니라 심량으로 헤아릴 수 있는 실체인 것입니다. 우리는 자비를 고형화시킨 물체로서 형상화하려고 애쓰고 있습니다. 그러니까 자비가 우리 앞에 나타나지도 아니하고 남에게도 쉽게 옮겨가지 않습니다.

일찍이 부처님께서 수보리에게 칠보로써 수많은 탑을 세우면 그 공덕이 많으냐 어떠냐고 물었습니다. 칠보로 장엄한 탑을 세워 부처님께 바치면 그 공덕이 한량없을 것이고, 화려하고 찬란한 법계가 형성될 것입니다. 그러나 부처님은 그와 같은 물량적이고 형식적인 법계를 바라지도 않으시고 구하지도 않으셨습니다. 오직 부처님은 마음으로 만드는 자비를 성취하여 행동하도록 부촉하신 것입니다. 그러나 오늘날 사람들은 지나칠 정도로 물질적인 만족이 기쁨을 준다고 생각하고 있습니다.

물질의 풍요가 인간의 삶을 행복하게 하는 것은 사실입니다. 그러나 그 물질이 바로 행복이라고 하는 등식이 인간 상호간의 갈등과 투쟁을 야기합니다. 우리는 부처님의 말씀을 깊이 아로새겨 물질보다 마음을 기쁘게 하는 길을 찾아 나서야 합니다.

선재동자가 구도의 길을 가듯이. 53선지식을 찾아 헤매인 선재의 편력은 마음의 길을 찾아 나선 것입니다. 그 마음이 바로 자비와 어떻게 합일하고 하나로 되는가 하고 구도의 여정을 나선 것입니다.

우리들도 자비가 절대 행복을 성취하는 것이라고 확신하여야 합니다. 어느 스님은 자비무적이라고 하였습니다. 자비에는 적이 있을 수 없습니다. 무자비한 마음으로 지독하고 악착스러운 생각을 앞세우고 사는 사람에게는 억지와 부조리가 따르게 됩니다. 그러나 자비는 한걸음 앞서 다가가려고 발버둥치고 덤벙되는 것이 아니라 뒷서가는 한이 있더라도 정확하게 꼭 그 자리에 이르도록 노력하는 것입니다.

온갖 힘을 동원하고 일체의 죄를 모아서 저만이 잘 살려고 암야를 달려 가다가 수렁 속에 빠지는 것보다 조금 늦더라도 광명이 찾아온 이른 아침에 모든 것을 잘 준비하여 한 목표를 향하여 제 발걸음을 옮겨 놓는 것이 지혜스러운 사람의 노정인 것입니다.

그러므로 『법구경』에서도,

바른 도를 즐기는 사람은
이익을 위해 다투지 않나니
이익이 있거나 이익이 없거나
욕심이 없이 미혹하지 않는다.
항상 사랑으로 남을 이끌고
마음을 바루어 법다히 행동하며
정의를 지키고 지혜로운 사람
이것을 도에 사는 사람이라 부른다.

이른바 지혜로운 사람이란
반드시 말하는 것만이 아니다.
두려움도 없고 미움도 없으며
착함을 지키는 것이 지혜로운 사람이다.

라고 하였습니다. 그런데 우리들은 왜 이렇게 조급하고 난잡한 것입니까. 그것은 가다듬을 줄 아는 마음이 메말라버렸기 때문입니다. 우리들은 메말라버린 마음에 윤기가 흐르게 하여야 합니다.

대지에 윤기가 있어야 일체의 생명을 부드럽게, 풍성하게 자라나게 하듯이 우리들도 우주와 같은 마음을, 자비와 자유로움과 느긋함을 가득 채워 천천히 그리고 확실하게 행진하도록 하여야 합니다.

우리들이 갖고 있는 좁은 심량에 자비의 덕성을 넣으면 넣을수록 광대무변한 여래덕장(如來德藏)이 될 것이고, 우리의 큰 물량에 삼독의 불길을 마구 쑤셔 넣는다면 겨자씨 알보다 더 작은 죽음 의 고체로 변화될 것입니다.

우리는 지금 자비의 광장에다 부처님이 이룩한 무변광활한 공 덕의 탑을 세워 인류와 나 자신을 환희롭게 하여야 할 시간이 다 가온 것을 직시하여야 합니다.

- 아사달 83년 4월 -

원한 저쪽의 한마음

자비는 무한히 뻗어 가는 용서의 힘입니다. 이 세상에 그 숱한 원결이 맺어져 사람을 괴롭히는 일이 생긴다 하더라도 자비의 마음을 자기 마음 속에서 일으킴으로 원한은 사라지게 됩니다. 원한은 대립적이고 상대적인 응어리입니다. 한 쪽에서 먼저 응어리를 풀어 버려야 합니다. 우리들은 서로 함께 동시적으로 하자고 합니다. 동시적 사과의 요구가 응어리가 됩니다.

부처님께서 코샴비 성에 계실 때의 일입니다. 어느 날 부처님은 많은 제자들에게 '원수'란 무엇인가. '원수'는 누가 만든 것인가. 어떻게 하면 화해할 수 있는가에 대한 설법이 계셨습니다.

"옛날에 가사(伽奢) 나라의 왕 범시(梵施)와 코살라 나라의 왕 장생(長生)이 있었는데 이 두 왕은 선조 때부터 숙명적인 원수가 되어 항상 원한으로 가득 차 있었습니다.

가사 국의 범시 왕은 위력이 당당하고 용맹스러운 군대를 거느렸을 뿐만 아니라 국가의 재원도 풍부하였으나 코살라 국의 장생왕은 미약하기 그지없는 군대를 거느리고 있었으며 국가의 경제도 보잘것 없었습니다. 어느 해 범시왕은 4군을 이끌고 코살라 국에 와서 장생왕에게 곤욕을 주고 모든 국토와 군대와 창고에 쌓인 재물을 모조리 약탈해 갔습니다. 이러한 비참한 난리를 피하기 위해 장생왕은 첫째 부인과 함께 바라나시에서 어느 옹기장이 집에 숨어 살게 되었습니다.

얼마간의 세월이 흘렀습니다. 장생왕의 부인은 그 땅이 평화롭게 된 네거리에 태양이 처음 솟아 오를 때 4군들이 싸우다가 칼 씻은 물을 마시는 것이 보고 싶다는 생각이 불현듯 일어났습니다. 이와 같은 생각을 장생왕에게 전하였습니다.

그러나 장생왕은 "그대는 지금 어떻게 그러기를 바라시오. 범시왕은 우리 조상 때부터 원수로서 내 나라와 군대와 재물을 약탈해 가지 않았소"라고 말하며 그건 어려운 요구라고 했습니다. 그러자 부인은 "나는 그 소원을 이루지 못하면 죽고 말 것"이라고 강경하게 나왔습니다. 왕은 할 수 없이 각별히 친분이 있는 범시왕의 대신 부로헤치에게 부탁을 하였더니 부인의 소원을 들어주게 하겠다고 약속하였습니다. 범시왕은 부로헤치의 수완에 넘어가서, 군대의 칼들을 씻게 하였습니다. 부인은 칼 씻은 물을 마시고 태기가 있어 왕자, 장(長)을 얻게 되었습니다.

그때 범시왕은 코살라 국의 왕인 장생이 부인과 함께 도망하여 바라나시의 옹기장이 집에 살고 있음을 염탐하게 되어 곧 장생왕과 부인을 결박하여 오라는 명령을 내렸습니다.

이 말을 전해 들은 장생왕은 그 아들 장에게 "너는 알아야 한다. 가사 나라의 범시왕은 나의 선조 때부터 원수였다. 그는 내 나라를 침범하여 약탈하였다. 이제 다시 우리들을 죽이려고 사람을 보낸다고 하니 너는 속히 도망하여 범시왕에게 잡히지 않도록 하여라"고 하였습니다. 범시왕의 군인들은 장생왕과 부인을 결박하여 갔습니다. 그때 장생왕은 미복한 아들을 보고 "원수는 가볍고 무거운 것 없이 모두 갚지 말아야 한다. 원수로써 원수를 갚으면 원수는 없어지지 않는다. 오직 원망치 않음으로써 원수를 없애야 할 뿐이다."라는 말을 두세 번 되뇌었습니다. 장생왕과 부인은 범시왕의 무자비한 창칼에 찢기어 죽음을 당하였습니다.

장생왕의 아들 장은 바라나시에 돌아와 글도 익히고, 기술도 습득하였으며 또한 점술·예언·수학을 열심히 공부하였습니다. 장은 그 뒤 범시왕이 잘 드나드는 기녀 집 근처에 있는 코끼리 길들이는 집에서 일하게 되었습니다.

밤이면 장은 거문고를 뜯고 노래를 불렀습니다. 그 소리는 맑고 아름다워 범시왕도 감동을 받게 되었습니다. 범시왕은 "누가 이 밤중에 거문고를 치고 노래를 부르길래 그 소리가 이토록 곱고 아름다우냐?" 하니 군신이 아뢰기를 "대왕의 기녀들이 사는 곳에서 멀지 않은 곳에 코끼리를 길들이는 사람이 사는데 그에게 장이라는 제자가 있습니다"고 대답하였습니다. 왕은 곧 "불러 오너라 내가 보고자 한다"고 소년을 불렀습니다. 왕은 소년의 노래 소리와 거문고 음률에 감복하여 왕궁에서 살게 하였습니다.

그 뒤 범시왕은 4군을 장엄하고 사냥을 하러 갔습니다. 왕과 군사들은 사냥에 열중하여 큰 수확을 얻었습니다. 유쾌하였으나 뜨거운 태양 밑에서 사냥을 하였는지라 금세 피곤해졌습니다. 왕은 서늘한 그늘에서 쉬고 싶었습니다. 장은 왕의 수레를 모시고 조용한 곳으로 가서 쉬게 하니 왕은 장의 무릎을 베고 누워서 잠이 들게 되었습니다.

그때 장의 머리에 한 생각이 떠올랐습니다. "이 왕은 선조 때부터 원수이다. 내 국토를 파괴하고 내 아버지와 어머니 우리 조상의 4군과 코살라 국을 전멸시켰다."하고 숙원의 원수를 갚을 수 있는 최적의 기회가 닥쳐와서 칼을 뽑아 왕의 머리를 베려고 하였습니다.

이때 장의 가슴에 메이는 소리가 들려왔습니다. "원수는 가볍거나 무겁거나 모두 갚을 것이 아니니 원수로써 원수를 갚는다면 그칠 때가 없다. 오직 원망치 않음으로써 원수를 없애야 한다.”는 아버지 장생왕의 말씀이 들려왔습니다.

재빠르게 들었던 칼을 깊숙히 감추었는데도 불구하고 범시왕이 깜짝 놀라 잠에서 깨어났습니다. “왜 그렇게 놀라십니까?” 장이 여쭈었더니 “코살라 국 장생왕의 아들 장이라는 아이가 칼을 뽑아 들고 나를 죽이려 하였기 때문이다.”고 왕이 말하였습니다.

장은 “여기는 대왕과 저뿐이온데 어찌 장생왕의 아들이 대왕을 해치겠습니까? 대왕께서는 편안히 주무십시오.”라고 왕을 안심시켰습니다.

그러나 왕은 두 번째 잠이 들어서도 그리고 세 번째 잠이 들어서도 전과 똑같은 악몽을 꾸었고 식은 땀으로 몸을 적시게 되었습니다. 장은 몇 차례나 범시왕을 죽이려고 시도하였으나 그 때마다 부왕인 장생왕의 유언이 들려와 복수를 포기하고 범시왕에게 고백하였습니다.

“나는 장생왕의 아들 장입니다. 당신은 나의 할아버지와 아버지의 원수로서 우리 나라를 파괴하였고, 내 아버지의 군대와 창고의 보물을 약탈하고 코살라의 오아족을 전멸시켰으며, 끝내 내 부모를 죽였습니다. 원수를 눈 앞에 두었기 때문에 당신을 죽이려고 하였으나 부왕의 “원수를 원망으로써 갚지 말라”는 유언이 생각나 복수를 하지 못했습니다. 대왕께서는 저를 벌해 주십시오. 언제 제 마음이 변하여 복수를 할지 모릅니다. 만일 복수를 하게 되면 부왕의 유언을 거역하는 불효를 저지르는 것입니다.”

이에 범시왕은 장생왕의 자비로운 마음에 감동하며 크게 뉘우쳤습니다. 범시왕과 장은 부자간의 정리(情理)를 보이면서 환궁하였습니다. 그 뒤 범시왕은 모든 신하를 모아놓고 “만약 장생왕의 아들을 만나게 되면 어떻게 처리하면 좋겠소?” 하자 모든 신하들은 칼로, 불로, 돌로, 갈구리로, 수레로 갖은 흉기를 다 내어다가 죽여야 한다고 하였습니다.

왕은 “여기 있는 이 사람이 바로 장생왕의 아들 장이오. 지금부터는 아무도 극악한 소리를 하지 마시오. 나는 장을 살려주겠소. 그도 나를 살려 주었소”라고 하였습니다.

이것은 사분율(四分律)에 나오는 코삼비 지방에서 있었던 부처님의 설법입니다. 원수를 갚는다. 원수를 맺는다고 하는 갖은 일들이 일어나고 있는 오늘날 원수를 멀리 두거나 가깝게 두거나, 또한 원수가 가볍거나 무겁거나를 막론하고 원수를 용서한다는 것은 쉬운 일이 아닙니다. 그러나 우리가 마음 속에 있는 것을 사랑하고 동정하는 생각을 가져야 하고 또한 가엾게 여기고 애민하는 마음이 자기 속에 내재하는 자비심을 깊이 신망하고 실천하지 아니하면 빛을 구하는 길은 암담할 뿐입니다.

그러므로 자비는 일체를 용서하는 빛입니다. 상대방이 용서함이 없다고 하더라도 이쪽에서 먼저 용서하고 이해하여야 합니다. 원한이 맺히는 것은 자기 속에 있는 미움이 엉키는 것입니다.

우리는 아침 이슬처럼 빛나도록 마음을 가져야 하고, 불타고 있는 홍로에 눈발이 떨어지게 하는 것과 같은 마음을 지녀야 합니다. 녹이지 않고 삭이지 않고 산다는 것은 괴로움을 증대할 뿐입니다. 이 세상을 너그럽게 보고 살려는 사람은 자기 마음 속에 광할한 자비의 공간을 넓히고 있어야 합니다. 좁아진 공간을 넓히는 것보다 본래부터 한 점 티 없는 보살핌의 마음으로 자비를 키워 나가야 할 것입니다.

단상(斷想)의 가을소식

가을 하늘은 파랗다. 가을 호수의 물결은 맑고 조용하다. 가을 산의 나무들은 홍엽으로 바뀌고 있다. 하늘, 호수, 산 이 모두가 가을 기운을 닮아 가고 있다. 옛 사람들도 하늘은 높고 말은 살찌게 된다고 하였다. 하늘은 높아야 하고 맑아야 한다. 그 하늘의 기운을 닮아 호수는 명경처럼 맑은 물결이 잠자고 있다. 여기에 단풍으로 물든 산자락이 그림자 드리우게 되면 조용한 기운이 천지 사방을 감돈다.

마음이 가을 하늘처럼 파랗게 되어야 한다. 마음은 가을 호수처럼 잔잔하게 가라 앉아야 한다. 가을산의 단풍처럼 우리 마음도 붉고 말갛게 물들어 가야 한다.

가을이 오면 마음이 스산하다고 하는 사람도 있고, 가을에는 어딘가 모르게 떠나고 싶다는 방랑벽이 도지는 사람도 있다. 그러나 가을은 참으로 좋은 계절이다. 공부하면 할수록 마음 속에 쌓이는 지식이 풍요롭게 되는 계절이다.

여름의 한더위에는 열대야 현상으로 밤을 지새기가 어려워 책을 본다든가 기도와 간경을 하기가 여간 어려운 것이 아니다. 하늘 틈새로 불어 오는 바람, 빌딩 숲 속에 드리운 차가운 바람, 고수부지의 강바람을 쐬려고 한밤 무덥게 헤매이는 사람들이 많기도 하였다. 하지만 지금은 가을이다. 소슬한 바람이 불어오고, 귀뚜라미 소리가 담 밑에서 합창할 때 염불이나 간경을 하고 있을라치면 어떤 박자에 맞추어 공부하는 기분이 든다. 가을에 독서백권을 하면 내년 봄에는 문객(文客)이 될 것이다. 그러나 가을철에 일독의 기회를 놓치면 새봄에는 슬기의 씨눈을 찾아 볼 수 없을 것이다.

하늘이 맑고, 호수가 푸르고 산이 불타고 있는 이런 자연적 현상은 사람들에게도 무언의 의미를 암시한다. 그러나 무지하고 몽매한 사람들은 가을은 여행에 놀이에 알맞는 계절이라 치부하여 허송세월하는 경우가 많다. 아니 소슬한 바람이 불고, 맑은 하늘 단풍 드는 산세를 유람하고 완상하는 것도 중요한 일이다. 그러나 그 유람, 완상하는 데 힘을 쏟아 붓는다는 것은 조금은 손해가 아닌가.

사람은 언제나 선택을 잘 하여야 한다. 선택할 수 있는 기회가 주어졌을 때 무엇을 택하여 매진하여야 하는가. 이것은 자기 자신의 슬기에 달려 있다. 선택의 부주의는 일생을 망칠 수 있다. 누구를 막론하고 선택의 기회가 주어진다.

그러나 곁눈으로 지나칠 수도 있다. 참눈을 뜨고 있어야 한다. 눈은 마음의 창이므로, 이 창문을 항상 맑게 닦아야 하고 투명질로 만들어 놓고 있어야 한다. 마음의 창이 어둡고 때가 묻어 있으면 선택의 기회를 잘 못 보게 된다. 사람들은 일생 동안 살아가면서 몇 수십 번의 가을을 맞이하게 된다.

청장년기 시절에는 특히 어떻게 가을을 맞이하는가를 잘 생각하여야 한다. 마음을 맑게 비우는 마음으로 정신적 자양분을 흡수시켰으면 봄맞이가 알뜰한 것이다. 가을걷이도 중요한 수확이다. 그러나 가을갈이가 얼마나 귀중한 농사인가를 이해해야 할 것이다. 사람도 매양 마찬가지다. 여름의 더위에 부대끼어 이리저리 피서하다가 또 가을이 왔으니 또 시원하게 쉬어 보고, 놀아 보고, 돌아다니다 보면 끝내 자기의 소중한 시간을 가질 수 없다.

공부하는 불자들이여, 이 가을 한 번 열심히 기도시간을 정하여 공부하여 보자. 염불하는 것도, 간경하는 것도, 좌선하는 것도, 모두 모두 좋을 것이다.

가을날 따갑고 소슬한 바람에, 벼이삭에 익어 가는 소리를 들으면서 염불하면 사각사각 영글 것이고, 밤송이 터지는 소리를 들으면서 화두를 잡아 보면 의단이 확 터질 것이고, 주력을 열심히 염송하면 석류알처럼 투명하게 익어갈 것이다.

공부는 남의 것이 아니다. 공부는 자기가 하여 자기만이 성취할 수 있는 것이다. 목동이 남의 소를 아무리 헤아려 보아도 자기의 소는 아니다. 제 마음의 목소리가 청아하게 울리게 하여야 한다.

가을하늘, 호수, 산이 높고 수억만 년 전부터 익힌 훈습이 있을 것이다. 자연도 공부하는 것이다. 자연은 그저 되는 것이라 생각하는 것은 사람들의 입장이다. 자연도 스스로의 초자연성을 내놓기 위하여 공부하고 수도할 것이다.

우리도 자연의 청정성, 정의성, 자비성, 화합성을 본래 소식대로 드러내는 공부를 부단히 하여야 할 것이다.

내외명철한 깨달음의 삶

사람들은 방향감각이 있어야 한다. 방향을 잡지 아니하면 앞으로 나갈 수 없다. 그러면 한국사람은 어느 방향을 선호할까. 방향은 사방이 있고 또 오방을 말하기도 한다. 동서남북 사방이 있음은 모두가 아는 사실이고, 중앙까지 합하면 오방이 있음도 알고 있다. 이 사방 가운데 한국인은 유독히 동방을 좋아한다. 동대문에 남향집. 이것은 누구나 갖고 싶어하는 집의 방향이다.

그러나 동대문을 열고 남향 양지를 바라는 것은 바람이지 잘 이루어지지 않는다. 부자가 아니면 그러한 집을 지을 수 없다. 지형의 위치에다 집을 짓다 보면 남대문·서대문·북대문이 되고 북향이나 서향의 집을 지을 수 밖에 없는 비감을 맛보게 된다.

옛사람은 논밭을 갈 때도 동쪽부터 갈아 엎는 경우가 많다. 이것은 동쪽에서 생명의 서기가 살아오는 것이라고 신앙하였기 때문이다. 동녘은, 해가 솟아 오는 곳은 생명도 함께 오는 곳이라고 생각한 것이다. 여자들이 동류수(東流水)로 머리를 감는 행위도 새로운 힘을 얻으려는 염원이 서려 있는 것이다. 무서운 병마가 휩쓸고 있을라치면 동도지(東桃枝)로 쓸어내면 치병이 된다고 믿었다. 동도지는 복숭아 나무의 동쪽가지를 의미하는데 같은 복숭아 나무라 하더라도 동쪽가지만이 강한 생명력을 갖고 있다고 생각하였기 때문이다. 이처럼 우리 나라 사람들은 동쪽을 선택하고 동쪽이 생명선이라고 믿어왔다.

사람이 죽으면 서산에 묻었다. 그러나 머리는 동쪽을 향하여 무덤을 만들었다. 동향한 머리는 다시 살아날 것을 희원하였기에 동향신앙이라 할 수 있는 것이 장례문화에도 깊숙이 뿌리박힌 것이다. 그러면 동쪽이란 무엇을 의미하는 것인가. 여기에 대하여 한 번 깊이 생각할 필요가 있다. 우리 나라의 나라 이름을 살펴보면 알 수 있을는지도 모른다. 단군이 개국한 이래 우리 나라의 이름은 조선이라 하였고 또한 '한'이라는 이름이 계속되고 있다.

육당은 조선이라는 이름은 날이 샐 때에 햇볕이 맨 먼저 쬐는 동방이라는 의미에서 나왔다고 했다. 사실 조선이라는 말이 그러한 것일까. 새벽은 어둑하다. 그러나 새벽이 아침으로 다가올 때 '훤'하다고 하고 또한 새벽이 가고 아침해가 솟아올라 사방이 밝아지면 '환'하다고 한다.

훤과 환은 큰 의미가 있을 것이다. 훤이라고 할 때는 아직 덜 밝은 상태이고 환하다고 할 때는 완전하게 밝아진 광도를 의미한다. 우리 민족은 옛부터 완전히 밝아진 빛의 세계를 동경하였고 그 빛을 찾아 나선 백성이다. 빛과 밝음을 신앙한 민족이 우리 겨레이다. 빛이 있는 곳, 밝음이 완연한 곳, 이곳에서 살려고 하였다. 이러한 곳이 환한 곳이다.

이 환을 한문으로 음사하였을 때 항(桓), 한(韓), 간, 옹이 되었을 것이고 또한 중국식 표현으로 조선이라 되었다고 본다. 사실 조선이란 말은 밝은 곳이다. 이 밝은 곳은 항국(桓國)이고 한국(韓國)일 것이다. 그러나 표의문자로 환치되었을 때는 조선(朝鮮)이 된 것이다. 그러면 '훤'에서 '환'으로 희구한 민족의 내면세계는 어떠하였을까.

우리 조상은 어둠을 싫어하였다. 그러므로 어두운 곳에는 귀신이 있다고 하여 귀신을 쫓기 위한 제례의식으로 불을 밝혔다. 어둠과 같이 있으면 두려움과 공포가 있으므로 이 공포를 멸살시키려고 불을 밝힌 것이다. 밝은 공간에 가득찬 행복을 향수하려고 등잔의 심지를 높이 세우고 맑은 정화수를 올려놓고 밝음이 오래오래 가도록 염원하고 기도하였다. 이것은 지금도 볼 수 있는 소박한 민족신앙이다.

끈질기게 빛을 추구하는 민족, 빛과 함께 생활하려는 마음이 우리겨레의 순박한 마음일 것이다. 어둠은 어리석음이고 밝음은 깨침이라고 생각하게 된 것도 자연적인 이치일 것이다. 깨침이란 어둠이 사라지고 없어진 상태를 의미한다.

그러므로 환하게 살자고 할 때 한 점의 뉘우침이나 부끄러움 없이 살자고 하는 것과 같은 의미이다. 깨침은 정신세계의 광명성을 말하고 환함은 자연세계의 광명을 의미한 것이다.

그런데 우리 나라 사람은 자연의 광명과 정신의 광명을 나누어 보지 아니하고 하나로 본 것이다. 밖이 밝으면 안도 밝아야 함을 선망하였다. 밖의 밝음이 환하면 안의 밝음은 깨침으로 되어야 한다고 믿었다. 이 말은 바로 '환히 깨쳤다' '환하게 깨달았다'고 하는 것이다. 깨칠려고 하는 사람의 정신세계는 체계 세워 바르게 살려는 질서가 있다. 바르게 사는 질서는 밖으로도 환하게 되어야 한다.

암흑이 횡행하고 흑막이 내려진 곳은 질서의 방향을 잡지 못한다. 안으로 빛이 환하게 밝아 오고 밖으로 빛이 깨달아 나갈 때 하나의 세계가 열리는 것이다. 그러므로 깨달음은 삶의 이치를 오롯하게 하는 앎의 힘이다.

삶이 밖으로 환하게 되면 앎은 안으로 깨쳐진 빛이다. 삶이 풍요롭게 되려면 자연의 법칙을 터득하여야 하며, 앎이 풍부하게 되려면 마음의 빛을 깨쳐야 한다. 이러한 자연과 마음을 하나의 길로 바르게 보려는 공부가 깨달음인 것이다.

우리는 깨달음이라는 용어가 상당히 어려운 의미를 내포하고 있다고 생각하지만 항상 깨달음은 자연과 마음 속에서 숨쉬고 있음을 자각하여야 한다. 언제나 모든 것에서 깨어 있어야 하고 그것에 다달아 간다는 염원을 잃지 않으면 깨어 다가서는 시간이 좁혀지고 바로 그 자리가 깨달음의 경지가 될 것이다. 빛은 언제나 환하고 환한 빛은 우리 민족을 깨어 있게 할 것이다. 깨어 있는 민족은 역사의 빛을 끄지 않고 깨어 있음으로 환하게 불 밝히게 될 것이다.

이러한 이치를 옛날 조상들은 마음과 자연을 하나로 본 것이다. 경계를 긋고 사는 것이 아니라 경계를 넘어서 사는 방법이 보람이었다. 날로 우리 사회가 경계를 짓고 편을 짜고 살려고 한다. 이것은 한국인의 빛을 섬기는 마음에 먹칠하는 것이다. 마음에다 먹칠을 한다 하여도 참다운 밝은 마음 맑은 마음은 먹 자체도 물들지 않는 빛임을 헤아려 깨칠 때 우리는 한국인의 참 정신을 찾게 될 것이다.

다시금 태어난다

거듭나야 한다는 말이 있다. 다시 태어난다는 말이다. 사람이 제 목숨을 다 살고 나면 이승이 지겹게 느껴질 것인데 거듭나고 싶은 것은 무엇 때문일까. 이 세상이 재미가 있어서 거듭나고 싶을 것이다. 진저리나는 세상이라면 무엇 때문에 다시 태어나고 싶을 것인가. 이 세상에서 온갖 수모와 고생, 그리고 제일 한(恨) 많은 거렁뱅이 생활을 하였기에 이 풍진 세상을 고스란히 날려 보내고, 거듭나면 한 번 용트림을 하며 살고 싶어서 그런 것인지, 도대체 알 수가 없다.

그러나 먼 옛날부터 우리의 조상들은 거듭남의 생각을 깊이 하였고, 또한 거듭나는 일이 있으므로 이 세상을 잘 살아야 할 덕목을 가르치고 있는 것이다. 사특(邪慝)한 생명으로 거듭난다면 그 무슨 뜻이 있을까. 천진무구하게 태어나야 하고, 천진난만하게 생활하는 마음이 항상 앞서 있어야 한다.

자연스러움, 그것은 때묻음이 없는 실상이며, 모든 것을 기쁘게 하는 능력을 갖고 있는 것이다. 어디에 막히거나 고인 게 있으면 본래 갖추고 있는 본성을 바르게 살릴 수 없다. 막히면 어둠이 깃들어 답답함이 우리를 질식시킨다. 괴면 썩어들어 모든 생명을 죽여 버린다. 그러므로 천진은 본래의 성품이다. 여래장의 생명을 항상하게 하고, 발현하게 하는 것이다.

거듭난다는 것은 이처럼 여래장의 성품을 발현하는 능력을 의미한다. 이 몸이 죽고 난 다음 또 다시 생명을 받아 새로이 태어남을 의미하기도 하지만 지금 있는 이 몸 안에서 여래성을 구현하는 것이라고 생각한다. 만약 이 말의 진의가 계합하고 당처에 이르렀다고 하면 우리는 하루하루 거듭나는 의식을 조용히 해야 한다.

근자에 들리는 말에 의하면, 우리 나라 국민 모두가 '자기 혁신'을 하여야 한다는 큰 소리가 곳곳에서 울려 퍼지고 있다. '자기 혁신'이란 무슨 뜻인가. 자기를 새로이 가다듬어 바른 생활을 하여야 한다는 윤리장전인 것이다.

우리는 한동안 사회정의를 실현하는 나라를 만들기 위하여 온갖 일들을 많이 하였다. 사회정의가 완성된 나라는 자기 혁신이라는 새로운 의식행동을 실현할 필요가 없다. 사회가 정의롭게 되었거나, 정의로운 사회가 이루어졌다면 과감한 자기 혁신이나 개혁이 앞서 실천되었기 때문이다.

그런데 새로운 개혁의지가 나온 것은 무엇을 의미하는가. 제일차적인 자기 혁신이 충분조건을 만족시킬 만한 수준까지 미치지 못한 것이 아닌가.

사실 우리들은 표어의 홍수 속에 살아 가고 있다. '새마을'에서부터 '사회정의'에까지 어마어마한 표어가 있기에 그 표어를 읽고 감동하고 전율하고 또 하나 그것을 실천하여야 한다는 철저한 양심이 우리에게 덜 작동한 것이 아닌가 생각한다.

인간의 마음은 변덕스럽고 간사하다. 한번 향상된 물량에 맛을 들이면 도저히 본래의 것으로 내려오지 아니한다. 우리는 지금 맛에 물들었거나, 멋에 홍겨워 살려는 고집의 가장자리에까지 치달아 왔다. 이제는 보릿고개를 생각하는 사람도 없다. 풀뿌리, 나무껍질을 먹고서 부황이 들어 한동안 살았던 때도 있었다. 사람의 생명은 모질고 질긴 것이어서 그 생명을 유지시키기 위하여 땅 위에 나는 것이든지, 땅 밑으로 뻗어가는 것이든지 무엇이나 먹고 생을 유지하려 하였다.

그러나 지금은 어떠한가. 그토록 궁상맞고 쪼들리는 배고픔은 가셔졌다. 간혹 굶주림에 허덕이는 이들이 있지만, 당시와 같은 평균치의 빈곤은 사라졌다. 문제점이란 근원을 인식하면서 변혁되고 변화되어야 하는데 그 근원을 멸각시켜버렸으니 커다란 병폐를 만든 것이다.

이는 마음을 청정하게 하는 의지의 연이 비롯되어야 한다. 나를 생각하는 마음보다 남을 생각하는 마음이 앞서야 한다. 남을 생각하는 것은 쉬운 일이 아니다. 남이란 자기 존재 이후에 있는 사람들이기 때문에 사람들은 제 몫이 채워지지 아니하면 남이야 어떻게 되든 자신을 우선적으로 생각하게 되는 것이다.

결국 자기 우선의 사고가 이 사회를 혼란의 도가니로 만든다. 어느 나라든 그 나라가 복지국가가 되거나, 풍요한 나라가 되는 데에는 무엇인가 정신적 기반이 있기 때문이다. 그 기반이 거창하지 않더라도, 일상생활 속에서 인사하는 자세 하나만 보아도 '감사합니다, 죄송합니다'의 두 가지의 마음 자세가 시민들 가슴에 깊이 깔려 있음을 느낄 수 있다.

어떠한 사람에게도 모두가 감사를 베풀고 있다. 또한 죄송하다는 표현을 통해 자기가 남에게 어떤 피해를 끼치고 있지 않나 하는 자기 단속을 게을리하지 않는 속에서 우러나온 것이라 생각된다. 그러므로 상대에 대한 감사와 자기 반성의 죄송함이 생활화될 때 그 사회는 발전할 수 있는 것이다.

여기에 비추어 우리를 새롭게 살펴보자. 우리는 감사함을 생각하고 살고 있지는 않다. 내가 벌어서 내가 먹고 쓰고 노는데 어느 누가 상관하느냐는 의식이 잠재되어 있다. 이처럼 상관관계가 단절된 사회에서는 감사의 미덕이 수놓아 질 수 없다. 언제나 가시 돋힌 목소리와 눈 흘김의 질시가 가득차 있는 것이다. 이런 사회를 살아간다는 것은 얼마나 어려운 것인지 모른다.

또한 "내가 무엇을 잘못하였기에 너희에게 죄송합니다란 말을 할 것인가. 나는 내 멋에 살고 있기에 누구에게도 미안함은 없다. 그러므로 나는 유일자이다." 이 얼마나 기가 막힌 횡포인가.

우리는 자기 변혁을 철저하게 실천하여야 하며 한편 종교적 참회의식으로 발전시키지 아니하면 안 된다. 돌이켜 볼 때, 우리들은 무한한 감사의 상관관계에서 살고 있다. 그러나 감사의 불모지에서 생활하는 야수가 되고 있지는 않은가.

우리 모두 감사와 죄송의 울타리 속에서 살아가자. 이 길이 바로 자기 혁신이 되는 지름길이 될 것이다.

내 마음이 바로 우리 모두의 마음이 되어 거듭나는 삶으로 오늘을 잘 살아야 하겠다.

- 대원 85년 10월 -

민주의식과 불교

삶이 한가로워야 합니다. 걸림이 많고 거추장스러운 것이 생기면 삶이 어지러워집니다. 삶은 맑아야 합니다. 흐르는 물같이 청정하여야 합니다. 한 곳에 오래 정지된 물은 이끼가 끼이고 물때가 묻어나게 됩니다. 우리의 삶도 맑고 시원하여야 생기가 솟구치게 됩니다.

하루하루 사는 삶이지만 그 시간에 얽매이거나 부대낌이 있으면 그만큼 신선하지 않습니다. 삶이 한가롭고 맑아지려면 자기가 하는 모든 일이 자유롭고 자재로워야 합니다. 그러므로 부처님은 인간의 삶을 진리에 비유하기도 하고 광명에 비유하기도 합니다.

모든 것이 자유와 자재를 누리려면 그 하나하나가 인연따라 일어나고 인연따라 사라지는 존재임과 동시에 그 하나하나에 자성이 내재하고 있음을 간과하여서는 안 됩니다.

자성은 종합인 전체에 섭입될 수 있음과 동시에 그 자성은 단독으로 살 수 있는 본능을 가지고 있습니다. 이 본능을 파괴하거나 억압하면 인연의 화합이 깨뜨려집니다.

이처럼 인연의 원리가 살아 있는 생명이나 일체 유정물에도 모두 함장되어 있었습니다. 인연은 유기적 상관관계를 맺고 활동하므로 화합이 이루어집니다. 우리가 살고 있는 사회도 모두가 살아 있는 생명체와 같이 유기적으로 조직되어 있음을 확신하여야 합니다. 사회의 구조가 연기의 실제임과 동시에 연기하는 바탕입니다. 그것은 힘쓰는 쪽과 힘받는 쪽이 무한히 평등하게 이룩된다는 것임을 이해하여야 합니다.

연기는 알맹이끼리 모이는 것입니다. 거추장스러운 껍질을 벗어던지고, 허식이나 가식의 옷들을 훌훌 벗어버리고 하나같이 순후무구한 알맹이가 모이는 것입니다. 그것은 여래의 알들이 모이는 무진연기의 대사회입니다. 모양 지울 수 없고 색깔 칠할 수 없고 작은 부피도 아닌 맑은 마음이 일하는 사회가 여래의 도량입니다.

이러한 여래의 알맹이가 순수무구히 활동하는 세계가 바로 중생의 사회가 되어야 합니다. 이와 같은 사상이 불교적이라고 한다면 불교는 민주적인 생각을 갖고 있는 철학이며 종교라고 하겠습니다. 나는 다스림을 받는 사람이라고 움츠릴 아무런 이유가 없는 것입니다.

여래의 알맹이가 연기의 생멸법으로 나는 것이라면 중생도 연기의 원리에서 나는 것이고 중생이 사는 세계도 마찬가지로 연기의 실상인 것입니다. 그러므로 다스림, 피치자, 사회제도 등 모든 것이 연기의 실상으로 나타나고 연기법으로 증득되어야 합니다.

이 법을 환히 알고 나면 바로 관계 맺으면서 풀고 관계 속에서 사는 슬기를 배우게 됩니다. 이러한 사상을 연유하여 부처님께서 우리나라가 멸망하지 않는 일곱 가지 이상을 내어 놓으셨습니다. 그것은 민주주의로 가는 길은 이것 밖에 없다고 한 것입니다.

어느날 밧지 족을 침략하려고 마갈타 국왕이 대신 우사로 하여금 부처님께 지혜를 빌려 오라고 보냈습니다. 그때의 말씀이 바로 일곱가지 멸망하지 않는 방법이었습니다.

마갈타 사람들이 밧지 국을 침공하려 하는데 지금 밧지 나라 사람들은 자주 모임을 갖고 상호간에 기탄없는 의사를 나누고 있는가가 부처님의 첫번째 질문이었습니다.

우사가 대답하기를 "부처님, 밧지 국 사람들은 항상 상하가 모여서 국론을 통일하고 서로의 의견을 구김없이 말하고 자기 생각을 숨김없이 표현하고 있습니다."라고 하였습니다.

"그렇다면 밧지 국은 공격할 수가 없습니다. 나라의 모든 사람, 즉 다스리는 사람과 다스림을 받는 모든 사람이 자기의 생각을 표현하고, 나라는 그 의견을 한 곳에 모아 나라의 번영과 민족의 발전을 위한 방책을 꾀하고 있으니 그 나라는 난공불락입니다."라고 부처님께서 우사에게 말씀하셨습니다.

우리는 여기서 부처님의 대화정치의 일면을 찾아 볼 수 있습니다. 사람들은 깊이 생각한 일이든 잘못 생각한 것이든 그 모든 것을 속 시원하게 표현할 수 있는 자유가 있어야 합니다. 나라가 모든 국민에게 나라의 대소사 일을 다 환히 알려주는 사회가 되어야 함을 강조한 것입니다. 말로써 해결되는 경우가 많습니다. 하고 싶은 말을 하지 못할 때는 "임금님의 귀는 당나귀 귀"라고 혼자 대숲밭에서 외치다가 미쳐 죽는 복두쟁이가 되어버립니다.

불교의 민주의식은 상하가 하나되는 길입니다. 대화를 나누는 것입니다. 대화가 자유롭게 이루어지도록 하여야 하며 대화의 연기법이 민주 생활의 첫걸음이 되게 하여야 합니다.

부처님이 마갈타 국 대신에게 물은 두번째의 질문은 밧지 국은 임금과 신하가 서로 화순하고 상하가 서로 존경하는가고… 이에 답하기를 밧지 국은 임금과 신하가 서로 존경하고 화순하기가 이를 데 없다고 하였습니다.

민주주의는 대의정치를 하는 기구입니다. 임금이 이래라 저래라 하는 식의 명령이 선재하는 것이 아닙니다. 명령은 복종이 뒤따라야 합니다. 이것은 전제적인 국가 아니면 공산주의에서나 전횡하는 방법입니다.

민주제도는 자기의 의무와 권리가 연기하는 것입니다. 의무가 생기어 그 의무를 다하면 그에 따라 권리가 뒤따라 오는 것입니다. 권리만을 누리고 권리만 휘두르며 살려고 하는 생각은 무지한 사람의 폭력인 것입니다. 권리를 수용하려면 의무를 수행하는 책임이 앞서야 합니다. 의무와 권리는 화합상입니다. 불교의 연기법으로 해석하면 자기의 의무가 하나 생기면 그 의무를 행한 만큼 권리의 과보가 열매맺게 되는 것입니다. 그러므로 의무가 인(因)이라 할 것 같으면 권리는 과(果)인 것입니다. 인 없는 과란 상상할 수 없습니다. 인은 인이 가지고 있는 능력만큼 과가 맺히듯이 상관관계를 지니고 있는 것입니다. 그런 점에서 의무가 인으로 본다면 권리는 과인 것입니다.

우리가 이 세상, 이 사회에 안주하려고 한다면 의무에 대한 역사적, 사회적, 윤리적, 정치적 문화배경 등에 깊은 사려를 쏟아 넣어야만이 역사가 주는 권리, 사회가 베푸는 시여, 윤리가 성취되는 화평, 정치가 주는 일체의 사회 통합적 이익을 향유할 수 있습니다.

뿐만 아니라 일곱 가지 멸망하지 않는 법에는 법을 지키는 마음, 효도의 문제, 종묘사직을 받드는 문제, 여성의 윤리성, 그리고 종교의 보호 등이 포함되어 있는 것입니다.

이러한 모든 것이 밧지 국에서는 잘 시행되고 있다고 대답하였으므로 부처님은 아무리 강성한 마갈타 국이라 할지라도 밧지 국을 멸망시킬 수 없다고 하였습니다.

우리는 위의 글에서 느낌이 많습니다. 6·25를 겪은 지 33년이

271

란 긴 세월이 지났습니다. 아직도 민족은 남북으로 분단되어 총칼을 서로 겨누고 있습니다. 항상 적화통일을 꿈꾸는 무리들은 호시탐탐 도깨비의 불빛을 흩날리고 있습니다.

대화도 통제하고 의논도 없이 밤낮 가림없이 무슨 주의, 무슨 교조를 쉴새없이 학습시키고 있습니다. 이것은 붉은 사상의 전제주의를 뿌리박는 작업인 것입니다.

우리는 대화의 나라가 되어야 합니다. 상하가 서로 존경하고, 사회가 안정된 나라로 만들어야 합니다. 지금 우리의 대화가 간단없이 연속되고 서로간에 봉사하고 질서를 잡고 있지만 우리는 더 깊은 대화를 진행시켜야 합니다. 의도적으로 대화하는 형식은 탈피하여야 합니다. 여래의 알맹이가 되어 서로서로를 의식하지 않고 자연스런 연기실상으로 대화를 하여야 합니다.

사람들이 자기를 숨기고 자기를 속이고 대화하는 것은 민주적인 사고나 훈련이 부족하기 때문입니다. 비유하여 북쪽이 마갈타국이라고 한다면 우리는 밧지 국일 것입니다.

삶이 한가롭게 뻗어나가야 합니다. 억눌림이 오래 간다고 하지만 한가한 것이 더 큰 힘을 가지게 합니다.

대화와 의논이 연속되는 곳이 극락인 것입니다. 억압으로 이어지는 침묵은 폭탄과도 같은 것입니다. 혹자는 침묵이 금이라고 하지만 그 침묵도 자유와 자재 속에서 자연적으로 성취된 침묵을 말하는 것이지 압제와 전제 속에 가중되는 침묵은 무간지옥입니다. 불교의 민주주의는 모두가 강물이 되어 대해(大海)에서 하나로 통합되는 오직 한맛뿐인 물이 되는 호호탕탕한 자성의 자유에서 이룩되는 여래의 자재(自在)한 민주주의입니다.

- 아사달 83년 6월 -

제법실상을 여실히 보려면 심안이 열려야 한다

허공에 그림을 그렸을 때 그 그림을 찾아낼 수 있을까. 허공에다 그린 그림은 허망한 것이므로 건져낼 수 없다고 하는 정답이 나올 것이다. 맞는 말이다. 허공에 그림을 그려도 그 그림을 찾아낼 수 있다고 고집하면 허튼 소리라고 욕하는 사람이 많을 것이다.

인간의 눈은 정확한가. 시력이 정도의 차이는 있을지 모르나 인간의 눈은 현존하고 있는 사물을 볼 수 있다. 현존하지 않는 사물은 아무리 보려고 해도 어쩔 수 없다.

인간의 시각은 한계가 있는 것이다. 허공 속에 그려져 있지 않는 그림을 하나도 빠뜨리지 않고 볼 수 있는 눈은 허공에 흐르는 빛보다 빨라야 한다. 이 빛은 광년의 속도로 달려가기에 허공에 빗겨가는 현상은 여기에 아무 것도 남기지 아니 한다.

그러나 허공 속이나 빛 속에 모든 형상은 존재하고 있는 것이다. 우리의 의식이 빛보다 빠를 수 있다면 가능한 것이다. 욕계의 사진 중에서 가장 큰 것으로 극유진이 있고, 무색계에는 린허진이 있다. 이 린허진은 염심근이라 하는 심진이다. 이 린허진은 어쩌면 광년보다 더 빠른 마음이다.

이러한 마음의 상태에 이르면 허공에 그린 그림을 다 볼 수 있는 것이다. 마음이란 현묘한 것이다. 신비한 것이다. 이 마음의 현묘신이 한 것을 부처님은 깨친 것이다.

그러므로 부처님을 광명이라고 한 것이다. 불광이란 부처님이 바로 광명과 하나라고 한 의미이다. 이 부처자리에 이르르면 허공계가 다하여 모두가 그곳에 있음을 보는 것이다.

얼마 전 일본 법륭사의 오중탑에서 신이한 일이 일어났다. 동해대 정보과학센터가 광학적 차원에서 벽면을 사진으로 찍었다. 아무 것도 없는 벽면을 찍은 것이다. 그 공간의 벽을 찍고 난 다음 컴퓨터 일렉트로로 분해한 결과 훌륭한 관음보살상이 화현한 것이다. 고구려 담징이 부처님을 그린 것과 동일한 수법의 관음상이 현현된 것이다.

일본 불교미술학계, 광학계에 커다란 파문이 일어났다. 1천 3백 년 동안이나 그 자리에 고스란히 보존되어 있었던 것이다. 1천 3백 여 년 전에 담징이 그린 채색화가 긴 세월 동안 낡고 닳아 소멸된 그림이 재현된 것이다. 겉으로는 벽화가 보이지 아니 하여도 벽면 안쪽에 담징의 손길이 역력히 자리잡고 있었던 것이다.

사람의 눈이란 정확한 듯하지만 별스런 것이 아니다. 사람의 눈이 정확하게 되려면 심안이 열려야 한다. 심안은 제법실상을 여실하게 보는 눈이다.

우리는 이 세상에 살면서 자기 행위가 일회적 행업으로 끝나버리고 만다고 생각하지만 이것은 잘못 보고, 잘못 알고 있는 것이다. 우리의 행위는 하나하나 허공계에 축적되어 있다.

행위의 영속적 현존을 생각할 줄 알아야 한다. 자기 행업이 선행이든 악행이든 간에 모든 행업이 자기가 자행한 행위의 무게만큼 극유진으로 있든 린허진으로 있든 허공계에 가득히 남아 있는 것이다. 이렇게 남아 있는 마음의 요소가 다음 생의 생명으로 이어지게 된다. 그러므로 하루 한 찰나의 행위도 선업의 극치에서 생활할 수 있도록 하여야 한다. 눈에 보이지 않는 것이라고 무시하고 살면 더 큰 재난이 우리를 기다리고 있다.

어찌 순백의 벽면에서 1천 3백년 전 담징의 관음이 되살아났겠는가. 이것이 오늘날 광학 연구의 문제이며, 인간 심의식의 문제가 아닌가.

-대원 89년 12월호-

그리운 금강산아

법기 보살(法起菩薩)님, 참으로 기가 막힌 일이 일어나고 있습니다. 법기보살님이 생각하면 기이한 일이 될 것입니다. 그저 중생은 속물이니 어찌하겠습니까. 중생은 모든 것을 형상으로 보고 물상으로 보고 또한 돈으로만 보게 되는가 봅니다. 이런 일들을 보면 법기보살님은 어이가 없을 것입니다.

법기 보살님 온통 한국은 금강산 공동개발에 흥분하고 있습니다. 일찍이 중국사람들이 고려에 태어나서 금강산을 한 번 보면 원이 없겠다는 싯구가 되살아나 한국인 모두가 너도나도 금강산에 가게 되겠구나 하고 선망의 생각들을 앞세우고 있습니다.

그런데 법기 보살님, 금강산이 구경하고 돈벌이나 하는 산이난 말입니다. 『화엄경』에 의하면 "바다 가운데 금강산이라는 이름의 산이 있다. 그 곳에는 옛날부터 보살들이 있었다. 지금은 법기 보살이 1만 2천의 권속과 함께 있으면서 항상 설법하고 있다"고 명기되어 있지 않습니까.

금강산은 봉래, 풍악, 개골, 열반, 지달 등의 이명(異名)이 있지만 이 산은 화엄경에 기록되어 있는 것과 같이 금강산이 되어야 합니다.

이 금강산은 법기 보살이 설법하는 곳입니다. 사람의 눈에는 모든 것이 형상으로 보이지만 사실은 그 속에 법이 내재하고 있음을 감득하여야 합니다. 범어로 'Dharmagata'가 바로 그것입니다. 법이 일어난다는 것입니다. 법생(法生), 법래(法來), 법기(法起)의 뜻이 숨겨져 있는데 이것을 모르고 관광적 차원에서 개발한다 하고, 또 금강산에 가게 되었다고 흥분하고 있습니다.

법기 보살님, 중생의 미망과 무명을 꾸짖지 마시고 애민섭수하여 주옵소서. 그리고 법기 보살님의 근원이 새롭게 인식되고 이해되도록 자비를 드리워 주소서. 그렇다면 우리는 금강산을 어떻게 보면 될까요. 금강은 가장 단단한 물성입니다. 이 단단한 물성은 허망한 물성을 괴멸시키고 빛으로 남는 것입니다. 금강반야가 발광(發光)하여야 합니다.

우리는 금강산에서 진리의 법맥, 통일의 원력, 화평의 자비가 생기하고 용출할 수 있도록 염원하여야 하고, 그 법의 힘으로 중생의 삼독을 소멸하여야 합니다. 법체상주하는 마음으로 금강세계를 보아야 합니다. 유점사 53부처님도 비로봉도 모두가 법기(法起)임을 깨닫게 하여야 합니다. 눈으로 보려 하지 말고 진여법(眞如法)으로 금강법계(金剛法界)를 맞이하여야 할 것입니다.

-대원 89년 3월호-

욕망의 늪은 스스로가 만든다

늪에 빠진 사람은 헤어나오기가 힘들다. 숲속을 지나는 사람은 늪에 빠지지 않도록 조심하여야 한다. 진흙 수렁은 의지할 것, 잡을 것이 없으므로 마구 밑으로 빨려들어간다. 움직이면 움직일수록 깊은 곳으로 함몰하게 된다.

사람의 생활도 무지한 욕망에 사로잡혀 살다 보면 걷잡을 수 없는 무한한 욕망의 수렁에 빠진다. 투기하는 사람의 심리도 자세히 살펴보면 걷잡을 수 없는 물욕에 시달리게 되는 그 원인을 찾아야 한다. 이번만 잘 되면 그만둔다고 하지만 한번 성공하면 성취욕에 불이 붙어 또 하게 되고, 실패하면 손해를 복구하려고 또 투기사업을 하게 된다. 그러다보니 성공만을 생각하고 투기하고, 실패에 대한 반발심리에 의해 투기를 하는 등 한 번 빠지면 여간해서 빠져나오기 힘든 깊은 수렁에 빠진다.

사람은 이만하면 만족하다고 하는 한계가 없다. 욕망을 자제할 수 있는 능력을 갖추기가 힘이 든다. 어떤 시인은 박주(薄酒) 한 잔 사먹을 수 있는 돈이면 족하다고 하였다. 사실 맞는 말이다. 그렇게 많은 재산이 무엇에 필요할 것인가. 발 펴고 누울 수 있는 방과 세 끼 밥을 먹을 수 있어도 만족할 줄 알아야 한다. 작은 것이 아름답다고 한 경제학자도 있다. 이것은 미시경제를 체계화한 학문이지만 작은 것에서도 아름다움을 만끽할 줄 알아야 한다. 더 나아가서 작은 소유보다 무소유적인 것을 향락할 수 있어야 한다.

부처님께서는 "발로 뱀의 머리를 밟지 않으려는 것처럼 모든 욕망을 회피하는 사람은 바른 생각을 하고, 이 세상의 집착을 초월한다"고 말씀하셨다. 불식간에 뱀의 머리를 밟았다고 하자. 온몸에 소름이 끼칠 것이다. 또한 진땀이 날 것이다. 뱀이란 흉측스런 생물이다. 길을 가면서 언제나 뱀의 머리를 밟지 않도록 조심하여야 한다.

인생의 행로도 마찬가지라 한다. 뱀은 욕망에 비유된 것이다. 욕망의 머리를 피하는 슬기를 길러야 하는데 욕망은 즐거움의 길, 행복의 징검다리라고 생각하는 사람이 많다. 그리하여 명예, 재물, 권력 등이 이루 헤아릴 수 없는 행복의 대상이라 생각하고 여기에 혼신의 노력을 경주하는 것이다. 더욱이 수도자들도 한생각 고쳐먹지 아니하고 사찰의 기물을 파괴하고 부당한 행패를 부리는데 그것은 출가의 본분사가 아니다.

적멸위락(寂滅爲樂)이라는 말씀을 아로새겨야 한다. 열반이 즐거움이 된다는 깊은 뜻은 멀리 두더라도 가깝게 생각하면 시비(是非), 호오(好惡)를 중화시키는 마음, 어떤 일이 있다 하더라도 한 박자의 쉼표를 붙이는 마음가짐이 좋을 것이다.

바로 상대하지 않고 '양구(良久)'하여야 한다. 일체의 일에 잠시 쉬는 마음을 앞세워 보면 욕망의 수렁, 시비의 진개창에 빠져들지 않을 것이다.

-대원 89년 4월호-

방종은 정업을 좀 먹는다

"경을 읽지 않음은 성전(聖典)의 더러움이요, 수리하지 않음은 집의 더러움이요, 게으름은 아름다움의 더러움이요, 방종은 계를 지키는 자의 더러움이다."

이 글은 『숫타니파타』의 더러움의 장에 있는 것이다. 사람이 살다 보면 자기쪽으로 더러움이 생기게 된다. 그러면 그 더러움이 왜 생길까. 원인이 무엇일까에 대하여 깊이 생각하여 보아야 한다. 밖으로 먼지나 흙탕물이 튀고 있으면 내 몸에 먼지나 흙탕물이 묻을 수 있다. 그러면 우리는 더러운 형상이 되고 만다.

그러나 여기 『숫타니파타』에서 말하는 더러움은 그러한 것이 아닌 것이다. 불교에 입문한 사람이면 불경을 읽고 또 읽은 만큼 마음의 때가 씻어져야 한다. 청정한 생활은 경전의 감화로써 이룩되는 것이다. 경전을 멀리 하면서 불교인이라고 하는 것은 밀가루를 반죽하지 않고 빵을 구으려는 것과 다를 바 없다. 빵을 구워 먹으려면 먼저 손에 밀가루를 묻혀야 한다.

청정한 마음으로 돌아가려면 부처님 말씀을 항상 독송하고 이행하여야 한다. 또 우리가 살고 있는 집을 청결히 하려면 항상 청소하고 홈이 난 곳을 수리하여야 한다. 수리한다는 것은 아담

하고 쓸모있는 집으로 가꾸는 작업이다. 이러한 작업을 하지 아니하면 집이 반듯하게 꾸며지지 않는다.

또 몸을 단장하고 목욕하여 자기 몸을 청결하게 하여야 한다. 하루라도 몸의 때를 씻지 아니하면 우리 몸은 추한 모습으로 변한다. 그러므로 목욕재계가 필요한 것이다.

그리고 계를 지키는 사람은 방종을 멀리하여야 한다. 방종을 생활의 일부로 생각하면서 살면 윤리나 도덕이 흐려지고 문란하게 된다. 흔히 음주식육하여도 반야에 방해됨이 없고, 도둑질하고 사음하는 것이 보리에 걸리지 않는다고 하는 말은 망발 중에서도 큰 망언이다.

부처님께서는 허광어(虛狂語)를 쓰면 안 된다고 당부하고 계신다. 그런데 중생이 제 행위에 꼴 맞추는 짓거리를 마음대로 해석하는 것은 4바라이죄 중에 망어죄를 짓는 일이다.

이러한 일들은 제 몸을 더럽히는 것이 아니라 제 마음도 때묻게 하는 것이다. 삶에 구차하고 지난한 일이 있다 하더라도 정법에 맞는 생활을 하여야 한다.

불자는 경전 속에서 삶의 빛도 찾아야 하고, 살고 있는 도량을 청정히 하여야 한다. 이것이 몸과 마음을 맑히는 것이다. 방종의 환술로써 산다는 것은 정업을 좀먹는 일이다.

자장 스님은 "파계로 백년 사는 것보다 지계로 하루 사는 것이 더 값지다"고 하였다. 예사로 쉽게 하는 말 속에 구업(口業)의 얽매임이 없도록 하여야 한다.

정견의 빛을 우리 생활 속에 나툴 수 있도록 정진하여야 한다.

-대원 89년 5월호-

지나친 것은 모자람만 못하다

공경이 지나치면 예가 되지 않는다는 말이 있다. 과공비례(過恭非禮)가 그것이다. 밥을 먹고 나온 사람보고 "아침 잡수셨습니까"라는 한번 정도의 인사로 충분하다. 또 만났다고 하여 또 밥 먹었느냐고 다시 인사하면 역겹게 된다. 인사는 공손히 하되 적시에 하여야만이 인사의 면목이 서게 된다. 시도 때도 없이 밥 먹었어요 하면 우스개가 된다.

아무리 절박하게 요구하는 것이 있더라도 한번 부탁해 놓고 어느 시간은 기다려야 한다. 부탁이 거듭되고 인사가 중복되면 짜증스럽게 된다.

그러나 지금은 인사가 아니라 민주화니 자율화니, 통일염원이니 외쳐대면서 지나치게 요구하고, 그 요구가 도를 넘어서서 기물을 파손하고 인명에 치명상을 주게 되는 것은 유감이 아닐 수 없다.

사람이 사는 세상에는 불평도 있을 수 있고 불만도 있을 수 있다. 이러한 불평은 서로의 대화를 통하여 심층적 갈등을 해소하여야 한다. 또한 불만도 노사가 머리를 맞대어 경영의 합리화, 분배의 균등화가 되어야 한다.

기업도 살고 직업종사자도 살아야 한다. 기업은 망하여도 우리는 살아야 한다든가 너희는 죽어도 기업은 포기할 수 없다고 양극이 대립하게 되면 서로가 불편하게 되고 종국에는 둘 다 못 살게 된다.

부처님께서도 기업을 유지하기 위해 자본을 축적하면서 분배를 공분하여야 한다고 하였고, 직업 종사자는 기업은 내 집처럼 아껴 가면서 직장에 임하여야 한다고 하였다. 사실 직업이나 노동처럼 성스러운 것은 없다. 오늘날 자기가 다니는 회사나 공장을 파괴하고 기업주를 매질하는 것은 온당하지 못하다. 기업인도 종사자를 가족처럼 따뜻하게 생활할 수 있도록 보살펴 주어야 한다.

우리 나라는 본래 우리라는 말을 잘 쓰고 있다. 우리는 나의 복수형이지만 한문으로 억지로 쓰면 우리(宇裏)가 아닐까 한다. 즉 우주가 이롭게 하여야 함을 암시한 것이리라. 우주는 나 개인의 세계가 아니고 전체적인 것을 의미하는 종합개념이다. 사사로운 이익을 추구하는 모리배적인 생활이 아니라, 공적인 복지를 서로 생각할 때 그것은 우리(宇利)가 된다.

내 자신이 살기 위하여 쟁취하자고 팔매질을 하지 말고 참다운 보시를 회향하자고 서로 합장하여야 한다. 앞으로 휘어젖는 팔매질을 가슴에 가만히 맞닿게 하는 합장의 인사로 승화시켜 우리가 살고 있는 사회를 정화하여야 한다.

지나친 구호 속에 화염병이 난발하면 끝내 무엇이 올 것인가. 우리는 파국을 초래하는 과격한 운동은 삼가하여야 한다. 가라앉은 마음으로 공동의 살림을 생각할 때도 바로 지금이라는 사실을 인식하여야 한다.

-대원 89년 6월호-

중국인이 바라고 있는 물은 자유라는 감로수다

사람이 산다는 것 자체가 괴로운 것이다. 삶의 외형적 모습에서도 고통을 찾을 수 있다. 환경이나 지리적 조건에 의해서 삶에 대한 엄청난 고난을 받는 것이다. 황야에 사는 사람, 사막에 사는 사람, 이들은 비가 오지 아니하여 한 방울의 물을 구하려고 갖은 애를 태우고 있다.

더욱이 중국의 서역지방에는 1년에 비가 16mm밖에 내리지 아니하여 천산 산맥(天山山脈)의 눈 녹은 물을 자연수로 대신한다. 천산 산맥(天山山脈)에서 녹아내리는 물을 감정(坎井)하여 농수와 식수로 사용하고 있다. 여간 고통스러운 생활이 아니다.

우리 나라처럼 가뭄에 비를 기다리는 것이 아니라 항상 가물기 때문에 가뭄을 모르고, 천산의 눈 녹은 물이 땅 속으로 흘러내려 온 것을 관개시설을 하여 생활한다. 바람도 심하고 햇볕도 따갑다. 그 삶이 외형적 환경으로 말미암아 격심한 고통을 받고 있음을 직감할 수 있다.

그러나 사람은 내면적으로 고통을 감내하게 된다. 정신적 갈증이다. 부처님께서 말씀하신 네 가지 고통과 여덟 가지 괴로움이 있다는 것을 현실적으로 느낄 수 있는 것이다. 자연이 주는 고통, 정신적으로 느끼는 고통은 어떻게 보면 인간의 의지로 극복할 수 있는 것이다.

이 양극단의 고통보다 더 한층 강한 지옥이 있다. 그것은 사상적 정치적 제도에서 오는 고통이다. 공산주의 사회주의가 만든 제도적 고통은 자연적 정신적 괴로움보다 더한 것이다.

중국은 옛부터 인(仁)을 덕목으로 삼아온 나라이다. 그러나 그 인을 지금은 어디에 묻어 버리고 말았는지, 현존하는 것은 인간에게 인(忍)만 강조하는 것이다. 인간덕성의 근원이 되는 어진 덕성을 함양하여 생활하는 것이 아니라 당과 제도에 절대적으로 인종(忍從)하여야 한다는 잔인성만 존재한다.

등소평이 지향하는 정치는 인민을 위한다고 하였다. 천안문 광장에는 인민영웅의 비탑이 높다랗게 세워져 있다. 이 '인민영웅'이라는 말은 '인민이 영웅'이라는 말인데, 사실은 인민을 지배하는 별도의 영웅이 있다는 것으로 표상되고 있으니 모순 중의 대모순이다.

아니 모순이란 말이 나왔으니 한마디 하겠다. 등소평은 경제는 자유경제를 한다고 하여 항만도시 부근에는 경제특구를 만들고 자유무역을 하는 체하고 있다. 그러나 정치는 사회주의 체제를 고수한다. 경제가 자유롭게 되면 정치도 민주화되어야 한다. 그러나 등소평, 이붕, 양상곤 등은 정치는 사회주의, 경제는 자유주의를 한다고 하니 이것이 중국의 대모순인 것이다.

몸과 마음은 하나이다. 몸은 마음대로 먹을 수 있게 해놓고, 마음은 마음대로 생각할 수 없게 한다면 마음이 편할 날이 없다. 빵을 구하는 사람도 있을 수 있다. 그러나 빵보다 자유를 구하는 양심인이 더 많은 것이다. 자유와 빵은 별개의 것이 아니다. 빵이 있으면 자유도 있어야 하고, 자유가 있으면 빵이 있어야 한다.

그러나 지금 중국 인민은 오직 세 끼의 먹이만 있으면 충분하고, 제도는 사회주의, 공산주의에 충실하면 살 수 있다고 강변하고 있으니 이것이 중국의 병통이다. 천안문 광장에서 죽어간 목숨은 자유 속에서 민주를 찾으려고 피를 흘린 게 죄라고 할 것이다. 환경의 고통보다 더 극심한 제도적 지옥을 타파하려고 맨주먹으로 일어섰고 민주(民主)의 여신(女神)을 높이 세운 것이다.

마음 속이 자유롭지 못하면 어떤 음식을 준다 해도 중국 지성인은 용납할 수 없을 것이다. 천안문에 세운 민주의 여신은 미래의 중국역사에 자유와 민주를 약속하고 다시 살아날 것이다.

-대원 89년 7월호-

애욕의 습지에는 번뇌가 무성하다

하늘이 무너져도 솟아날 구멍이 있어야 한다고 희원하는 사람이 많다. 과연 하늘이 무너져도 살아날 구멍이 있을까. 이것은 과거에 그러한 일이 있었다면 증명이 되겠지만, 현재도 무너질 리 없고 보면 상징적인 의미에 지나지 않는다.

그러나 하늘이 무너지면 어떻게 될까. 인간의 욕망이란 대단한 것이어서, 어떤 결과적 응보를 받아도 그 속셈 속에는 자기만은 살아 남아야 한다는 끈질긴 계산을 하고 있다.

오늘날 우리 사회는 사악하고 물의를 일으키는 일들이 무분별하게 야기되어 어디에서부터 손을 써야 할지 모른다고 개탄하는 사람이 많다. 인면수심의 일들이 수 없이 일어나고 있다. 인신매매, 마약, 어린이 폭행 등 세상은 마침내 황폐한 실락원이 되어 버렸다는 느낌이다. 그런데 이 사회는 썩었어도, 사회에 담겨 사는 개인은 맑고 깨끗하단 말인가. 본래 사회는 인간이 만드는 생활의 집합체다.

물이 아무리 유연성을 지닌 물질이라 하더라도 여기에 강압적인 냉력을 가하면 얼음으로 변화되고 만다. 또한 쇠가 제 아무리 강한 것이라 하더라도 뜨거운 열을 가하면 물보다 더 유연한 물질로 바뀌게 된다. 사회는 인간이 만드는 그 어떤 그릇이다. 그릇에 무엇이 담겨져야 하는가 하는 것이 일차적인 문제이다. 우리들이 윤리적이고 도덕적인 교육을 발휘하는 신성으로 재현되지 않는 한, 이 사회는 오염의 냄새만 풍기게 될 것이다.

신라시대 향가의 거장이었던 충담(忠談) 스님은 안민가(安民歌)를 지어 신라인들의 윤리의식을 고취시킨 적이 있다. 즉, 임금은 임금다워야 하고 신하는 신하된 도리를 다하여야 하며 국민은 국민된 길을 가야 한다는 요지의 노래이다.

다시 말하면 다스리는 사람이 다스림의 지위를 방만히 하여 힘을 남용하거나 또한 생사여탈권을 가지는 등 특수 권한이 자기의 개인적 소유물인 줄 착각할 때, 그 사회에 살고 있는 사람들은 형용할 수 없는 고통을 받게 되는 것이다.

신하의 입장에 있는 사람들도 행정적 지위를 곧 아부의 방석, 억압의 창칼처럼 악용하게 되면 그러한 사회는 별 수 없는 사회가 될 것이다. 반면 안민가는 국민도 국민의 의무를 다하는 사회가 되어야 함을 강조하고 있다. 상하, 내외, 귀천 없이 각자의 분수대로 이웃과 사회를 위하여 봉사한다는 마음이 전제되어야 한다.

『열반경』에 "왕이 거동하면 신하가 뒤따르듯, 애욕이 가는 곳에는 항상 미혹이 따른다"고 하였다. 습한 땅에 잡초가 무성하듯 애욕의 습지에는 번뇌의 잡초가 무성하다.

애욕은 꽃밭에 숨은 독사와 같다. 사람들은 꽃을 탐하여 꽃밭에 들어가 꽃을 꺾다가 독사에게 물려 죽게 된다. 인간은 정직한 하루의 생활을 영위하려고 온갖 수행을 다하고 있지만 애욕의 습지대에 무성한 잡초를 제거하지 못한 까닭으로, 이성적인 생활보다 미혹과 감정의 수렁에서 헤어나지 못하는 것이다.

-대원 89년 8월호-

자기청정을 희구하려면 물을 맑히라

우리가 가난하였던 시절, 그래도 물배라도 채울 수 있었다. 도랑, 시내, 강 어디의 물을 마셔도 상큼하고 시원한 물 맛, 삼천리 금수강산 어디에도 청정수가 흘러넘치고 있었으니 식수에 대한 걱정은 없었다.

어떤 나라는 물을 걸러 먹는 정화통이 집집마다 필요하다고 한다. 물이 흙탕물이어서 걸러야만이 식수로 사용할 수 있기 때문이다. 그러나 우리는 강물이나 냇물을 바로 식수로 쓸 수 있어 우물물처럼 마셔도 좋았다.

그런데 60년대부터 공업시대로 발전하여 각종 산업이 다양하게 발전하다 보니 공해가 여러 형태로 발생하게 되었다. 하늘에서는 산성비가 내려오고 논물은 카드뮴에 오염되었으며 급기야는 상수도에 중금속 화학물질이 용해되었다고 '물 비상'이 걸리고 있다.

사람은 물을 사용하지 않고는 살 수 없고, 물이 없으면 농업, 수산업 등 모든 생산공정이 중단되고 만다. 물은 식수임과 동시에 농업용수, 공업용수 등으로 쓰여 물의 중요성은 이루 다 표현할 수 없다.

물은 생명이다. 물의 효용을 생산적 수단이라 생각할 것이 아니라, 우리들의 생명에다 초점을 맞추어야 한다. 집집마다 정수기를 사들이고, 그것도 모자라 생수를 사다 먹고, 약수터에서 물을 길어 먹는다고 하지마는 이러한 일들은 모두가 일시적 방편에 지나지 않는다. 상수도 자체가 좋아지고 청량하게 되어야 한다. 우리의 5대 강이 생명의 물줄기로 기능하여야 한다.

수도물을 정수하여 마시면 된다는 안이한 생각을 버려야 한다. 세면, 목욕물로 쓰면 피부병도 걸릴 수 있다는 것이 오염된 상수도다. 가정마다 업소마다 사들인 정수기 값이 우리 나라 전체로 보면 엄청난 비중의 지출을 차지할 것이다. 상수원이 본래의 몫을 하였다면 정수기가 아무리 좋은 질의 광천생수를 만든다 하더라도 날개 돋친듯 팔리지 아니할 것이다.

이제 와서 대통령이 앞장서서 식수문제에 대한 강경조치를 내리고 있으니 '물태우' '물대통령'이란 별명에 걸맞게 사실 물 다스리는 대통령이 될 모양이다. 아닌 게 아니라 물 하나만 잘 다스린다 해도 훌륭한 대통령이 될 것이다.

옛날 중국 제왕들도 치수(治水)에 전력을 쏟은 예가 많다. 그런데 이 '물대통령' 한 사람에게 이 문제를 일임할 수 없다. 민주화 시대는 모두가 주권적 권리를 가져야 하고, 또한 합목적적인 의무를 져야 한다.

식수원이 오염된 것은 정치의 잘못도 있다. 강력한 자연보호책이 앞서지 않았기 때문이고, 또한 종합환경기구가 있어 수자원관리에 최선을 다해야 함은 선결의 문제였다.

그러나 우리들 인간들의 마음 속에 자연을 훼손하고 함부로 훼손해도 된다는 생각을 갖고 있으면, 감시의 칼날을 제아무리 시퍼렇게 드날려도 소용이 없다. 산업폐기물을 야밤에 쏟아붓는 대단위 공장, 목장 오물, 유흥음식점, 등산가, 낚시꾼의 오물 등을 산하대지 곳곳에 허접스레 버린다면 강하(江河)가 맑아질 수 없다. 자기청정을 희원하는 사람이라면 물을 맑혀야 한다는 발원을 세워나가야 한다.

물은 윤회한다. 사람이 오염된 물을 흘려보내면 그 오염된 도수만큼 인간에게 되돌아 온다. 중금속수, 수은수, 산성수 등의 물을 수시로 마시다가 전신마비, 내장경화, 이따이이따이병 등에 걸리게 된다. 우리 세대가 물벼락병으로 몰살당하기 전에 우리 모두 물통령이 되어야 한다. 물통령은 물을 물답게 먹을 수 있고, 쓸 수 있는 물의 지혜를 찾아내는 사람이다.

물통령의 자리를 당신에게만 부여하면 전체적인 전횡으로 오수형(汚水形) 신드롬에 빠지게 할 것이다. 그러므로 물을 민주화하는 데 우리 모두가 대승적 물통령이 되어야 한다.

-대원 89년 9월호-

악인은 침묵으로 대하라

세상을 살다 보면 잘못을 저지르고도 버젓이 잘 사는 사람을 볼 수 있다. 그래서 흔히 '선하게 살아도 뾰족한 수가 없다'느니 '악한 사람은 잘 살고 선한 사람은 못 산다'는 식의 말을 하기도 한다. 그렇게 생각하다 보면 불교의 교리는 이념상으로는 더할 나위없이 훌륭한 것이나 실생활과는 동떨어진 것으로 인정할 수밖에 없게 된다.

그러나 『법구경』에서 부처님께서 가르치시기를 "선한 씨앗의 열매가 익기 전에는 악의 열매가 성하나, 선의 열매가 익으면 악의 기운은 자연히 사라지고 만다. 그러니 선의 기운이 익기를 기다려라"고 하셨다.

요즘 소수의 탈선 청소년들이 골목길에서 귀가하는 아이들을 위협해 금품을 갈취한다고 한다. 그래서 부모는 등교하는 아이에게 하교길에 탈선 청소년을 만나면 주라고 얼마간의 돈을 챙겨 내보낸다고 한다. 이러한 세태를 보고 흔히 사람들이 걱정하기를 '세상이 어쩌자고 나쁜 아이들을 벌할 생각은 않고 되려 그들에게 돈을 주게 되었는가'고 한다. 즉 어째서 악인이 성하고 선인이 숨게 되었느냐는 탄식이다. 그러나 지금 세태가 그러하더라도 사회 질서가 완전하게 잡히면 그러한 문제는 쉽게 해결될 것이라고 생각한다. 즉 선의 열매가 익을 동안을 기다려야 한다.

이슬람교나 다른 외래종교의 경우에는 '눈에는 눈으로, 이에는 이로' 한다는 방식의 악은 악으로 대한다는 사고체계를 갖고 있다. 그러나 불교가 악을 대하는 방법은 인내이다. 즉 스스로의 잘못을 깨달을 때까지 기다리는 것이다. 그 한 예를 부처님께서 가섭 3형제의 조복을 받은 일에서 찾아볼 수 있다.

부처님은 깨달음을 얻으신 후 가섭 3형제를 만나게 된다. 당시 가섭 3형제는 1천여 명의 무리를 거느린 배화교(拜火敎)의 교주로서 불을 숭배하고 있었다. 많은 사람들이 부처님을 따르자 가섭 3형제 중 가장 큰 형인 마하가섭이 은근히 시기하는 마음이 생겨 부처님을 시험하고자 자기의 거처로 부처님을 모셨다.

그리고 독룡 세 마리가 살고 있는 석굴에서 하룻밤을 자고 나오면 자신이 부처님의 제자가 되겠노라 약속을 한다. 다음날 아침, 마하가섭은 부처님이 당연히 죽었을 것이라 생각하고 석굴을 찾는다. 그러나 상상 외로 사납기 이를 데 없던 세 마리 독룡이 부처님 손바닥 위에 놓여있는 모습을 보게 된다. 이렇게 시작된 마하가섭의 시험은 36번이나 계속된다. 결국 36번의 시험을 마친 뒤에 마하가섭은 스스로 부처님께 조복했고 그의 형제 및 그를 따르던 1천여 명의 무리 역시 부처님께 귀의하게 되었다.

가섭 3형제가 부처님께 귀의한 것은 결코 무력에 의한 것이 아니었다. 36번의 시험을 거치면서도 부처님은 단 한 번도 가섭을 꾸짖지 않으셨다. 즉 악을 대처함에 있어서 악한 쪽이 스스로의 잘못을 깨닫도록 길을 제시하고 묵묵히 기다린 것이다.

『열반경』의 "오역죄를 지은 사람도 진실로 자기 잘못을 깨우쳐 뉘우치면 성불할 수 있다"는 가르침의 이치도 바로 여기에 있다. 스스로 깨닫게 하기 위해서는 많은 시간이 걸릴 수도 있다. 그러나 시간이 많이 걸린다고 해서 악을 악으로 대처해서는 안 된다. 악이 스스로 잘못됨을 깨닫기 전에 힘으로 악을 눌러 버린다면 악이 그 악함으로 새로운 원한을 갖게 된다.

불교에서는 자신이 행한 선악에 의해 받게 되는 과보를 그 나타나는 시기에 따라 세 가지로 구분한다.

첫째가 순행보다. 현재 자신이 지은 선악의 행위의 보(報)가 바로 현재 갚아지는 것이다. "내가 화가 나서 상대편의 뺨을 한 대 때렸더니 상대방도 화를 내며 내 뺨을 때렸다." 혹은 "올해 봄에 내가 상치 씨앗을 뿌렸더니 두어 달 뒤에 그 상치를 먹게 되었다"는 식으로 찰나적으로 일어나는 선인선과, 악인악과를 의미한다.

둘째가 순차보다. 행위에 따라 그 과보가 나타나는 시간이 길어진다. 예를 들자면 유실 나무를 심고 난 뒤 10년이 지난 뒤에 과실을 따게 되었다든지 하는 것이다. 시간은 걸리되 당대에서 그 결과를 볼 수 있는 것이 순차보다.

셋째가 순후보다. 자신이 행한 행위의 과보를 자신이 받는 것이 아니라 후세가 받게 되는 과보다. "은행나무를 심으면 그 열매는 심은 자의 자손이 따게 된다"는 것이 한 예라 할 수 있다.

이렇게 행위가 있으면 그 결과는 반드시 나타나게 되어 있다. 지금 이 순간 타인의 눈에 나의 행위가 보여지고 있지 않는다고 해서 그 행위 자체가 없어지는 것은 결코 아니다. 어디에나 우리의 행위 하나하나를 꿰뚫어 보고 있는 관음의 눈이 있음을 알아야 한다.

우리 나라의 유명한 사찰에는 업경대 혹은 경영대라는 큰 바위가 있게 마련이다. 업경대(業鏡臺), 자신의 업을 거울에 비춰 본다는 의미이다. 인간이란 살아가면서 자신이 알게 모르게 잘못을 저지르기 쉬운 존재다. 그래서 한 순간이라도 그 잘못을 뉘우친다는 의미에서 이러한 업경대를 만들어 놓고 심성의 선악의 흐름을 감지했던 것이다.

즉 인간과 밀접한 자연 속에 업경대를 만들어 두므로써 생활 속에서 자연스럽게 자신의 잘못을 뉘우치는 기회를 만들어 갔던 것이다. 이러한 점이 바로 불교의 생활상을 보여주는 한 단면이기도 하다. 즉 그러한 업경대를 통해 모든 사물 속에는 인간을 꿰뚫어 보는 관음의 눈이 있음을 알려주고 있는 것이다.

그렇다면 악하다는 것은 무엇인가? 쉽게 말해서 악이라는 것은 개개인이 함께 모여 생활하는 가운데 남을 거북스럽게 만드는 것은 모두가 악한 것이라고 할 수 있다. 서로 함께 생활하면서 이해 못하는 사이에 일어나는 질투나 반목, 갈등 등이 악한 것이다. 늘 대화하는 집단은 거북하지 않다. 악이 없는 집단 즉, 선한 집단이란 바로 대화를 통해 서로의 거북한 점을 개선하도록 노력하는 집단이다.

그리고 서로의 잘못에 대해서는 깨우치는 기회를 준 다음에 기다리는 인내가 필요하다. 거북하다고 상대를 비방하거나 모함해 제거해 버리면 또 하나의 무서운 악연만이 생길 뿐이다. 예를 들어, 악한 기운을 뿜는 나무가 있다고 하자. 악한 기운을 없앤다고 나무의 둥치를 베어낸다고 해도 그 뿌리가 남아 있는 한은 더 많은 줄기가 생겨나 악한 기운을 뿜을 것이다. 악한 기운을 뿜는 나무를 없애기 위해서는 뿌리를 뽑아야 한다. 뿌리를 뽑기 위해서는 시간이 걸리더라도 참고 기다려야 한다.

부처님의 마지막 제자 중 '춘다'라고 하는 사람이 있었다. 그런데 이 춘다라는 제자는 성격이 포악했다. 부처님이 열반에 드시기 전 '아난'은 그 춘다가 걱정이 되었다. 그래서 부처님께 "부처님, 부처님이 돌아가시고 난 뒤 저 포악한 춘다를 어떻게 해야 하겠습니까?"하고 여쭈어 보았다. 그러자 부처님이 대답하셨다. "아무 말 하지 말고 침묵을 지켜라."하고 말씀하셨다.

'침묵을 지킨다'는 말은 흔히 '포기한다'는 의미로 오인되는 경우가 있다. 그러나 '침묵을 지킨다'는 말의 참 의미는 스스로 즉 자발적으로 참회하도록 여유를 준다는 의미이다. 건조한 공기가 조용한 가운데 차가운 공기를 만나면 이슬을 맺는다. 여유를 갖는 가운데 참회의 고운 이슬을 맺어야만 행복한 삶을 영위할 수 있다.

악인은 침묵으로 대해야 한다. 스스로 잘못을 뉘우칠 기회를 주기 위해서다. 악인이 아니더라도 세상을 살아가는 대부분의 사람은 스스로 조용한 가운데 자신의 잘못을 곰곰이 참회하는 기회를 갖고 살아야 한다.

"지은 죄는 그림자처럼 따라 다닌다. 금방 짜낸 젖이 상하지 않듯, 재에 덮인 불씨가 꺼지지 않듯이, 지은 업이 당장엔 보이지 않는다 해도 그늘에 숨어서 그를 따라다닌다."고 『법구경』에서는 가르치고 있다.

공영방송은 중도를 지켜라

　사감(私感)이 깊어져도 사람을 상하게 한다. 자기 마음 속에 원증의 갈등이 생기면 삶이 부대끼게 되고 조급한 마음이 일어난다. 사람은 언제나 삿된 망상에 의하여 야기되는 사감을 품지 않도록 노력하여야 한다. 그러나 사람이 살다보면 하찮은 일들로 말미암아 오해가 생기게 마련이다. 이 사소한 일들이 자기 앞에 다가오면 즉시 물리치는 방하착법(放下着法)을 배워야 한다.

　그런데 더 큰 감정은 공감이다. 공공 단체에서 국민의 감정을 상하게 하면 걷잡을 수 없는 사건으로 번지게 된다. 얼마전 공영방송사에서 방영한 사극 사모곡(思慕曲)이 감정을 유발시켰다. 공영방송은 국민을 정신적인 면에서나 사상적인 면에서, 또한 문화적인 측면에서 계도하고 순화시키는 길을 택하여야 한다. 공영방송이 사실을 왜곡시켜도 되지 않을 뿐만 아니라 부정적인 측면으로 이끌어나가도 되지 않는다. 요즘 모든 사람들은 언론에 의하여 하루를 생활하고, 또한 교양의 소재를 공급받기도 하는데, 방송이 지나친 방향으로 나가면 국민을 오도할 여지가 있다.

　우리 역사 속에 불교가 차지하고 있는 정신적 문화유산은 그 무엇으로도 대치할 수 없는 위대한 가치가 있는 것이다. 유형적인 유산만이 아니라 무형적인 정신성은 민족의 심저에 뿌리내리고 있음은 누구도 부정할 수 없는 사실이다.

그러나 조선조 시대는 불교를 억누르고 짓밟고 그것도 모자라 사찰을 통폐합하는 수모를 겪었다. 불교는 교학적인 면으로나 수행적인 방면에서 종파가 개립할 수 있는 것이다. 그러나 그 종파의 역사적 고유성을 무시하고 선교 양종으로 묶어버리는 어리석음을 범하는 일도 있었다.

이러한 국가의 정책에 의하여 억불의 역사가 점철되었다. 이에 힘을 입을 유학자들도 불교를 비판하고 모멸하는 것을 업으로 삼았다. 유학의 거봉이었던 이율곡도 논요승보우소(論妖僧普雨疏)에서 선비로서 입에 담을 수 없는 말을 하였다.

"지금 이 보우의 일은 온나라가 한결같이 분하게 여기어 그 고기를 저며 내고자 합니다."라고 하였다. 실낱같이 명맥을 이어오던 불교를 중흥하려는 보우의 원력이 눈에 가시가 되었는지, 그 고기를 저민다고 한 것은 점잖은 선비로서 과격한 언행이 아닐수 없다.

우리는 역사 속에서 일어난 일들을 상기하면서 항상 오늘을 시금석하는 반성자가 되어야 한다. 불교를 비하하는 것을 업으로 삼아온 유생들, 또 그 유교문화의 산물에 의하여 '염불하는 마음이 없고 잿밥에만 눈독을 들인다' '눈치 빠른 놈은 절간에서도 새우젓을 얻어 먹는다' '절 보기 싫으면 중이 떠난다' '부처님 가운데 토막' 등 모멸에 가득찬 말들이 횡행하고 있지 않았는가. 이러한 언질이 불교를 깔보고, 스님의 인격을 아래로 끌어내리는 의도 속에서 막무가내로 만들어진 것이다.

이번 '사모곡'의 한 대사가 물의를 일으킨 것은 작가의 심층 속에도 비아냥이 섞이지 아니하였는지, 아무리 작품을 구상하여 가는 과정에 필요한 대사였다고 하더라도 그러한 대목이 들어가야 했는지 유감이 아닐 수 없다.

사석에서나 할 수 있는 비속어를 공영 방송에서 한다는 것은 상식을 벗어난 탈선임에 틀림없다. 'x주고 뺨 맞는다'는 우리의 속언이 있다. 그러나 이것은 언제나 사석에서의 용어 선택이지 공적인 석상에서 할 수 있는 언어는 아니지 않는가. 황금시간대의 방송극인 사모곡에 열중하는 시청자가 많다. 이때 불교를 비하하는 말을 서슴없이 뇌까린다는 것은 도저히 이해할 수 없는 처사다.

이것이 사단이 되어 불교계와 KBS간에 알력이 생기면 어떻게 될 것인가. 그리하여 당국자가 사과함으로 일단락을 짓는 듯 하더니 PD측에서 창작예술에 대한 자율성의 침해라는 명목으로 앞으로 불교적 소재는 방송에서 배제하기로 결정을 하고, 또한 내년 '부처님 오신날' 특집물도 제작하지 않겠다는 결의를 하였다는 발표는 공영방송이 지켜야 할 사회적 윤리를 망각한 처사가 될 것이다.

어디까지나 예술창작에 있어서 자율성이 보장되어야 한다. 그러나 공공의 양속을 문란하게 하거나 어느 특정종교를 금기시하거나 사갈시하는 소행은 버려야 할 것이다. 흥미있게 만든다고하여 지나친 언행으로 도덕율이나 종교성을 부정적으로 시청하게 하는 것이라면 이것은 백번 비판을 받아야 할 것이다.

흔히 코미디물에서 어느 특정 직업을 비판하거나 또한 비속하고 저질스러운 것을 방영하면 즉시 비판의 도마에 올라 개선의 방법을 모색하는 것을 숱하게 보아왔다. 이번 사모곡의 사건은 과오 중에 과오가 아닐 수 없다.

그리하여 PD측과 불교청년회 간에 시정의 약정이 있었다고 하지만 앞으로의 일을 위하여 서로가 높은 차원에서 상대성을 이해하고자 하는 자세가 발휘되어야 할 것이다.

　불교가 가지고 있는 특징은 자비심이다. 그러나 그 자비가 지나치게 침묵하고 있다면 무자비가 사회를 혼란하게 할 것이다. 자비가 생명처럼 존중되어야 하지만 부도덕하고 도전적 성향으로 나오는데 있어서는 묵과할 수 없다.

　오늘날 종교도 다원화 되어가고 정치에도 국민적 지지가 있어야 한다. 그 지지는 공적인 감정에 손상이 없을 때 호응도가 상승할 것이다. 어떤 종교는 공개적으로 혐오하고 어떤 종교는 과시적으로 옹호한다면 가만히 안주할 수 없을 것이다.

　우리 사회는 안정을 추구한다. 또한 평화로움을 갈망한다. 이 안정이나 평화는 어느 한 사람이나 한 부분에서만 창작되고 만들어 가는 것이 아니다. 한 민족이 서로 이해하고 관용하는 데서 가능한 것이다. 그러므로 공영방송은 언제나 편파적인 편협성에 사로잡혀서는 안 된다. 공정성을 유지하되 편당을 배격하여야 한다.

　불교계에서도 조직적으로 공영방송 시청 모니터 제도를 두어 우리의 종교가 올바르게 제작되고 유익하게 방영되고 있는가를 항상 보살피는 천안을 가지고 있어야 한다. 그 천안에 비친 오해가 있다면 천수로 어우러 주는 자비의 행업이 따라야 할 것이다. 그리하여 국민적 방송이 어느 누구에게만 파당적 이익이 되지 않도록 직시하고 계도하는 불자적 긍지를 역사적 현실태로 결속시켜 나가야 할 것이다. 이에 대한 종단의 자체 감찰이 지속적으로 시행되고 공정하고 정의롭게 판단할 수 있는 안목이 이행되어야 방송윤리의 지침이 능동적으로 이끌어가야 할 것이다.

-대원 87년 10월호-

제5장

귀의삼보하는 능동자

나눔은 회향의 길이요, 환원의 고향이다.
나무(南無)하는 바탕이요, 귀명하는 본질이다.
나무하는 마음, 나눔의 본질을 파악하는 것이다.
참 그것으로 귀의하고, 참 그것이 되는 것이 나무일 것 같으면
나무는 바로 그 참을 나누고 참 그것으로 귀의삼보하는 능동자이다.
우리가 이 세상을 살면서 무수한 것을 나누고 살았다 하더라도
이 본질적인 불성의 근본을 나누고 살지는 아니 하였다.
물과 같이 유연하면서 불퇴전의 정진력으로 보살의 빛을 나누는
하심하는 인간으로 살아가야 할 것이 아닌가.

답답한 여름, 시원한 바람을 그리며

한더위가 치성을 부리면 사람들은 짜증이 나기도 한다. 이 짜증은 자기 속에만 나면 괜찮을 것인데 종종 남에게 성깔을 부리게 된다. 짜증이 성깔로 변하면 간혹 싸움이 날 수도 있다.

여름은 열나는 계절이다. 안으로부터도 열이 나고, 바깥 열도 오른다. 더하여 내외의 열이 상승하면 시비가 죽끓듯이 일어난다. 그러므로 이 여름에는 시원한 곳을 찾아 피서를 하든지, 선풍기나 찬바람 나는 방안에 들어서서 몸도 식히고 마음도 가라앉혀야 한다. 흔히 말하기를 겨울철에 일어나는 사건보다 여름철에 일어나는 사건이 잔인하다고 한다. 조사나 연구를 하여 보지 않더라도 여름철 사건이 무서울 것임에 틀림없을 것이다. 폭염에 시달리면 사고가 일어나지 않을 것 같으면서도 매년 사건이 빈번하게 일어나고 사건의 내용은 잔인하다. 노출증으로 일어나는 것일까.

해수욕장에서, 계곡에서, 강변에서 대형 사건이 일어나고 있다. 이것은 모두가 무더위 때문이다. 추위보다 더위는 인간의 마음을 사악하게 만든다. 그런데 이 더위보다 무서운 것이 있다. 더위의 열기는 찬 물이나 찬 바람으로 청량하게 식힐 수 있지만 도저히 식힐 수 없는 심화(心火)가 있다.

옛날 부처님이 기수급고독원에 계실 때의 일이다. 한 수행승

코칼리야가 해야 할 수행은 하지 않고 엉뚱한 생각이 든 것이다. 미워하는 생각과 의심하는 생각이 열화같이 코칼리야의 가슴 속에 일어난 것이다. 이 의심과 증오를 혼자서 소화시킬 수 없어 부처님께 말씀드렸다.

"부처님, 사리불과 목건련은 삿된 생각을 가지고 나쁜 욕망에 사로잡혀 있습니다."

이 말에 대하여 부처님께서는 코칼리야에게 "사리불과 목건련은 선량한 사람이다. 절대로 그렇게 말하지 말아라."고 타이르며 말씀하셨다. 그러나 코칼리야는 막무가내로 두 번, 세 번 거듭 사리불과 목건련을 의심하고 증오하였다. 그러나 부처님께서는 두 번, 세 번 서로 믿고 바르게 수행할 것을 간구하였다.

자기 말이 먹혀들어가지 않자 코칼리야는 부처님 곁을 떠나고 말았다. 그는 나가자마자 온몸에 겨자씨만한 종기가 생겼다. 처음에는 겨자씨만하던 것이 차차 팥알만해졌다. 팥알만하던 것이 또 콩알만해졌다. 그러더니 대추씨만해지고 대추알만해졌다. 이와 같이 감자만해지고 덜익은 모과 열매만해지고, 익은 모과만하던 것이 마침내 터져서 고름과 피가 되어 흘렀다. 코칼리야는 끝내 그 병으로 죽고 말았다. 죽은 후에 그는 홍련(紅蓮)지옥에 떨어졌다고 한다.

이것은 『숫타니파아타』에 있는 경문이다. 의심하는 것과 증오하는 것이 무어 그리 대단한 일이겠는가고 생각하는 사람이 많다. 사람이 살다보면 적당히 의심할 수 있고 때로는 남을 증오할 수 있을 것이라고 생각하는 사람이 많다. 사람이 성인군자가 되어 한 번도 의심하지 않고 남을 미워하지도 않으며 어떻게 살 수 있을까 하고 생각하는 사람이 있을 것이다.

상대방의 행위의 실재성에 대한 오해를 하거나 잘못 인지하여 의심하는 경우가 있을 것이다. 그것이 오해라고 하면 빨리 풀어야 한다. 또 그것이 사실이라면 그렇게 하지 않도록 주의를 환기시켜야 하는데 덮어 놓고 의심하는 것은 자기 마음에 허물이 되는 것이다. 또한 미움도 자기 속의 이해나 사랑이 약한 것에서 발생한다는 점을 인지하여야 한다. 항상 자기 속에 자비심이 부족함을 한탄하여야 하는데 오히려 증오심을 끌어내는 것은 큰 잘못이다.

사람이 살면서 개인과 개인끼리 증오와 오해가 생기는 것도 큰 질곡이다. 그러나 국민과 국가간에 오해가 생기고 그 오해의 심도가 깊어 도저히 이해할 수 없는 벼랑에 서면 서로가 아래로 굴러 떨어져야 한다. 다스림을 주업으로 하는 정부는 항상 광명(光明)하고 정대(正大)하여야 한다. 광명은 부처님의 빛과 같이 한점 티없는 밝음이요, 정대는 부처님의 가르침과 같이 바르고 평등하여야 한다.

백성은 응어리지는 것을 싫어한다. 응어리를 갖고 있으면 자기 아픔이 증대하므로 가능하면 응어리를 제거하려고 한다. 그런데 그 응어리가 일방적으로 풀어질 수도 있지만 상대적으로 없애버리지 아니하면 안 된다. 백성의 한(恨)이 사라지는 사회가 좋은 사회다. 백성은 오해나 증오를 먼저 갖는 것이 아니다. 백성은 느낌이나 직관으로 파악한다. 마음 놓고 사는 백성에게 누군가 막힘의 벽을 쌓거나 길을 막을 때 화가 치밀고 한이 맺히는 것이다. 백성은 물줄기와 같아서 한동안 그 물줄기가 막히고 나아감이 중지되더라도 그 물이 가득차면 새로운 줄기를 찾게 된다. 이 물줄기가 새 삶의 길을 찾고 자기의 한과 미움을 내뿜는 것이다. 본시 한과 미움의 없앰은 나라를 다스리는 쪽에서 하여야 한다.

다스리는 쪽에서 항상 백성을 오해하거나 미움을 갖지 않도록 노력하여야 한다. 국가는 권력의 산실이라고 생각하면 큰 오산이다. 국가는 힘을 만드는 곳이 아니다. 국가는 화합의 산실임을 깨달아야 한다. 국가가 권력의 중심부라고 생각하는 것은 코칼리야가 사리불과 목건련을 오해하고 증오하는 것과 다름없는 것이다. 사리불과 목건련은 부처님 법 속에서 생활하는 수도자이며 제자이다. 그들이 항상 부처님 곁에서 수행하고 있다 하지만 아무런 것도 얻은 바가 없는 것이다.

부처님은 권력이 아니다. 부처님은 지혜요, 자비인 것이다. 우리도 국가나 정부가 지혜의 보고가 되어야 하고 평등의 시혜가 고르게 나와야 함을 알아야 한다.

그런데 국가가 권력의 핵심이 되어야 한다면 그 국가는 새롭게 생각하여야 한다. 국가는 백성과 함께 공존하는 생명체이다. 이러한 이법(理法)을 무시하면 그 국가는 온몸에 겨자씨만한 종기가 나고 그 종기가 증대하여 마침내는 그 병으로 망하게 될 것이다. 우리는 국가가 망하는 것을 원하지 않는다. 국가가 영원히 민주주의로 남아 민족의 항구적 발전을 담보하는 보루가 되고, 그로 인해 무한히 베풀 수 있는 공덕과를 맺어 영생하기를 바란다.

국가 혼자 있는 것이 아니라 국가 안에는 무수한 개인적 생명이 공존하고 있으므로 국가는 개인보다 더 깊은 성찰을 하여야 한다. 국가라는 거대한 유기체를 청량하게 하기 위하여는 국가가 법계에 상주한다는 생각을 하여야 한다. 그 법계가 항상 광명, 정대, 화합을 드리우고 있는데 그것을 벗어나려고 하는 생각을 국가가 한다면 작열하는 민의의 질타와 강렬한 민심의 노도를 피할 수 없을 것이다. 이 여름 국가 스스로 청량한 바람이 되어 백성의 원한을 가셔주기 바라는 마음이다.

귀의삼보하는 능동자

온 나라에 물난리가 나서 그 피해액이 6천 억이나 된다는 발표다. 물의 무서움은 다 알지만 이참에 물의 본연의 성질을 한 번 생각해 보는 것도 좋을 것이다. 물은 유연성이 있는가 하면 조화성도 있다. 또 물이 많이 모이면 모든 것을 쓸어부치는 힘도 있다.

우리들 인간은 환경과 시대 그리고 인물이 바뀌면 당장 본래의 본성을 나타내고 오늘의 이익에 매달리고 춤을 추려고 한다. 이익에만 충혈이 되어 일하는 사람은 남을 바로 보기가 힘들다. 자기만이 즐겁고 기쁘기 위하여 남은 거들떠보지도 않는다.

그러므로 부처님께서는 "땅과 같아서 다투지 않고, 산과 같아서 움직이지 않으며, 진흙이 없는 못과 같아서 이 참사람에게는 생사가 없다."고 하였다. 자기만을 보는 사람은 땅일 수도 없고 물일 수도 없다. 산과 같이 움직이지 않는 사람은 큰 힘을 안으로 갖춘 사람이다. 믿음이 안으로 갖추어지지 아니하면 참다움은 발견할 수 없다.

우리들이 살고 있는 이 사회는 조화를 이루려 하지만 실제면에서 보면 부조리의 조직, 불화(不和)의 연계(連繫)로 말미암아 알력과 반목의 소리가 침묵으로 메아리치고 있는 것이다.

소리가 날 때 소리가 있고, 울음이 나올 때 울부짖는 슬픔이 있어야 하는데 이 모든 감정과 정감을 안으로 숨기고 태연한 척, 아무런 일이 없는 듯 위장된 하루를 산다. 이처럼 일 년, 이 년, 가식의 역사가 형성되어 가면 어떻게 될까!

그래서 만남이 있어도 울림이 없다. 인간이 만나면 속살 깊은 울림이 가슴과 가슴으로 연결되어야 한다. 이것은 조화의 미덕이 결핍된 것이다. 우리는 물의 유연성에서 조화의 미덕을, 화합의 슬기를 찾아야 할 것이다.

옷깃을 한 번 스쳐도 오백세의 인연이 있다 한다. 우리는 만원 버스에서, 복잡한 거리에서, 지하철 역에서, 사원의 법당 안에서 그 옷깃을 스친 것이 몇 번인가, 몇백 번인가. 그렇다고 한다면 오백세의 인연에 대해 몇십 번의 자승을 하고 사는 것이 되고 만다. 한 번 스침에 그렇게도 지중한 속뜻이 있는데 우리는 겉옷의 스침을 몇천 번이나 하였건만 아무런 소득이 없는 것은 무슨 연유일까.

한번의 스침, 이것은 옷깃의 스침이 아니라 마음의 마주침이어야 한다. 한마음, 큰 마음, 밝은 마음, 슬기와 복을 갖춘 그 마음이 한 번만이라도 스친다는 것은 얼마나 큰 복덕으로 가득찬 것인가. 차 안에서 옷깃을 스치는 수가 많을 뿐만 아니라 부딪치고, 나중에는 옷깃이 찢어진다 하여도 그것은 겉과 겉이 닫는 마찰운동에 지나지 않는다. 물질적인 마찰, 물리적인 충동, 이것은 격렬한 에네르기를 동력화하여 중압감을 느끼게 하는 충격운동으로 바뀌게 된다.

우리는 부처님의 옷깃 스침의 교설을 함께 음미해 보아야 한다. 외형적 사건의 전개를 노정하는 것으로만 보인다 해도 그것에는 다 깊은 뜻이 있다.

부처님의 교설은 인연의 외형화에서 내면적 인식으로 끌어들이기 위한 방편으로 말씀하신다. 이러한 점을 깨우쳐 생각하여야 한다. 우리들은 어리석고 어리고, 미미한 존재이기 때문에 우선 물리적인 마찰로부터 안으로의 만남을 기약하여야 한다는 것을 암시한 것이다. 그러므로 보살의 길은 하심(下心)의 수행을 첫째로 삼고 있는 것이다. 보살이 우쭐하고, 아만이 있고, 보살이 오만한 고집을 부린다면 이 세상은 증상만과 아집 또 독선과 편견으로 가득할 것이다.

보살이 마음이 없다고 할 때 그 마음은 고립과 편견을 내지 않는 것이고, 더더욱 마음이 없다고 할 때는 애증이 탈각한 것을 뜻할 것이다. 승찬 스님은 신심명(信心銘)에서 애증을 초월할 것이 아니라 애증 자체를 함께 소멸시키는 것이 참다운 길이라고 하였다.

이제 우리는 무엇을 나누고 살 것인가, 정을 나누고 살아야 한다. 정(情)에도 인정, 사정, 감정, 가는 정, 오는 정 등 이루 말할 수 없을 정도로 표현이 많다. 더욱 우리 나라 사람은 정한(情恨)에 약한 사람이 되어 정에 울고 정에 웃는다. 이러한 감정적인 정을 나누는 것도 좋은 일이다.

그러나 정한에 사무쳐 사는 사람은 이성적 판단을 흐릴 수 있다. 이성적인 사람은 얼음과 같이 냉랭한 사람이라 표현되기도 하지만 다정다감하고 정에 매달려 사는 사람은 일을 처리하는데, 자못 그 길을 가름하는 데 편벽되게 행동하기도 한다.

그러므로 사람은 나눔을 일삼고 살 때도 슬기와 자비를 함께 나눌 수 있어야 한다. 지비원만(智悲圓滿), 지비구현(智悲具顯)하여야 한다는 것은 심중한 의미가 있는 말이다. 그리하여 보살은 세계를 이웃하고 우주의 법리를 잘 통찰하여 세계일화(世界一花)하는 마음을 가져야 한다.

관자재(觀自在), 이것은 철학적인 뜻으로 풀이하는 것보다 종교적 신앙으로 바로 새겨야 한다. 보살은 자재로운 현상을 철견한다. 아니 보살은 자재로움 그 자체가 되는 것이다. 보살이 자유롭게 되는 것은 우리들 모두가 자재적 존재로 이룩될 수 있는 가능성을 보여주고 있는 것이다. 자재를 관찰하고, 자재가 된 그 사람만이 현실적인 세계의 모든 고통, 즉 오온적(五蘊的) 실재를 제도하게 된다. 오온적 실재를 제도하는 능력자가 되었을 때 비로소 나눔의 길을 향하여 갈 수 있다. 모든 존재의 무애적 파악이 우선하여야 한다.

나눔은 회향의 길이요, 환원의 고향이다. 나무(南無)하는 바탕이요, 귀명하는 본질이다. 나무하는 마음, 나눔의 본질을 파악하는 것이다. 참 그것으로 귀의하고 참 그것이 되는 것이 나무(南無)일 것 같으면 나눔은 바로 그 참을 나누고 참 그것으로 귀의삼보하는 능동자이다. 우리가 이 세상을 살면서 무수한 것을 나누고 살았다 하더라도 이 본질적인 불성(佛性)의 근본을 나누고 살지는 아니 하였다.

우리 모두 이 보살의 본심, 아니 신묘한 보리심을 나누는 인연을 맺기 위하여 옷깃을 스치고, 마음의 빛살을 저 어둡고 아둔한 사람의 가슴과 궁창에도 광명여래(光明如來)의 빛으로 나눔의 연기(緣起)를 계속하여야 한다. 여래장에 깊숙이 함장되어 있는 지혜와 자비를 끌어내어 청정하게 안주할 수 있는 정토의 세계를 만들어야 한다.

그것의 첫번째의 길은 물과 같이 유연하면서 불퇴전의 정진력으로 보살의 빛을 나누는 하심하는 인간으로 살아가야 할 것이 아닌가.

-대원 87년 9월호-

관용만이 자비는 아니다

아시아의 경축이 벌어지고 있는 시기를 틈타 폭력이 일어났다. 잔치에 물을 끼얹는 무례한 행동이 자행되고 있다. 인간은 양심을 가지고 있으면서 이성적인 생활을 하여야 한다. 그럼에도 불구하고 김포 국제공항에서 일어난 폭발물 사고는 우리에게 커다란 충격을 주었다. 아시안게임은 우리 나라가 정한 것이 아니다. 전 아시아 국가가 머리를 맞대고 서울체전을 약속한 것이다. 양식있는 사람들의 대회의를 거쳐 결정된 사항이다.

인간의 저돌적이고, 투쟁적이고, 야수적인 심성을 체육을 통하여 순화하려는 깊은 사려로 인하여 인간이 발상해 낸 최상의 평화게임이 이 스포츠게임인 것이다. 무력으로 정복하고 싶은 심사를 스포츠로 대신하여 승리를 만끽하려는 인간 양심이 꽃핀 것이다. 이 인간 양심의 꽃이 피는 것을 폭력이나 투쟁 아닌 살상으로 일삼으면 인간 양심의 꽃은 찢어지게 된다. 이 무슨 날벼락인가.

우리가 살고있는 세계를 부처님께서는 사바세계라 하였다. 고통, 질곡, 불안, 공포, 폭력, 전쟁은 인간이 만들어 내지 않더라도 본래부터 고통이나 가난을 동반하고 있는데 오히려 인간이 거기다 불안한 사건을 창출하여 인간 자신을 더욱 괴롭히는 것은 양식이나 이성이 있는 사람으로서는 도저히 할 수 없는 처사가 아닌가.

일찍이 부처님께서는 『법구경(法句經)』에서 "원한은 원한에 의해서 쉬어지지 않는다. 참음으로써 원한은 쉬어진다. 이것이 여래법(如來法)이라 한다."고 하셨다.

이 법설은 최상의 가르침이다. 그런데 인간이 이 법설을 잘 이행하고 있는가. 어느 누구라도 부처님의 말씀이 지당한 줄 알면서도 이것을 실천하지 않는다. 우리들은 날이 새면 새로운 원한을 만들어 보복하고 살상하는 마음을 창칼보다 더 뾰족하게 갈고 있지 않은가. 그러므로 평화를, 안온을 기원하는 사람에게 치명상을 주고 있는 것이다.

우리는 이러한 간악하고 무도한 무리를 방치할 수 없다. 여기에 새로운 고민이 생기는 것이다. 왜냐하면 부처님은 자비무적(慈悲無敵)이라 하여 자기 생명에 위해(危害)를 무릅쓰고라도 상대방을 안위케 하여야 한다는 것을 누누이 말씀하셨다. 본생담에서나 많은 비유경에서 설하고 있을 뿐만 아니라 『법화경』 「법사품」에서도 "선남자, 선여인이 여래의 방에 들어가서 여래의 옷을 입고, 여래의 자리에 앉아야만 사부대중을 위하여 이 경을 널리 설하리라. 여래의 방이란 온갖 중생 가운데 대자비한 마음이요, 여래의 옷이란 부드럽고, 화평하고, 욕됨을 참는 마음이요, 여래의 자리란 모든 법이 공(空)한 자리, 그것을 이름이다."라고 하였다. 이것은 절대적 인내를 가르친 것이다.

육바라밀의 하나인 인욕바라밀의 실천을 감행하도록 일러주신 것이다. 이것은 『법구경』의 사상을 승계한 증좌라 할 수 있다. 그러나 우리는 참음에도 한계를 느끼게 된다. 참다가 정의가 죽게 되고, 정의가 말살된다. 이렇게 정의필멸의 경우에도 참아야 하는가. 여기에 문제가 생긴다. 악한 무리에게 정의로움이 괴멸되어도 참아야 한다면 어쩔 수 없이 부처님의 교설을 우리는 따라야 할 것이다. 그런데 대승불교에 들어오면 위와 같은 절대인욕의 해석이 발전되고 있는 사실을 발견하게 된다.

즉 파사현정(破邪顯正)이 그것이요, 섭수절복(攝受折伏)이 그것이다. 악이 증대하고 폭력이 난무하는 것을 그대로 방치하거나 악과 폭력에 주저앉는 것이 아니라 그 악과 폭력을 제거하여 악을 사라지게 하고, 폭력을 굴복시키는 것이 자비 실천의, 바라밀의 길이라고 가르치고 있는 것이다.

『승만경』에서는 정의 실현을 적극적으로 권장하고 있다. 즉

"마땅히 항복받을 사람은 항복받고, 마땅히 거두어 들일 사람은 거두어 들이겠습니다. 무슨 까닭에 그러한가 하면 항복받거나 거두어 들임으로써 법을 영구히 머무르게 할 수 있기 때문입니다."

항복 받을 사람을 그냥 내버려 두면 불의가 활개를 치게 된다. 삶이 어찌 사람을 구속하고 결박하고 급기야는 사형에 처할 수 있겠는가 하고 되물음할지 모르지만 한 사람의 악인이 백인을 죽인다면 한 사람의 악인을 처단하여 백인을 살리는 것이 대비심일 것이다.

자비라고 하는 것은 악에 대해서도 관용을 베푸는 것이라고 정의를 내릴 수 있지만 그 악이 모든 사람을 괴롭히고 살생이라는 심각한 위해를 가해온다면 무조건 그 악을 제거하여야 할 것이다. 그러므로 『승만경』에서도 섭수와 절복을 가려 놓고 있는 것이다. 섭수라고 하면 포용하고 받아들이는 것이다. 이것은 악이 간악무도하지 않는 가벼운 잘못은 받아들여 바르게 설 수 있도록 하는

것이다. 그러나 극악하고 악독하여 도저히 참괴로써 치유될 수 없는 것은 단멸시켜 버려야 한다. 이것이 바로 절복이다. 이렇게 원시적인 교설이 섭수에 해당할 것 같으면 대승은 절복에 있는 것이다. 파사현정하는 절대정의의 실현이 대승의 이상인 것이다.

우리들이 살고 있는 지구에 하루도 편안한 날이 없다. 불안이 항상 도사리고 있다. 공포가 가깝게 자리하고 있다. 그러나 자연적인 공포나 불안보다 인위적인 것이 더 팽배하고 있다는 것이 문제이다. 우리는 인위적인 폭력을 찾아내어 척파하여야 한다.

그렇게 함으로써 많은 사람이 평화를 갈구하면서 사는 것에 밝음이 가득하여야 한다. 만약 이와 같은 길을 포기한다면 인간이 인간으로부터 폭력을 부여받고 사는 결과가 될 것이다. 인간은 하찮은 이데올로기를 초월하여야 한다. 그 이념이, 제도가, 정책이 무엇이길래 폭력을 자행하는가. 이데올로기가 절대라는 미망에서 잠을 깨어야 한다.

아시아에 있는 한국. 이곳은 등불이 빛날 곳이다. 지금 평화의 성화가 온 나라를 누비고 있다. 빛이 누비는 곳마다 사악하고 사특한 어둠이 사라져야 한다. 이 성화의 불빛에 불의와 폭력이 소멸되어야 할 것이다. 그런데 요괴의 마군이 평화를 말살하려는 악심으로 김포에 폭탄을 장치하였고 그 폭탄이 폭발하여 많은 인명을 살상하였다. 하늘이 노하고 사람이 증오할 일이다.

우리는 이런 악괴의 무리를 하나 남김없이 찾아내어 나락으로 보내어야 한다. 그들을 나락으로 보내려는 의욕이 있는 자가 많을 때, 또한 아수라를 척파할 때 우리가 살고 있는 세상이 극락이 될 것이다. 우리는 아시아와 온 지구를 극락으로 환원시키겠다는 원력으로 아시아 제전을 마음으로 맞이하여야 할 것이다.

-대원 86년 10월호-

314

어쨌거나, 항상 남을 위하여

어떤 사람이 성공할까. 어떻게 된 경지를 성공하였다 할까. 여기에 대해서는 사람에 따라 다를 것이다. 그러나 성공한 사람은 자기가 설정한 목표에 도달한 사람을 말한다. 성공이라는 두 글자에 매달리지 않고 항용 같은 마음으로 자기가 하고 있는 일에 염오심이나 해태심이 없이 꾸준히 밀고나가면 종국에는 그 일이 성사될 것이다.

누구나 그러한 이치는 다 알고 있다. 그러나 그렇게 되지 않는다. 그것은 끈기가 약하고, 또한 게으름이 싹트기 때문이다. 일찍이 견의(堅意) 보살이 부처님께 여쭙기를, "어떻게 하면 수능엄삼매에 들 수 있습니까?"하였다. 이 수능엄삼매는 부단히 정진하는 힘이며 일심에서 불퇴전하는 마음의 진리를 말한다.

그리하여 부처님께서 견의 보살에게 말씀하셨다.

"만약 활을 쏘는 사람이 있다고 하자. 활을 쏘는 사람은 과녁에 적중하는 사람이어야 명궁이 되는 것이다. 이 사람은 제일 먼저 커다란 표적을 맞출 수 있어야 한다. 그 큰 표적을 잘 맞출 수 있게 되면 다음은 작은 표적을 만들어 그 작은 표적을 맞추는데 온 힘을 기울여야 한다. 그리하여 작은

315

표적이 잘 맞게 되면 과녁을 맞추는데 전심전력하여야 한다. 그 과녁이 맞으면 머리카락 백 개를 묶어서 맞추고 머리카락 백 개가 맞으면 열 개를 맞추고, 또 한 개를, 그리하여 머리카락 한 개의 100분의 1을 쪼개어 놓고 맞출 수 있으면 그 사람을 명궁(名弓)이라 할 수 있는 것이다. 이렇게 명궁이 되면 캄캄한 밤에 무엇이 보이지 않더라도 그 소리 나는 쪽에 활을 겨누어 쏘아도 맞출 수 있다. 이렇게 되는 경계를 '삼매에 들었다'고 한다."

이것은 어떻게 보면 누구든지 가능한 일일 것 같기도 하다. 그러나 부단한 노력과 불퇴전의 원력이 없고 보면 불가능한 일이다. 활을 쏘는 경우도 이와 같은데 하물며 마음이 한 경계에 든다는 것은 여간 어려운 일이 아니다. 수능엄삼매에서 보살행을 하여야만이 참다운 보살행이다. 한 번이나 한 때에 남을 위한 보살행을 할 수 있다. 그것은 시간적인 일이고 수시적인 일이다. 매양 쉬지 않고 하는 일이 보살의 길이 되어야 한다.

오늘은 내가 기분이 좋고, 내게 여유가 있기 때문에 남을 위하여 일하는 것도 좋은 일일 것이다. 그러나 내 몸이 아프고, 기분이 불쾌하고, 내게 여유로움이 없을 적에는 인색하게 되고 해태심을 부리는 것은 보살행이 아니다. 착한 마음이 되는 것도 활을 쏘는 사람이 흔적 없는 과녁을 맞추는 것처럼 흔적 없는 마음의 자리에서 보살의 빛을 발광하여야 한다.

사람을 살펴보면 번뇌의 덩어리다. 여러 가지 일들에 얽힐 수 있는 여지가 많은 것이다. 눈으로 얽히고 코로써, 귀로써, 입으로써, 또한 몸뚱이가 온갖 욕망의 대상에 부딪치어 생활하는가 하면 마음은 또한 부딪침과 번거로움을 만들어 낸다. 우리의 마음 속에 일어나는 세 가지 독소가 우리의 정진력과 불퇴전의 원력을 격감시킨다. 성냄, 어리석음이 각각으로 활동하는가, 아니면 동시적 다발성인가에 대하여 생각해 보아야 한다. 겉보기에 욕심을 부리는 것은 욕심 하나의 작용이라 할 수 있다. 그러나 욕망이 성취되지 아니하면 반대로 그에 대한 불만이 일어나게 된다. 불만이란 것이 성냄이 아닌가. 그러면 성내는 것이란 무엇인가. 사리를 바르게 파악하지 못한 지적 무지의 상태이다. 무지한 마음으로 살기 때문에 이루 헤아릴 수 없는 갈등이 생기는 것이다.

그러면 이 세 가지 탐냄, 성냄, 어리석음은 하나이면서 별개의 작용을 하는 것이다. 또한 따로 떨어져 있는 것 같지만 모두가 동시에 발진하는 증후를 갖고 있는 것이다. 정신세계에서 일어나고 있는 다발적 갈등의식이나 열등의식, 더 나아가서 불안감의 배태, 불만의 노증이 인간사회를 어둡게 하는 것이다. 네 가지 서원 가운데 제일 먼저 번뇌가 다함 없다고 하였다. 이 다함 없는 번뇌를 멸진하여야 한다. 번(煩)이란 대상적 결핍에서 오는 것이고, 뇌(惱)란 심정적 갈등에서 일어나는 것이다. 대상을 갈망하다가 대상이 자기화되지 않는 상태에서 인간은 무한한 결핍을 느낀다. 명예가 되건, 권력이 되건, 금전이 되건 외형적인 추구력이 소멸되지 않는 한 연속적으로 인간은 결핍증 환자가 되어 세상을 바라보게 된다.

이에 반하여 심정적 갈등은 안으로 평정을 추구하고 안온도 소원하지만 마음이란 쏟아지는 폭포처럼, 흐르는 시간처럼 무상하기 그지 없다. 변화무쌍한 마음이 편안함과 안온성을 부정하는 것이다. 마음을 어지럽히는 주요 원인(原因)이 무엇인가. 결핍의식의 방황이요, 불만초조의 쟁취심이다.

이러한 대상적 결핍이거나 심정적 갈등을 무화(無化)시켜야 한

다. 아무리 편안하게 되는 길이 있다 하더라도 그것은 무심(無心)
하게 되는 길로 나아가는 수 밖에 없다. 선가(禪家)의 간결한 법
문이 얼마나 쉬운가. 방하착(放下着)하라. 모두 놓아버려라. 어디
에 있든, 무엇을 잡았든 그것을 놓아버려야 한다. 잡으려고 하는
마음이 삼독의 주요 원인이다. 우리말에도 '마음 놓아라'라고 할
때는 참으로 깊고 알찬 의미가 있는 것이다. 어떤 일에 당황할
때 사람들은 그 당사자에게 마음을 놓으라고 일러 준다. 그러나
우리는 놓을 마음에 힘을 쓰는 것이 아니라 잡을 마음에 총력을
쏟아 넣는다. 총력의 쏟음이 집심(執心)이요, 애착이다. 갈등의 수
레바퀴에 엉킨 인간, 이는 평온을 얻을 수 없을 것이다.

　우리는 활을 다루는 사람이 그 보이지 않는 일점을 겨누어 마
음 씀이 없이 무심(無心)하게 쏘아 맞추듯이 우리도 수능엄삼매의
길로 접어 들어야 한다. 탐심의 덩어리가 다 사라졌다 하더라도
진심의 덩어리가 남아 있다면 탐심이 되살아나게 된다. 진심의
찌꺼기가 남아 있다면 어리석음의 행위가 머리를 쳐들고 갖가지
소행을 할 것이다. 그러므로 이러한 심정 속에 일렁거리는 일체
의 번뇌를 하나같이 소진하고 멸진시켜 두 번 다시 이러한 행위
가 우리의 마음 속에서 일어나게 하는 원초적인 원인을 소멸시켜
야 한다. 그것이 소멸된 상태에서 보살행을 하게 되면 불퇴전의
보살이 되는 것이다. 불교의 수행은 일시적이거나 수시적으로 행
사하는 보살의 길이 아니고 수능엄삼매의 길이 아니다. 항시적이
고 전인적 수행이 이타적으로 이룩되어야 한다. 이타의 연속적
바라밀행이 종국에 가면 마음 놓고 사는 자기에게 자리(自利)적
실체로 나타날 것이다. 남을 향한 4무량심이 자기 내심에 증득되
는 보리과가 되어 나타나는 것이다.

-대원 86년 11월호-

우리 하나가 되어

'하나 되게 하여주소서.' 하나보다 많은 것이 우리 앞에 놓이게 되면 선택하기 어렵다. 하나만 되면 그것을 골라 잡을 수 있지만 많은 것이 뒤섞여 있을 때 무엇을 골라야만 만족할 것인가에 대하여 고민을 하게 된다.

선택의 의지가 혼란을 야기하면 번민에 빠지게 된다. 더 나아가 갈등의 소용돌이에 휘말리게 된다. 인간에겐 선별적 능력이 있다. 선악을 분별하고 대소를 간택하고 미추를 선별하는 안목이 있긴 있다. 그러나 욕망의 불길이 타오르면 모든 것을 통째로 소유하고픈 생각이 춤추고 나오기 때문에 자기 혼란을 일으킨다.

그러나 선택의 의지에 힘을 주어야 한다. 가능하면 하나만의 선택으로 만족을 구하도록 노력하여야 한다. 이것은 수행의 길에 접어 들지 않으면 불가능하다.

밖으로 뛰쳐나오는 번(煩)과 안에서 바둥거리는 뇌(惱)를 잘 살펴보아야 한다. 번이란, 모든 대상을 행복이 된다고 생각하여 부딪쳐 싸워보는 것이고, 뇌란 모든 온(蘊)을 편안이라 착각하여 부글거리게 하는 것이다. 대상이란 물질적인 것이어서 불타오르는 땔감과 같다. 연속적 존재에 생각을 기울이는 것이 자기 자신을 송두리째 태워버리는 생각을 내는 것과 무엇이 다르랴. 온이라는 것은 뇌란의 덩어리이므로 그것을 자주 가깝게 하면 자신의 심성도 뇌란 그것이 될 뿐이지 별다른 편안을 구하지 못할 것이다.

우리는 밖으로 쫓아나온 번(煩)과 도깨비 춤을 추는 뇌(惱)를 잘 추스려 들여야 한다. 내달아 가는 것도 하나의 길로 향하게 하여야 하고, 도깨비의 단박자의 춤으로 정지시켜야 한다. 그렇게 하여 종국에 가면 덤벙대는 내달음도 사라지게 하고 개춤 추는 휘몰이도 가라앉게 하여 모든 것이 하나가 되어야 한다.

하나가 되면 갈등이 사라진다. 두 개 이상의 선택의 갈림에서 바둥대는 욕망의 화살은, 하나의 표적을 정하게 하여 선택, 소유와 하나되게 하여 마음의 안정을 얻도록 하여야 한다.

부처님께서 말씀하셨다. 인간은 지적 결함을 느끼는 경우와 궁핍을 느끼는 때가 있다고 하셨다. 지적인 결함을 무명이라 하고 욕적 궁핍을 애욕이라 하셨다. 무한히 선재(先在)하고 있는 우주의 질서와 원리를 바르게 이해하지 못하고 마구잡이로 혼돈을 만들어 버리는 무명, 우리는 이것을 경계하여야 한다. 무명을 지혜로 전화시켜 질서 속에 생활하고, 원리를 체득하는 그날이 오면 인간이 자재하게 된다. 그러나 지혜의 계발에는 등한하면서 모든 질서가 자기에게 하강하기를 바라고, 모든 원리가 자기로부터 나오게 하려는 것은 무슨 심사인가.

또한 무량하게 존재하고 있는 우주의 시설과 대상을 적절히 이용하지 아니하고 탐욕의 불길로 만들어 버린 애욕, 우리는 이것을 정화하여야 한다. 애욕을 소욕지족(少欲知足)으로 자리바꿈하지 않고 애욕 그것을 자기 것으로만 만들려고 하기 때문에 3화(三火)의 불기둥만 높아갈 뿐이다. 무명과 애욕을 다스리는 슬기를 배워야 한다. 그것은 심적 갈등에서 오는 불만을 해소시키고, 지적 갈등에서 오는 불만을 소멸시켜야만 가능한 것이다.

어떻게 보면 인간에게는 미혹의 체성이 있기도 하다. 아니 그것이 만약 선재된 그것이라면 선재된 실존의 앞머리에 더 강한 원리를 투약하거나 투사하여 선재된 실존적 무명이나 애욕을 소진시켜버려야 할 것이다. 이것이 애욕 없는 인간, 무명이 아닌 인간으로 현존하게 해야 한다. 이것은 상관관계의 진리인 연기법을 확실하게 체득하는 길이다. 우리들 인간이 이 연기의 진리를 바르게 깨달아, 그 깨침의 빛을 선재된 실존적 미혹성의 공간과 시간의 추이보다 선재시킬 수 있다면 그 다음으로 생기하는 미혹은 광명으로 뒤바뀌게 될 것이다.

이것이 불교가 가는 길이고, 무명과 애욕을 치유하는 것이다. 앞서가고 있는 빛이 있게 하는 원력이 확실하게 세워져야 한다. 무명이나 애욕에 따라다니는 불똥이 아니라 애욕이나 무명보다 몇 광년 앞서서 비춰오는 빛이 되어야 한다. 앞서 있는 빛이 바로 반야의 빛이다. 우리는 뒤따르는 불똥이 되면 언제나 무명과 애욕이 우리에게 갈등의 무당춤을 추게 할 것이다.

우리가 살고 있는 세계를 사바라고 한다. 이 사바는 고통이 선재하고 있는 곳이고 번거로움이 현존하는 곳이다. 그 고통과 번거로움이 선점(先點)하였다고 하여 우리는 수수방관할 수 없다. 선점된 자리를 기쁨과 안온이 찾아오는 세계로 만들어야 한다. 그것은 반야가 선재하도록 하여야 한다. '도피안', 이것은 무엇을 의미하는 말인가. 저 세계의 빛을 이쪽 세계에 다가오게 하는 원력인 것이다. 저 세계에 이른다는 단순 의미가 아니라, 저 보이지 않는 세계로 우리가 먼저 다가가서 이 세계로 건너오고자 하는 염원과 맹세가 서려 있는 인간 최대의 믿음의 길이다.

저 세계는 빛의 세계이다. 이 현실은 고통의 세계이다. 이 고통의 세계를 건지기 위해서 우리가 먼저 저 세계로 가자. 저 세계의 빛을, 반야를, 행복을, 안온을 선점하여 누리는 빛으로 반야로, 행복으로, 안온으로 화신(化身)되어 이 세계로 오자고 서원하자.

사회가 불안하고, 정치가 서툴고, 경제가 불균형하고, 문화가 뒤섞이더라도 이것은 사바의 작희에 지나지 않는다. 사바에 사는 사람들은 원초적 미혹병(迷惑病) 때문에 한치의 앞을 내다보지 못한다. 그러므로 혼돈과 혼미가 칼부림하고 주먹질도 한다. 그러나 먼저 가는 사람이 있어야 한다. 반야의 세계에 먼저 가는 사람이 많이 나와야 한다. 먼저 나온 사람이 사바의 주인공이 되어야 한다. 보살이 나오고 보살행이 점진적으로 연속되어야 한다.

제 아무리 치도(治道)의 큰 재주와 기술이 있다 하여도 재주는 슬기에 미치지 못하고, 기술은 행(行)에 불여막급이다. 앞서가는 사람이 슬기로운 사람, 행에 사무치는 사람이 되어야 한다.

이 사람은 무원(無願)이 되어야 한다. 바랄 것이 없다. 자기 안온, 자기 해탈이 된 사람은 바랄 것이 없다. 이 바랄 것 없는 사람이 중생을 제도하여야 한다. 바랄 것이 많은 사람이 정치하고 경제하면 그것은 미혹한 무명심으로 욕심만 불어날 뿐이다. 그러므로 그 뒤에 따르는 사람은 곤고(困苦)함이 증대하고 불안에 휩싸인다. 사바세계의 교주 석가모니 부처님께서는 모든 권력과 부귀를 저버리고 하나의 마음으로, 중생을 어루만지는 손길과 중생을 살펴보는 눈빛이 빛나지 않았는가.

바랄 것 없는 마음의 사람이 되어, 저 세상에 먼저 가서 자비와 지혜로써 이 세상에 오는 길을 환히 틔워야 한다. 보살은 이 길을 여는 총원(總願)의 광년(光年)이다. 지혜와 자비의 광년이 우리의 세계로 다가오고 있다. 우리도 바랄 것 없는 마음으로 자비일원광년의 빛이 오는 방향으로 한 마음 비워야 한다.

-대원 86년 12월호-

322

밀어 붙이는 것만이 힘인가

사람이 남을 이기려고 하면 힘이 있어야 한다. 힘이 부치는 사람은 이길 수가 없다. 아무리 재간이 있다 하더라도 재간만으로 할 수 없는 것이 있다. 재간도 있고, 힘도 있다면 그 사람은 어디 무서울 것이 없을 것이다. 세상에는 이루 헤아릴 수 없는 싸움들이 일어나고 그 싸움에 지지 않으려고 온갖 수단을 부리며 잔꾀의 장난이 쉼없이 부침한다.

사실 힘이란 무엇인가. 남을 못살게 괴롭히는 것이 힘인가. 남의 재산을 몰수하고 제 재물로 만드는 것이 힘인가. 남의 권리를 빼앗아 저만이 모든 일을 마음대로 처리하는 것이 힘인가.

눈에 쌍심지를 돋우어 남이야 어떻게 되는 간에 자기 삶만 뚜렷하게 되면 그만이라는 논법이 설 수 있는 것인가. 어느 법가(法家)는 "사람 위에 사람 없고 사람 아래 사람이 있을 수 없다."고 하였다. 사람 위에만 있으려고 하는 사람은 권력을 남용하는 사람이다. 자기만이 언제나 사람 위에서 아랫사람을 깔아뭉개려는 의도를 앞세우고 있는 것이다.

또한, 사람 아래에 있으려고 하는 사람은 제 배알을 다 내어놓고 사는 사람으로서 자기의 권리를 포기한 사람이다. 세상에서 가장 비참한 것은 자기에게 있는 권리를 포기하는 사람이다. 권리를 포기하면 의무마저도 하락한다. 권리와 의무는 상응하는 저울이다. 의무를 바르게 이행할 수 없으면 권리도 몰수 당하고 마는 것이다. 의무수행에 철저한 생각이 있는 사람은 자기의 권리를 포기하지 않는다. 의무 속에는 권리수용의 능력이 선재하고 있는 것이다. 그러므로 권리를 이행하려는 사람은 의무의 본질을 파악하고 있는 것이다. 이 의무와 권리를 정당하게 수용할 수 있는 사람만이 힘의 의미를 알 수 있는 것이다.

그런데 요사이 모든 사람들은 의무와 권리 속의 정당한 권력을 쓰려고 하지 않고 함부로 힘을 부리고 있는 것이다. 그러므로 그 힘은 일방적이고, 어떤 법칙에 통용되지 않는다.

물리적인 힘이라고 하는 말도 남용하고 있고 또한 그 의미도 바르게 인식되어진 것이 아니다. 물리적 힘은 관성의 법칙에 의하든, 제3힘의 법칙에 의하든, 그것은 상대적으로 작용한다는 의미가 있는 것인데 이것이 파행적으로 이용되고 있는 것이다.

그저 물리적 힘을 구사한다는 것은 앞뒤 생각지 않고 일방적으로 밀어부치는 것을 뜻하게 되었다. 자연적 순응의 힘이 아니라 폭력을 의미한다. 한쪽에는 이익이 올지 모르지만 다른 한쪽은 불이익이 오게 된다.

인간의 이성이 계발되고 과학적 지식이 증장하면 모든 힘을 합리적으로 선용할 수 있는 능력을 길러야 한다. 수력(水力)이든 풍력(風力)이든 조력(潮力)이든 간에 이것을 일방적으로 놓아두면 인간은 항상 피해를 입기 마련이다. 그러나 이들의 힘을 과학적으로 이용하면 인간에게 유익한 동력을 얻을 수 있는 것이다. 정치력도 마찬가지로 밀어부치면 일은 성사될 수 있을지 모른다.

그러나 그 성사된 일로 말미암아 피해보는 쪽도 있는 것이다. 힘은 공용성이 있어야 한다. 발력(發力)하는 것과 응력(應力)하는 것의 등가원칙이 있어야 한다. 발력이 응력을 넘어서게 되면 저항을 받게 된다. 우리는 미시적 저항을 무시할 수 있다. 그러나 그 미시적 저항이 무한정하게 축적되면 무한동력이 될 것이다. 그 무한동력이 바로 무관심의 힘이다. 무관심, 그것이 무슨 힘을 쓸 것인가 하여 얕잡아 볼 수도 있다. 그것은 잘못된 망상이다. 우리는 무관심을 관심의 현장으로 이끌어 들여야 한다.

'너는 너, 나는 나'라는 무관심의 의식이 팽배하면 사회적 공동(空洞)이 생긴다. 이 공동의 영역이 확산되면 너와 나는 하나될 수 없다. 무관심의 공동화를 축소시키고, 또한 소멸시키는 작업이 선행될 때 이 사회는 힘의 조화를 창조할 수 있다.

성인은 힘을 조화롭게 하고 범부는 힘을 한쪽으로 몰아부친다. 『증일아함경』에 이르기를 범인과 성인의 힘이 여섯 가지가 있다고 한다. 어떤 것이 여섯 가지인가 하면, "어린이는 울음으로 힘을 삼으니, 하고 싶은 것이 있으면 먼저 울어야 한다. 여인은 성냄으로 힘을 삼으니 성내고 난 뒤에 하고 싶은 말을 한다. 사문은 참는 것으로써 힘을 삼으니 항상 남에게 대하여 내 몸을 낮춘 뒤에 할 말을 한다. 국왕은 교만함으로 힘을 삼으니 호세(豪勢)를 가지고 할 말을 한다. 아라한은 정진을 오롯하게 함으로 힘을 삼아 할 말을 한다. 모든 부처님은 대비로써 힘을 삼아 중생에게 널리 이익되게 한다."

여기서 한번 생각해보면 좋은 해답을 얻을 수 있는 것이다. 어린아이와 여인, 그리고 국왕을 살펴보고 다음으로 사문, 아라한, 부처님을 보면 확연한 대답이 나온다. 『증일아함경』이 고전적 불교경전이라고 도외시할지 모르지만 오늘날에도 시사하는 바가 많다. 어린아이는 울음이 큰 무기다. 아니 절대적인 무기요, 힘이다. 배가 고프거나 마음에 차지 아니하면, 자기의 성취욕을 알리는 수단은 울음밖에 없는 것이다. 그런데 여인은 이유 불문하고 성을 먼저 내고 만다. 여인의 성이 무섭고 독하기에 우선 달래야 한다. 성이 달래어지면 자기 요구를 표현한다. 이것도 상대방을 골탕먹이는 것으로 어린아이나 진배없다. 여기에 한술 더 떠서 국왕은 어떤가. 국왕은 교만과 권세로 무력적인 것을 힘으로 삼는 것이다. 그 위세와 권세가 하늘을 찌를 것 같아 감히 누구도 쉽게 접근하지 못하고 주눅이 들고 위협을 느낀다. 지배자에게는 모두가 무릎을 꿇게 된다. 이 얼마나 무서운 힘의 위력인가.

그러나 사문은 참는 것으로 힘을 삼고 아라한은 부단한 정진으로 힘을 삼는다. 어떤 재난이 자기 앞에 닥쳐와도 사문은 참고 아라한은 정진한다. 이 얼마나 진실한 힘인가. 여기에 한층 더 높은 경지가 있으니 이것은 부처님의 힘이다.

부처님은 대비로써 중생을 섭수하신다. 무량한 자비의 비를 내리시어 중생의 갈증을 해갈하신다. 자비는 모든 중생을 청정하게 하고 안락하게 한다. 이것이 최상의 힘이다. 울음, 화냄, 교만도 큰 힘이 되겠지만 이것은 잘못된 경계의 힘이다.

참음, 정진, 자비 이것은 바름의 힘이다. 바름의 힘은 남을 이해하고 사랑하는 힘이다. 이러한 힘이 쉬지 않고 피어날 때 중생은 행복하게 되는 것이다. 위세와 억누름의 힘이 판을 친다면 이 세상은 무관심의 인간이 불어나 세상을 겉돌게 되고 공동(空洞)의 세계는 넓어져 갈 것이다. 자비에 상응하는 힘이 호세가의 마음 한 언저리에서 빛을 발할 수 있도록 우리 모두 무관심한 사람들의 무가치한 위세를 감화시키는 무연지비(無緣之悲)를 전파하는 데 최선의 힘을 다해야 할 것이다.

-대원 87년 1월호-

326

뒤섞인 문화구조

시간은 인간생활을 절도있게 한다. 아침시간에는 일터에 나가고, 저녁이면 집으로 돌아온다. 시간은 우리말로 때라고 한다. '때가 되었다'고 할 때 쉴 시간이 되었거나 먹을 시간, 놀 시간, 갈 시간, 만날 시간 등 우리는 익숙하게 때 맞추어 사는 것이다.

때를 놓쳤다고 하면 실기(失期)한 것을 말한다. 실기, 그것은 시절을 맞추지 못한 것이다. 우리의 조상들은 상고시대부터 이 때를 자연과 일치시켰다. 자연은 모든 생물을 성장시키는 생명력을 갖고 있다. 자연이 진행하는 전과정에다 맞추어가는 사람은 슬기가 있는 사람이다. 자연의 이법으로 농사 짓고 배질하고 하는 묘미를 터득하여야 하는데 그 이법을 모르고 마구잡이로 씨 뿌리고 김 매어도 소출은 하나도 없는 것이다.

배질을 나갈 때도 마찬가지다. 봄, 여름, 가을, 겨울에 헤엄치고 다니는 고기가 별도로 있는 것이다. 절기따라 옮겨 다니는 고기가 있으므로 그 어구를 시절에 걸맞는 것을 준비하여야 배질할 때 한 마리의 고기라도 더 잡을 수 있는 것이다.

그러므로 옛사람들은 자연의 이법을 깊이 관찰하여 자기들의 삶을 영위하였던 것이다. 자연은 그대로 있는 것처럼 보이지만 자연은 때 맞추어 되어 가는 것이다. 이 되어감에 잘 맞추려고 노력하는 사람은 얻는 바가 있겠지만 되어감에 대하여 어떻게 되어가는지 모르는 사람은 사는 데 그만큼 고생일 것이다.

우리들이 어떻게 되어가는지 모르겠다고 할 때, 세상사의 모든 일들에 대하여 불평을 늘어놓을 때, 아니면 불확실한 일들이 자주 일어날 때 모든 것을 뭉뚱그려서 어떻게 되어가는지 모르겠다고 자탄하게 된다. 이 되어가는 것은 인위적으로는 정치, 경제적인 측면도 있다. 그러나 깊게 사고하여 보면 이것은 자연에 대한 외경심일 수도 있고 경이로움일 수도 있다.

우리의 머리가 환하게 밝아졌다 하더라도 자연의 길을 안다는 것은 참으로 어려운 일이다. 그러므로 되어감을 아는 것은 여간한 기쁨이 아닐 수 없다. 자기가 하는 일에 대해서 결과나 성취욕이 확실히 약속되는 것이라면 거기서 힘이 솟아오르게 된다. 그러나 어떤 결과가 초래될지 모르는 미지의 세계라 할 것 같으면 그것은 불안한 일이 될 것이다.

우리는 되어감을 알도록 노력하여야 한다. 이 되어감을 알아야 할 사람들이 되어감의 질서, 즉 시간을 두루뭉실하게 써서야 되겠는가. 엄연히 되어감은 되어가는 것이다. 그리고 그러한 의지적 작용, 혹은 시간의 흐름이 자연스럽게 되어질 때 완성된 무엇이 생기는 것이다. 시간은 자연이다. 자연은 시간을 생산하는 보고이다. 시간이 자연에 상응하지 아니하면 결과를 기대할 수 없는 것이다. 자연을 시간으로 보는 것은 좋은 인식이다.

그리하여 옛부터 자연을 깊이 관찰하여 계절에 따른 절기를 자연에 맞추어 사는 슬기를 길러왔다. 그것이 월력이다. 서양사람은 서양적인 사고방식에 의하여 양력을 만들어 쓰고 동양은 동양대로의 철학에 의하여 음력을 만들어 쓴 것이다. 여기서 나는 어느 쪽의 것이 더 과학적이다, 미신적이다를 논하는 것은 아니다. 우

리는 오랜동안 음력문화권에서 살고 있다. 그것이 관습적인 전통
을 지키는 것이라고 질타를 받기도 하지만 그러나 우리는 음력과
양력을 병용하면서 한국의 특수한 문화를 형성하고 있다.

그런데 양력은 양력대로의 되어감이 있고, 음력은 음력대로 진
행되어 가는데 음양을 함께 뒤섞어 쓰는 데서 조화가 되지 않고
혼동이 오고 있기에 문제가 있는 것이다. 예를 들면 우리가 ‘87년
1월 1일’하면 나무랄 데 없는 양력의 일력을 의미한다. 여기에는
한 점의 오차도 없다. 양력의 되어감을 표시하였으므로.

그러나 ‘87년 1월 1일을 정묘년 원단’이라고 한다면 여기에 엄
청난 시차가 생기는 것이다. 그런데 나도 바보같이 이것을 쓰고
있다. 시차적인 생각도 없이 그저 음력과 양력을 뒤섞어 쓰고 있
는 것이다. 병용하는 것과 혼동하는 것과는 차이가 엄청난 것이
다. 정확히 살펴보면 음력으로 연월을 표시하는 간지가 있다. 음
력표기는 간지에 의하므로 별다른 표현이 있을 수 없다.

그러므로 지난 87년 1월 1일은 간지로 정확히 기록하면 병인년
12월 1일이다. 음력의 햇수는 병인인데 정묘라고 표현하는 것은
잘못이 아닐 수 없다. 우리 문화 이해의 황당함이 여기에 있는
것이다. 호랑이 해가 아직 가지 아니 하였는데 토끼 해라고 하여
도하 신문지상에 토끼 그림이 등장하고, 언론매체를 통하여 토끼
해의 희망, 토끼의 성격, 토끼의 속담 등을 등장시켜 토끼 일변도
의 세계를 그리고 있으니 한 번 생각해 볼 일이다.

양력을 공용 일력으로 쓰게 되었으면 양력의 시차에 맞추어 써
야 한다. 그러나 음력이 아직 오지 아니 하였는데 무심하게 정묘
를 쓰는 것은 오랜 전통을 파기할 수 없는 데 따른 우리 민족의
관성인지는 알 수 없지만, 병인·정묘가 나란히 한 달 남짓되는 시
간에 병존하여 가는 이 역사를 무엇으로 해석할 것인가.

적당히 역사에다 병존시켜 가는 관습이 오래 존속하여 간다면 시간의 의미를 상실하게 될 것이다. 아니면 이 적당히 병존시키는 성벽(性癖)이 역사인식을 혼란 내지는 둔화시킬지 모른다.

하나의 관습을 놓고 신정·구정이라는 문화인식을 갖고 사는 우리 나라. 또 오지 아니한 정묘년을 병인 간지에 덧붙여 쓰는 시간 인식. 신정은 여행을 위한 여가로 쓰고, 구정은 민속으로 생각하는 문화구조들을 어떻게 이해하여야 할까.

시간은 자연에서 소산된 인간의 생명선이다. 시간을 잘 맞추어 사는 것은 자연을 바르게 적응하면서 사는 길을 배우는 것이다. 이러한 시각을 올바르게 인식하지 않고 아무렇게나 살아도 된다고 한다면 처음부터 엉켰기 때문에 결과도 뒤엉키기 마련이다.

자연은 질서에서 생기고 질서로 가는 것이다. 인간도 자연의 한 생명체이다. 이 자연의 하나가 자연을 거역한다면 어떤 결과가 올까. 너무 과장된 표현일까. 그러나 우리는 겹치기 문화나 겹치기 사고방식, 겹치기 생활행위를 불식시켜야 한다. 겹치기는 단순하고 순수한 것이 아니다. 음력 절기에 맞추어 간지로 부르고, 쓸 줄 알고, 양력시기에 상응하는 일력이 있어야 한다. 미분화된 문화생활에서 오는 의식구조, 이것은 이렇게 되어도 저렇게 되어도 아무런 상관이 없다. 그저 될대로 되겠지 하는 의존이 깃들게 된다. 순수하게 분화된 것을 조화시키는 철학이 있어야 한다.

우리는 확실한 되어짐이 있음에도 불구하고 언제까지 병존의 시간으로 살 것인가. 시간인식의 정확성이 자연을 이해하는 것이고 살아가는 이치를 인식하는 길이 될 것이다. 그러나 이 인식의 미숙이 미분화된 생활양상을 갖게 된 지름길이라고 생각하지 않았는지 한 번 숙고해봄 직한 일이다.

-대원 87년 2월호-

330

아부지는 할 말이 없데이

부처님, 우리는 무진의보살의 슬기를 배워야 하고, 그 믿음을 확충시켜야 합니다. 왜 오늘날 무진의보살의 믿음을 가슴 깊이 아로새겨야 하는지 이에 대해 한 말씀 드리겠습니다.

세상에는 매질하는 사람이 있는가 하면 매맞는 사람도 수두룩합니다. 어떤 사람은 무슨 권화로 매를 들고, 누구는 무슨 박복을 점지하였기에 태장·곤장의 치도곤을 당해야 합니까.

부처님께서는 『법화경』「보문품」에서 무진의보살의 질문에 명백히 대답해주셨습니다.

"모든 중생들이 괴로움을 받을 때 이 관세음보살의 이름을 지극한 마음으로 부르면 관세음보살은 그 소리를 듣고 그 괴로움을 벗어나게 할 수 있습니다. 즉 불에도 타지 않고, 물에도 떠내려가지 않으며, 바람에도 날리지 않고, 칼과 몽둥이에도 잘라지거나 다치지 않으며, 귀신에게 괴롭힘을 당하지도 않고, 쇠고랑에 묶이지도 않으며, 도적의 두려움도 면할 수 있도록 관세음보살께서는 두려움 없음을 베풀어주십니다.

또 항상 관세음보살을 생각하고 공경하면 관세음보살은,

욕심이 많은 사람은 욕심을 여의게 하시고, 성내는 마음이 많은 사람은 성내는 마음을 여의게 하며, 어리석은 마음이 많은 사람은 어리석은 마음을 여의게 하십니다. 또 어떤 여인이 아들을 낳고자 관세음보살을 예배하고 공양하면 복이 많고 영리한 아들을 낳게 하고, 딸을 낳고자 이 보살을 예배하고 공양하면 모습이 단정하여 여러 사람의 사랑을 받을 수 있는 딸을 낳게 합니다.”

이 말씀을 우리는 믿어야 합니다. 믿어야만 공덕이 있습니다. 믿어보지 아니하고 의심만 앞세우게 되면 아무런 것도 얻을 수 없습니다. 사람의 믿음이란 항상 한계가 있고 제한된 것이 특징이라 할 것입니다. 즉물적인 생각을 갖고 생활하다 보니 믿는 즉시에 이룩됨이 없으면 허망한 의심을 갖게 됩니다.

그러나 무진의보살의 믿음이나 관세음보살의 공덕은 하루아침에 성취된 것이 아닙니다. 그러나 경문에 관세음보살의 명호를 부르면 바로 그러한 공덕의 세계가 이루어진다고 하였으니 사람들이 다급하고 조갈증에 사로잡힙니다.

부처님의 말씀엔 불가사의한 위신력이 있습니다. 그 불가사의한 세계에 이르도록 우리의 믿음이 지극하여야 할 것입니다.

부처님이시여, 매를 들고 칼을 휘두르는 사람 앞에 관세음의 미소가 나타나게 하여 주소서. 묶임을 당하여 매맞고 물먹임을 당하는 사람 앞에 관세음보살의 손길이 나타나게 하소서.

매를 드는 자, 그 무슨 위력으로 남의 가슴에 피멍 들게 합니까. 그들의 살갗은 방패로 되었습니까. 한 치 아래는 선지피 맑은 가슴을 갖고 있습니다. 그 가슴의 심장은 모든 중생의 심장과도 한결같은 것입니다.

매맞는 자는 믿음이 약하여 관세음보살의 효험이 없는 것입니까. 매든 자의 믿음이 억세어 보살의 힘이 가중되는 것입니까.

이것은 믿음의 세계에서 성립되는 것이 아니옵니다. 이것은 무용한 권력의 남용이요, 무지한 학대의 극성이 난분한 모양새입니다. 권력이 학대의 무기로 둔갑하면 어디 남아 있을 생명이 있겠습니까.

부처님! 권력을 다스림의 묘용이 되어 모든 국민을 바르게 이끌어가는 힘으로 환치하여 주소서. 잘못 가는 사람을 정도로 행진하게 하는 권위 있는 힘살이 권력이 되어야 합니다.

부처님은 매를 드는 자, 매를 들고자 하는 사람의 가슴에 관세음보살의 미소가 자리하게 되어 그 매가 사랑의 끈이 되게 하고, 매를 드는 손이 자비의 합장이 되게 하소서.

부처님! 87년 3월 3일은 따뜻한 봄날입니다. 제비도 강남에서 돌아와 저 하늘을 자유롭게 날고 있습니다. 그러나 이 봄날, 제비 오는 날, 우리는 슬픈 재(齋)를 드리는 날입니다. 박종철 법우의 49재일입니다. 모든 사람이 참회하고 발원하는 날이 49일이나 지나왔습니다만 아직 미진한 일이 많이 산적되어 있습니다.

부처님, 종철 군은 불자입니다. 부모님들이 사리암(舍利庵)에서 재를 지내주고 있습니다. 언제나 관세음보살께 발원하였습니다. 사람들은 어떤 경우가 닥치더라도 매를 든다던가, 물먹임을 하여서는 안 된다고 발원하였답니다.

이것은 관세음보살의 제일의 목적인 원력과 한결같은 것이옵니다. 사바세계는 아귀다툼이 연발되는 곳입니다. 이 아귀다툼을 종식시키기 위하여 무진의보살은 큰 질문을 던지고 있습니다. 무진의보살의 질문에 대한 바른 해답은 관세음보살의 행원이었습니다.

그 행원이 관세음보살에서 우리들 인간에게 환원되는 믿음으로 인식되어야 합니다. 관음은 구세주입니다. 구세주 관음의 행원(行願)이 환원되어 중생으로 옮겨진다면 우리가 바로 관음이 되는 것이라 믿고 싶습니다.

매를 들고자 하는 이, 혹은 형구를 악용하려는 자가 관음으로 되어야 합니다. 관음으로 생활하는 사람이 하루에 한 사람씩 산수급수나 기하급수로 환생한다면 사바세계는 밝은 세상이 되어 갈 것입니다. 그렇게 되도록 우리는 발원합니다.

3월 3일, 박종철 법우의 49재일. 우리는 염불(念佛)하고 염법(念法)하고 염승(念僧)합니다. 그리고 아미타불찰인 정토에서 열반을 누리기를 발원합니다.

그리하여 정토에서 빛이 된 박종철 법우가 우리를 향하여 자애로운 보살광명을 투사하여 주시기 바라옵니다.

우리의 발원보다 지극하였던 종철 법우의 관음염송이 우리 곁으로 다가와서 모든 매든 자를 향하여 자비를 드리우기 기원합니다. 우리의 용서보다 종철 법우의 용서가 지대합니다.

우리의 용서는 합리적인 화해에 지나지 않습니다. 그러나 종철 영가의 인욕방생은 관음의 위신력이 될 것입니다.

임진강 강물 위로 조용히 산화되어 간 사리들이여, 그 사리 하나 하나 불성으로 영글어 사바의 다보탑 되어 무명중생의 의지처가 되어야 합니다.

힘이 있으면 누르려 하고, 주먹이 법보다 앞서는 수라심(修羅心)을 잠재워 주셔야 합니다. 아수라(阿修羅)가 마약을 먹으면 그 행동이 난동이 됩니다. 아수라에게 주어진 극약을 감로다(甘露茶)로 변용시켜 주시는 관음이시여, 아수라가 감로다를 마시고 영산의 상봉에서 삼매에 들도록 이끌어 주셔야 합니다.

이것은 '이 아부지는 할 말이 없데이'라고 한 묵언의 한마디에

함축되어 있습니다. 말이 있어도 할 수 없는 침묵. 이 침묵을 깨
고 나온 삼매의 외침이 있어야 합니다.

　　임강(臨江)에 흐르는 물빛 사리와 같고
　　떠가는 구름 미타의 손길이라
　　한바람 관음되어 사바의 빛이소서

-대원 87년 3월호-

순수 너는 고요함이어라

밝게 사는 마음을 가져야 한다. 맑게 사는 마음을 가져야 한다. 밝고 맑은 것은 광명과 청정이다. 밝음의 반대는 암흑이고, 청정의 반대가 되는 것은 혼탁이다.

인간은 짧은 순간일지라도 빛을 잃고는 살지 못한다. 뿐만 아니라 한 모금의 물이라도 흙탕물을 마실 수는 없다.

이러한 광명을 찾아나서고, 청정을 발견하려고 애쓴 선지식이 이 세상에는 수 없이 많다. 그들을 구도자라고도 한다. 구도자는 빛을 찾아 어두운 세상을 환하게 밝히려는 순수한 마음을 가진 자이다. 또한 맑음을 얻어 흙탕물 속에 뒤엉켜 사는 사람들을 깨끗이 씻어주려고 온갖 고난을 감내하는 사람이다.

우리들은 이들 선지식에 의하여 많은 빛과 맑음을 시여받게 된다. 불교의 교설도 이와 같은 평범한 사실을 실천하는 것이다.

중선(衆善)을 받드는 것은 광명한 빛을 찾아 나서는 길이다. 이 세상에 현존하고 있는 진리·정의·정직을 자기 속에서 밝혀내는 길이다. 이것이 중선 실천의 길이다. 본래 자기 빛이 없다고 망집에 사로잡힌 인간에게 자기 속에 무한한 빛의 보고가 있었다고 가르치는 길이요, 깨우침을 주는 길이다. 모든 악을 끊어 버리는 것은 청정한 심성을 발현하는 길이다. 수없이 혼재한 모순·갈등·

욕망을 제거하여 순수무구한 마음으로 환치하는 작업인 것이다.

악의 혼돈은 본래 있는 것이 아니다. 마음이 흐리면 악의 작희가 일어나는 것이다. 신새벽에 옹달샘을 찾아나서 보라. 그 맑디맑은 물을 한 바가지 마셔보면 속이 시원해질 뿐만 아니라 마음에 고요함이 가져진다. 흔히 새벽 기도를 나서는 사람들에게는 무언의 감득이 있을 것이다. 하늘에는 별이 총총히 박혀 있고, 수목들도 청정히 잠을 자고 있는 산길에서 우리는 티끌 하나 묻어 있지 않는 맑음을 만난다. 신성한 의식의 해후가 인간을 다시 태어나게 하는 것이다.

일찍이 니체는 초인이 되어야 한다고 하였다. 초인이란 무엇인가. 신성성을 만남이다. 순수의식을 발견하는 것이다. 시정적인 자아를 파기하지 아니하면 초인이 될 수 없다. 그런데 우리 인간은 시정의 혼돈에서 자기 만족을 추구하는 것이다.

흙탕물에 구슬이 빠지면 바로 건질 수 없다. 가만히 기다려야 한다. 물은 시간이 지나면 맑음으로 환원된다. 순수로 가는 길은 어려운 것은 아니다. 정일로 가라앉힘이다. 이것을 불교에서는 삼매라고 한다. 마음 속에 일어나고 있는 갈등의 번쇄함을 가만히 정지시키는 것이다. 혼돈 상태로 활동하는 것이 아니라 혼돈을 일단 정지시키는 것이다.

마음은 미묘한 성질을 갖고 있으므로 혼탁의 소용돌이에 휘말릴 수도 있고, 고요한 일심으로 삼매(三昧)의 묘용을 현현하기도 한다. 그러므로 마음을 진망(眞妄)이 공굴리듯 하고 있다고 하지 않는가. 중생은 망(妄)의 속성에 끄달려 다닌다. 어릿광대의 춤을 보고 좋아하는 호기심이 강하다. 그러므로 윤리적인 생활을 하는 것보다 부도덕한 생활에 더 흥미가 가는 것이다.

그러나 홀연히 이렇게 살아도 되는 것인가고 반문하게 될 때가 있다. 이 때를 놓치지 말아야 한다. 갑자기 이렇게 살 수 없다고 다짐하는 마음이 바로 돈오(頓悟)인 것이다. 돈오의 의미를 너무 낮추어 말하는 것 같지만 아무튼 이 돈오의 개발이 바로 바르게 살아야 한다는 생의 전환점이 되는 것이다.

전환점에서 되돌아가면 범부로 가고, 이 전환점을 부여잡고 오매불망 '갑자기의 순간'을 놓지 않고 정진하는 것이 수행의 길이다. 모든 사람에게는 이러한 '갑자기의 순간'이 항상 다가오고 있다. 그러나 쉬이 망각해 버리는 것이다.

자정기의(自淨其意)하는 의지가 바로 돈오를 견지하는 윤리적 실천력이다. 스스로 그 마음을 정화하는 능력을 갖고 있다. 이것은 타율적으로 지시를 받는 것이 아니다. 자유적 결정, 자각적 실천, 자아 허탈의 접근 이러한 각오(覺悟)가 선행되어야 한다. 삶에 대해서 각오가 되어 있는 사람과 각오되지 않는 사람과의 생활은 판이할 것이다. 각오는 행위의 선행적 결정 사항이다. 우연적인 일을 하는 것은 결과가 확실하지 않다. 그러나 각오가 되어서 행동을 하게 되면 그 결과는 위대한 것이다.

우리들 세계에 사는 사람들 가운데는 막연히 사는 사람들이 많다. 그러나 각오하고자 하는 사람은 얼마되지 않는다. 우리는 각오할 때 막연한 것을 각오할 필요가 없다. 생사를 바꿈하는 문제에 대하여 각오하여야 한다. 부처님이 성도 전에 보리수 아래에서 "도를 깨치지 못하면 이 자리를 일어나지 않으리"라고 다짐했는데 이런 것이 각오이다. 그러므로 각오는 돈오한 자리에서 깨침의 실천으로 가는 시간이며, 깨친 것을 뭇 중생에서 교화하는 실제적 시간인 것이다. 각오한 것이 단순한 시간에 이룩되는 일회적인 일이라면 그것은 종교적 밝음이나 맑음이 아니다. 세속적 각오와 종교적 각오는 차이가 있는 것이다. 세속적 각오는 제 목적이 달성되기 위한 일회적 결심이며, 종교적 각오는 중생의 목적을 성취시키기 위한 영원한 돈오인 것이다.

불교는 빛을 희구하고 빛을 발현하는 종교임과 동시에 맑음을 찾아내고 맑음으로 생활하는 종교이다. 이것이 광명과 청정이라 이름붙여진 것이다. 이러한 광명과 청정은 사물적인 세계가 아니다. 이것이 바로 마음의 세계인 것이다. 그러므로 마음은 무한한 능력이 있음을 확신하여야 한다. 무슨 마음이 그렇게 대단한 것이냐고 치지도외하면 안 된다. 마음은 작정하는 힘을 가진 것이다. 이 작정이라는 말을 곰곰이 생각해 보자. 정(定)을 짓는다는 것이 될지 모르나 정은 삼매요, 선정(禪定)이다. 삼매로 만들고 선정에 들게 하면 모든 것은 다 이루어지는 것이다.

일체유심조(一切唯心造). 이것은 화엄의 사상이다. 이것은 우주적 본체를 의미하는 것이다. 이 세상에는 제 마음먹은 대로 되는 것이다. 무엇 하나 제 마음과 달리 되는 것이 있을까. 망집에 사로잡히면 무명업식이 일어나고 혜심(慧心)으로 살면 광명세계가 열리는 것이다. 우리는 이러한 마음의 묘용성을 한 순간도 잊어서는 안 된다.

무량한 법계에서 일어나고 있는 모든 범사(凡事)가 조그마한 인계(人界)에 생기는 불사(佛事)임을 자각하여야 한다. 사람이 하루하루 살아가면서 우주를 향하여 불사를 하고 있다는 생각이 갑자기 생기고, 그와 같은 사실을 보임(保任)하고 나갈 때 발복(發福)하게 된다.

불사, 그것은 우리에게 광명과 청정을 무한히 시여하는 바라밀이다. 불사로써 건짐을 주시는 바라밀에 바칠 예경의 향을 또 사른다.

-대원 87년 4월호-

339

우리가 살고 있는 세계에도 아귀는 있다

눈에 보이는 것은 모양이고 색상이다. 모양이 있으면 좋아하고, 모양이 없으면 싫어한다. 모양이 큰 것이면 더 좋아한다. 빛깔이 곱고 또 번쩍이면 어쩔 줄 모른다.

중생은 모양과 빛깔에 매달려 사는가 보다. 언제나 좋은 빛깔을 찾아 나선다. 그리고 형태가 있는 모양을 고르기 위하여 안간 힘을 쓴다. 그런데 모양과 빛깔이란 무엇인가. 색(色)과 상(相)이 아닌가. 색이 아무리 좋아도 그것은 무너지고 괴멸되고 말 것이다. 상이 좋고 모양새가 난다 해도 다 허망하고 무상한 것이 아닌가.

인간이 찾고 있는 것은 모양인가, 빛깔인가. 얼굴의 모양새를 내느라고 온갖 단장을 다하여도 마음이 비뚤어지면 모양새가 일그러진다. 연지곤지 바르고서 빛깔 한 번 잘 내려고 하지만 이슬비 가랑비 맞아버리면 더 흉측하게 되어버린다.

형상 있는 모양에 혼을 빼면 아귀가 된다. 아귀가 쉴새 없이 모으고 싶은 것은 빛깔 좋은 물건이다. 이 물건들을 한량없이 쌓아놓고 부단히 먹고 싶어한다.

그러나 아귀가 마음 놓고 먹었다는 이야기는 없다. 그 몸은 수미산과 같으니 그 몸을 지탱하려면 음식도 수미산과 같이 많이 먹어야 한다. 육단식을 먹는 중생은 제 몸을 감내할 만큼 먹이가 있어야 한다. 그러므로 아귀가 자신의 몸을 운신하기 위해서는 그 먹이가 얼마나 많아야 하겠는가. 게다가 아귀는 몸은 수미산인데 목구멍은 바늘 구멍과 같다고 한다. 이 얼마나 비참한 일인가. 엄청난 몸뚱이에 비해서 식도가 없는 것이나 매한가지다.

이것이 상징하는 것은 무엇인가? 모든 대상은 있는 그대로 잘 상응할 줄 알아야지, 제 몸이 수미산 같다고 수미산과 같은 먹이를 한꺼번에 먹어치운다면 아귀 아닌 다른 중생은 무엇을 먹고 살아갈 수 있을까.

몸이 크다고 하더라도 조금씩 수용할 수 있는 능력이 있어야 한다. 그런데 일체의 모양과 빛깔을 제 한 몸 위하여 폭식하려 한다. 그러나 우주는 그렇게 될 수 없다.

안으로 불길이 천길 만길 타오르지만, 아귀는 바늘 구멍에서 흘러 들어오는 청정 발우물에 만족하여야 한다. 그 발우물에 행여 찌꺼기가 있어 아귀의 바늘 구멍 같은 목구멍이 막혀 영영 발우물도 먹지 못하여 굶어 죽을까 걱정하여 수행자는 항상 청정한 천수물을 만드는 데 전심전력한다.

방광으로서의 산이지만 수미산은 우주의 축이다. 축이란 중심이다. 중심이 흐트러지면 법계가 기우뚱해질 것이다. 그러나 수미산은 우주의 중심축이 되어 삼라가 형성되고, 만상이 성장하는 것을 가만히 수호한다.

그런데 수미산의 크기만한 아귀가 저쪽 아래에 자리를 차지하여 삼라만상을 죄다 모조리 날름거리며 잡아 먹는다면 법계가 유지될 수 있겠는가. 아귀는 저쪽 아래에서 언제나 천수물만을 받아 먹으면서 한번의 착함을 짓게 되면 아귀의 업보를 벗어나게 될 것이다.

우리가 살고 있는 세계에도 아귀는 있을 것이다. 모든 사람이 공존하는 것이라고 생각하여 조금씩 갈무리하면서 나누어 먹고 사는데 오직 한 사람만이 다 거두어 먹으려 한다면 다른 많은 중생은 어떻게 될 것인가. 그 한 사람 때문에 많은 중생은 굶주림을 피하지 못할 것이다.

물건을 매점매석하는 재벌이 없나, 제 사상만 옳다고 강변하는 이데올로기가 없나, 자기 종교만이 유일한 것이라고 주장하는 광신자가 없나, 도대체 자기 자신들만이 이 나라를 다스릴 능력있는 자라고 독선하는 전제주의가 없나, 이것은 무엇인가. 아귀의 욕망을 한 자리에 묶어 놓은 것이 아닌가.

사실 아귀의 이야기는 수미산 아래 쪽에 있는 일이다. 그리고 수미산 아래 쪽의 아귀를 수도자가 조정하기 위하여 천수 발우물을 맑디 맑게 만들어 공급하여 그들을 다스리면 그것을 그들은 믿음으로 느낄 수 있는 것이다. 그런데 수미산 위쪽 세상 일은 왜 이렇게 꼬여 들고 있는가.

아귀의 바늘 목구멍에 대한 설화가 틀린 것이 아니면 이쪽 세계를 역설적으로 표징한 것이 되리라. 너희들 혼자만이 살려고 광분하며, 독단하고, 이데올로기를 오염시키고, 하나에 편집증세를 일으키고, 전제성을 강권하는 자가 바로 아귀라는 것을 은유하고 있지는 않은지. 그러나 이것은 전도된 세계다. 피안의 아귀는 순화될 기미가 있는데 차안의 아귀는 자기 반성의 빌미를 갖지 않으니 이것이 화근이다.

우리가 아귀의 설화를 피안적인 것으로 착각한 것이 큰 병통이다. 아귀의 실제는 바로 차안적인 현실이다. 우리는 차안의 세계에 우글거리는 아귀의 집단을 몰아내야 한다. 아귀는 색과 상에는 발버둥치며 달려든다. 그 색과 상이 절대적인 것이다. 그러나

곰곰이 생각해 보면 빛깔과 모양만이 중생을 기쁘게 하는 것은
아니다.

부처님께서 말씀하시기를 "32상에서 부처를 찾을 수 있는가,
80종호에서 부처님의 모습을 얻을 수 있는가"고 하셨다.

아무리 모양으로, 빛깔로써 항하사 모래 수보다 많이 만들고
장엄한다 하여도 그것은 만든 것이거나 장엄된 것이 아니라고 하
셨다. 자기의 본자리를 깨쳐 아는 것, 제 마음의 참다움을 밝히는
것이 만드는 것이고, 장엄하는 것이라고 하셨다.

-대원 87년 5월호-

인과에는 엄연한 질서가 있다

한강에서 끔찍한 일이 있었다. 물 위로 잘려진 손목이 떠오른 것이다. 손목만 나온 것이 아니라, 토막난 여인의 시체가 발견되었다. 엽기적인 살인사건이다.

전에도 토막난 시체가 쓰레기통에 버려져 우리들의 모골을 송연하게 한 적이 있다. 그러나 이번 사건은 치정이나 원한관계의 사건이 아니라 친어머니를 살해하고 또 토막내어 그 시체를 한강에 던져버린 것이다.

아들이 어찌 제 어머니를 죽이고 그 시신을 칼로써 각을 떠내었을까! 사람의 얼굴을 하였다지만 짐승과 다를 바가 없다. 짐승이 어디 제 어미를 죽인 적이 있는가.

살모사라는 뱀과 거미는 이 세상에 나올 때 제 어미의 배를 다 후벼파 먹고 나온다고 한다. 하지만 이것은 새끼가 어미를 죽이는 것이 아니다. 어미가 새끼를 치기 위한 번식의 순환론일 뿐이다.

살모사나 거미가 새끼를 낳을 때 제 몸을 죄다 바쳐 새 생명을 번식시키는 것은 자연의 섭리이다. 짐승도 자연의 섭리에 순응하며 살아가는데 하물며 인간이 그럴 수가 있는가?

말이 되지 않는다. 말이 되지 않으면 사실이 틀린 것이다. 정상에서 벗어난 것은 범죄가 된다. 그러므로 인면수심이란 말은 걸 맞지 않다. 사람의 얼굴을 가지고 있으면 사람의 일을 하여야 한 다. 동물의 마음에도 자기 희생이 있는데….

과문한 탓이기도 하지만 짐승들이 다른 짐승을 살육하기 위하 여 밤낮으로 회의를 하고, 또 과학을 연구하여 살상을 목적으로 하는 무기를 만들어내는 것을 보지도 못했고 듣지도 못했다. 그 러나 사람은 매일 살인무기를 개발하느라고 과학을 연구한다.

과학은 사람의 삶을 편안하고 편리하게 하기 위한 것이다. 만 약 살인을 위한 과학이라면 이것은 참으로 오류를 찜쪄먹는 일이 다. 이제 인간은 오류를 찜쪄먹으면서 자기만이 안존하게 되었다 는 착각에서 벗어나야 한다. '미사일'을 만들고 '핵탄두'를 만들고 '별들의 전쟁'을 한다고 하는 것은 과학을 미망하게 하는 것이 아 닌가.

이러한 사고를 하는 것이 미망하거나 미혹하다고 차치하면 할 수 없지만 선용을 업으로 삼아야 할 인간이 악업을 업으로 삼아 치닫고 있으니 이게 바로 인류가 멸망하려는 증거가 아닌가!

부처님께서 말씀하셨다. 칠역죄(七逆罪)를 범한 사람은 정토에 태어나지 못한다고. 부처님을 죽이고, 부모를 죽이고, 아라한과 선지식을 죽이고, 스승과 현자를 죽이고, 또한 승가를 파괴하는 것이 칠역죄라고 하셨다.

그러면 부처님을 죽인다는 것은 무엇을 의미하는가. 자성광명 을 죽이는 것이다. 자성광명의 파괴는 인간의 숭엄한 생명 실체 의 파괴를 의미한다. 도저히 파괴할 수 없는 생명의 빛을 괴멸시 키려는 악심이 내재하고 있는 것이다. 이 악심이 내재한 사람은 모든 사물이 바르게 보이지 아니하고 비뚤게 보인다.

모든 사물이 자기를 해치는 존재라고 착각하는 것이다. 그러니 그 자성광명을 파괴하여야만이 제 악심이 존재할 수 있다고 허망한 마음에 사로잡히게 된다. 이것이 부처의 몸에 피내는 것이며, 부처님을 죽이는 것이다.

우리는 부처의 몸에 피를 내는 아수라가 되어서는 안 된다. 최소한의 인간으로서 살려는 의지를 가지면 내적인 광명이 찾아오게 된다. 이 내적인 광명의 자성이 있어야 자비 광명이 된다. 그러나 우리들은 자성광명을 파괴함으로써 행복하게 될 것이라 착각하므로 모든 과학을 동원하여 살인적 살상무기를 개발한다.

이런 무기성의 개발의식이 자기 마음에 도사리고 있으면 부모도 아라한도, 선지식과 스승도, 현자도 죽이고 싶은 생각이 든다. 그런데 만에 하나 그 죽이려는 생각을 앞세운 사람 자신이 선지식도, 현자도 될 수 있다는 생각을 한다면 어찌 남을 죽일 수 있겠는가.

나 아닌 다른 생명을 해치는 마음을 우파사타분의 일이라도 갖지 아니하여야 한다. 살생의 마음이 우파사타분의 일이라도 잔존하여 있으면 산술급수 기하급수 보다도 더 빠르게 증장한다. 악의 증장은 속도가 가속화된다. 선의 씨앗은 장양하기가 힘들지만 악은 급성장의 능력을 가지고 있다.

흔히 "악한 일을 하여도 잘 살 수 있다. 착한 일을 행 한다는 것은 어리석은 일이 아닐 수 없다."고 하는 경우가 있다. 정말 그럴 수 있을까. 어떤 재벌은 일조억 원의 빚을 져 10층 아래로 떨어져 죽었는가 하면, 내연의 처를 두고서 합작부정을 하여 놓고도 자기에게는 한 점의 허물도 없다고 우기는 일이 있으니 법이란 무엇인가.

부처님께서는 말씀하시기를 "악의 열매가 익기 전에는 선한 것도 빛을 보지 못하고 선의 열매가 영글게 되면 악의 과보를 받게 된다."고 하셨다.

이것은 인과의 사실을 설파하신 것이다. 인과의 사실에는 엄연한 질서가 있다. 악행을 저질러도 현상적 사실로 드러나지 않는다고하여 우쭐대면 안 된다. 이 세계는 한치의 오차가 없는 우주감식기가 있다. 우주시간이나 우주공간에서 일어나고 있는 모든 사건은 빠짐없이 촬영기에 찍히고 있다.

밤말도 듣고 낮말도 듣는 청음기가 있는 것이다. 우리 눈에 보이지 않는다고 비밀로 한 일이라고 자위함은 무지의 노출일 뿐이다. 무지와 무식으로 자기 행위를 숨겼다고 기뻐하는 것은 무명망집의 생활을 즐기는 것이다. 우주 촬영기에 자기 생활이 시간도 벗어나고 공간도 벗어난 작위로 나타나고 있음을 인식하여야 한다. 이러한 인식의 시차가 빠르면 빠를수록 유익하다.

이렇게 보면 어찌 악행을 저지를 수 있을 것인가. 어머니를 토막내는 사람, 남의 재물을 제 재물로 착각하는 사람은 하루 속히 참회의 강물에 다가가서 청정한 물로써 제 마음과 제 몸뚱이를 세척하여야 한다.

그리하여 사람이 사람으로 태어나야 한다. 세계의 모든 사람이 윤회의 저 세상에서 다시 태어나려고 원을 세우지 말고 윤회가 거듭되고 있는 이 세상에서 환생하는 의지를 되살려 보아야 한다. 죽어 정토에 태어나야 한다는 내생적 선향성(善向性)을 이 생에서 선행하여야 한다는 선근성(善根性)으로 바꾸어 생활하여야 한다.

우리가 살고 있는 세계는 우리가 정화하여야 한다. 하늘에 있는 높은 하느님도 땅에 살고 있는 거목대수의 일체 신도 우리를 바르게 살게 하지는 않는다. 오직 한 생각 한 마음이 바름과 밝음을 소유할 수 있고, 이것을 소유한 마음이 동체대비의 마음으로 확산되어 간다는 사실을 분명하게 할 때 평화로움이 가능하다. 이 가능태의 자비성을 몰각하고 자기만이 살려고 하는 독소나 아집은 큰 병폐가 아닐 수 없다.

우리는 이 병폐의 무명망심을 대광명의 자비심으로 거듭나게 하여야만 한다. 그렇게 하여야만이 어머니를 살육하고 인류를 자멸케 하는 살생의 작위를 적멸시킬 수 있다. 열반, 그것은 악심을 조복하는 참회의 강물이다.

여름이다. 이 여름에 몸의 뜨거움을 식히듯이 이 마음을 열반 원적시키도록 참회의 강물에 다가서야만 하겠다.

-대원 87년 6월호-

불자들의 마음 속 최루의 미진은
누가 세척하여 줄 것인가

아란야(阿蘭若)는 조용한 곳이다. 수도자가 모여 수행하는 곳이다. 출가한 사람이 한 곳에 살면서 마음을 가다듬고 밝은 행실을 닦는 승가람이다. 부처님 당시부터 수행하는 곳은 원(園)이나 정사(精舍) 곧 적정처라고 하여 세속의 시끄러움이 범접하지 못했다.

일정한 지역에 수도자가 생활하여야 하는데 그곳은 도시와 멀리 떨어져서도 안 된다. 스님들이 이른 아침에 탁발을 가기 때문에 산과 멀지 않고, 도시와도 근거리에 있어야 하는 것이다.

그래서 옛부터 아란야인 수도처는 비산비야(非山非野)에 자리하였다. 수행도량이 산 가까이 있는 것은 수도하는 데 있어서 세속의 소리가 들리지 않도록 하려는 배려였고, 도시 근처에 있는 것은 걸식생활에 불편을 받지 않아야 했기 때문이다. 따라서 가람은 산과 도시가 한 걸음에 내달을 수 있는 거리에 있었던 것이다.

흔히들 절은 산 속 깊이 있어야 하고, 또한 첩첩산중에 위치하고 있는 것을 당연하게 여기는 경향이 있는데 이는 잘못된 생각이다. 문화의 이면을 고찰하지 못한 단견에서 기인하는 것이다. 인도의 많은 절들이 들판과 도시 중간에 위치하고 중국의 사원들도 장안에 있었고, 삼국시대의 절들도 평양이나 부여, 서라벌 근방에 있었다.

절은 신앙이 승화하는 곳이다. 자기 믿음이 최고 절정의 자리에 진입하여 하나의 마음을 창출하고 너·남 없는 평등일경에 사무치는 것이다. 사람은 간혹 하나가 된다 하면서도 둘 아니면 많은 자아로써 생활한다. 이 많은 자아가 분별망상을 일으키며 생사의 언덕에서 헤매게 된다.

그러므로 절은 절로 하나되어야 한다. 남의 가르침이나 남의 흉내를 내는 것이 아니라 제 스스로 하나가 되는 공부가 저절로 되는 곳이다. 또 절은 광명의 산실이다. 일월이 절로 밝음과 같이 절은 항상 빛이 솟아오르는 도량이다. 사람이 하루 생활에 있어서 빛살 없이는 살 수 없다. 이 빛이 솟아오르는 광명의 법당에 귀의하므로 우리 스스로가 빛이 되는 것이다. 빛과 같이 되어 하루를 살며 자재한 생명이 온 누리에 따스하게 뻗어나간다.

그러므로 우리들은 믿음이 확실해지고 빛이 발광하는 곳에서 생활하려고 합장염원하는 것이다. 그런데 역사의 수레바퀴는 어디로 돌고 있는가. 역사는 항상 백성의 가슴 속에 무엇이 도사리고 있는가에 대한 관심을 가져야 한다.

제 마음대로 굴러가는 수레는 남을 다치게 한다. 밝은 하늘 아래 굳은 땅을 딛고서 굴러가는 수레가 되어야 많은 사람을 실어나를 수 있다. 많은 사람을 태우는 수레를 일승(一乘)이라고 한다. 남을 짓밟아 가면서 굴러가는 수레는 역사(轢死)가 된다. 어찌 되었거나 살인적 수레는 한 대도 있어서는 안 되는데 이것이 많아지면 절대로 안 된다.

광주의 원각사(圓覺寺)는 신앙을 승화시키고 생명의 빛을 회원하는 아란야이다. 불교인이 언제나 위로 진리를 탐구하여 아래로는 중생의 고통을 제거하려고 그 염원을 모아 기도하는 곳이다. 한국 사찰 모두가 그러하듯이 원각사는 숭엄한 승가람이다. 그런 데 여기서 큰 일이 일어났다. 최루탄을 19발밖에 발사하지 않았 다 하기도 하고 50발밖에 쏘지 않았다고 강변한다. 경찰이 19발 밖에 쏘지 않았다는 그 말이 무엇인가? 적은 숫자라는 의미인가, 더 쏠 수 있었는데 차마 법당 안이라 19발만 쏘았다는 말인가? 법당이 무엇이고 절이 무엇인지 알기는 아는가.

옛날 고조선 시대에도 소도(蘇途)라는 지역이 있었다. 이 곳은 신성불가침의 성역이다. 제 아무리 대죄를 범하였다 하더라도 이 소도에 들어오면 그 범인을 잡아가지 못하였다. 그 범인을 당장 잡아 육시를 내어 처형할 일일지언정 차마 이곳에 들어오면 잡아 가지 못하였던 것이다. 옛날에도 형벌의 윤리가 있었던 것이다. 그런데 지금은 옛 고조선시대에 비한다면 문물이 발달할 대로 발 달한 시대다. 그러면서도 윤리의식은 눈꼽만큼도 발전하지 않은 것이 아닌가. 마음만 먹으면 못할 일이 없다는 것이 원각사 난입 최루탄 발사가 아닌가.

옛날 원추라는 새가 있었다. 죽실(竹實)이 아니면 먹지 않는 고 고한 새다. 하루는 북쪽으로 날아가다 썩은 쥐새끼를 물고가는 부엉이를 만나 반가워 인사를 하였다. 그런데 그 부엉이는 눈알 을 부라리며 썩은 쥐를 뺏어 먹기 위해 개수작의 인사를 한다고 노여워하였다. 원추라는 새가 어떻게 생각했을까.

우리 불교도는 원각사에 모여 고 박종철 군의 억울한 죽음을 천도하는 재를 지내고 있었다. 아무런 생각이 없었다. 생각이 깊 이 내려갔다면 억울한 일을 당하지 않고 억눌림을 당하지 않고 매맞음도 없이 속임수도 없이 항상 당당한 세상이 되어야 한다는 염원이 앞서고 있었을 뿐이다.

　그런데 이 조용한 법당, 향내 그윽한 불당 안에 가슴이 메이고 눈물을 원루(怨淚)로 쏟아내는 최루탄을 발사하다니 있어서는 안 될 일이 발생한 것이다. 화가 치밀면 못할 일이 없다고, 초전에 박살내지 않으면 후환이 두렵다고 하는 강박관념을 버려야 한다.

　세상에는 그저 넘어가는 일이 없다. 죄는 행위의 그림자다. 죄가 모양이 없다고 마음대로 행동하면 그 행동만큼 결과가 남는 것이다. 한 번의 실수는 병가의 일이라 하지만 우리는 병가만 갖고 세상을 사는 것이 아니다. 병가가 제일이라고 생각하는 사람은 한 번의 실수가 밑거름이 될지 모르지만 농사짓고 장사하고 부처 믿는 사람들은 하나의 행위가 처음 시작할 때부터 깊은 관심을 갖는 것이다.

　업이 작용하는 것을 두려워하는 것이다. 업이 눈에 보이지 않는 것이라고 하여 마음내키는 대로 작행하는 것이 아니다. 언제나 끝은 내면의 거울 속에 비친 자기 모습을 바라볼 줄 아는 것이 불자의 행로이다.

　빗자루로 쓸어내고 걸레로 닦아내고 또 법당문을 환하게 열어 놓으면 최루가스가 빠져 나갈지 모른다. 모른다가 아니라 최루성이 소멸될 것이다. 그러나 그것이 문제다. 물리적인 일이었으므로 물리적인 방법으로 세척되고 환기될 것이라고 생각하는 것은 커다란 착각이다.

　불자들의 마음 속에 최루의 미진(微塵)이 담겨진 그 행업을 누가 세척하여 줄 것인가. 따뜻한 마음을 가진 역사의 운전자여, 이제는 백성의 가슴에 응어리지는 불상사는 정말 부처님 앞에 일어나서도 안 되고 이 법계 어느 한 구석에서도 다시 발생하여서도 안 될 것이다.

향운이 원각의 닷집에 피어오르면
대각의 부처님 큰 미소 지을 것인데
오늘은 웬일로 매운 눈물 흘렸도다.

-대원 87년 7월호-

거품으로 채우는 그대의 마음

밤을 좋아하는 경우도 있지만 사람은 밤을 싫어한다. 밤은 어둠이다. 한낮에 마음대로 다니던 길도 밤이 되면 그 길을 헛디디게 된다. 인적이 드문 산골에서 길을 잃었다고 하자. 사람들은 당황하게 된다. 더구나 밤에 길을 잃었다면 무서움증이 더 극심하여 큰 봉변을 당할까 어쩔 줄 모른다.

낮에 든 강도도 무섭지만 밤에는 쥐새끼가 바스락거리는 것도 신경이 날카롭게 되고 무서움에 옴짝 사로잡히게 된다.

두 부부가 밤에 한잠이 들었을 때 무언가 이상스러운 소리가 들리면 서로 놀라 잠이 깨어도 망설이게 된다. 부인은 남편보고 밖에 나가보라고 채근하고, 남편은 부인이 나가 보아야 한다고 한다. 이런 현상은 왜 일어날까.

칠흑같이 어두운 밤, 사람은 낮과 같이 생활하기가 어렵다. 한낮은 밝으니까 밝음 속에서는 마음대로 생활할 수 있지만 어둠 속에서는 한 치의 발자국을 옮기는 데도 마음이 쓰이고 두려움이 앞서게 된다.

그러고 보면 밝음은 자유로움이요, 자재로움이다. 밝음 속에서는 전후좌우를 가림 없이 자의식이든, 무의식이든 자유자재로이 행동할 수 있지만 어둠 속에서는 촌보의 걸음걸이도 옮기기가 어려운 것이다.

그러므로 어둠은 막힘이요, 압박이요, 억제 당함이다. 그렇다고 해서 그 공간은 어둠으로 바뀌어졌을 뿐 가득 채워짐이나 막힘이 없는 것이다. 그러나 사람은 그 어둠의 공간이 무엇으로 빈틈없이 막힌 것으로 착각하게 된다. 즉 암흑은 공포인 것이다. 사람이 어둠을 싫어하고 어둠을 피해서 살려고 하는 것은 이런 점에서 자연적인 현상이다.

실명(失明)한 사람은 얼마나 답답할까. 지금까지 보이던 모든 것이 보이지 아니할 때 그 사람은 미칠 것이다. 사람이 어느 부위에 상처를 입게 되더라도 눈만 성할 수 있다면 자위가 되지만, 눈에 어떤 일이 일어난다면 그 고통은 가중될 것이다. 눈으로 볼 수 있으면서 상처가 나면 그 부위를 눈으로 목도하면서 치유의 방법을 강구하게 된다.

그러나 눈이 멀거나 치명상을 받게 되면 절망이라는 말이 자기도 모르게 튀어나오게 된다. 우리 몸의 귀, 코, 입 등도 그 작용이 마음대로 되지 아니하면 불편하기가 이를 데 없지만 눈의 상처는 더한 것이다. 귀가 먹었다, 입이 찢어졌다, 코가 막혔다 하는 것은 큰 병이지만, 이들은 명암과는 관계가 없다. 능견(能見)의 원천인 눈이 멀었다 하면 앞서의 사건과는 천지 차이가 된다. 눈은 모든 대상을 식별하는 작용도 있지만 눈은 어둠이나 막힘을 싫어한다.

눈에는 조그마한 티끌이나 먼지가 들어가도 눈의 작용이 어렵게 된다. 만약 눈병이 생겼을 경우 그 눈을 치료하기 위하여 눈에다 안약을 넣게 될 때 눈은 가물거리기 시작한다. 어떠한 일이 있더라도 눈은 비어 있어야 하고 맑아야 한다.

눈 속에 어떤 이물질이 들어가게 되면 눈을 깜박거리게 되고 눈의 작용이 불가능하게 된다. 불교에서는 환하게 밝은 것을 반야라고 한다. 반야는 광명의 실상이다. 광명을 중히 여기는 것은 그곳에 자유로움이 선재하기 때문이다. 그러므로 밝은 것은 삶을 빛내는 원동력이 되는 것이다.

우리가 살고 있는 세상에 밝음이란 것이 없다면 그것은 질곡이 될 것이다. 그러면 광명은 삶으로 대치할 수도 있을 법하다. 그 반대로 어두움, 즉 무명은 한치의 앞도 마음대로 살 수 없는 쇠사슬이요, 막힘이 아니겠는가. 그러므로 옛 사람들도 아득히 어두운 곳에는 귀신이 산다고 하였다. 우리의 선조들이 빛을 찾아서 그 빛에 가까이 가기 위하여 자꾸만 동쪽으로 옮겨온 것은 빛이 생명을 살게 하는 원천이 되었기 때문이다.

초기경전에서는 눈뜬 이, 눈밝은 이라는 표현이 자주 나온다. 부처님을 가리킨 말이다. 부처님은 눈뜬 이, 눈밝은 이시다. 앞서도 말하였듯이 눈은 어떤 이물질도 용납하지 않는다. 한없이 맑은 동공에 하늘이 담기고 구름이 비추인다. 그 눈에 모래알을 팔만사천 분의 일이나 작은 미진으로 만들어 눈에 넣는다고 하더라도 그 눈의 작용은 머트럽게 되는 것이다. 우리의 마음도 사실 아무것도 채우지 않아야 편안함이 깃들게 된다. 그러나 사람들은 마음 가득히 무엇이든지 채우고서 살려 한다.

'마음을 비우라'는 말은 어떻게 보면 가장 쉬운 삶의 슬기가 될 것이다. 우리들은 이 가장 쉬운 말을 잊고 거꾸로 살려고 한다. 옛날 어떤 노인이 수염을 잘 기르고 살았다. 그 수염이 얼마나 길고 곱던지 누구나 탐내며 부러워하였다. 어느 날 왕이 수염난 노인을 불러 "그대는 수염을 너무나 잘 가다듬고 있는데 밤에 잘 때는 어떻게 가꾸고 있는가. 수염을 이불 속에 넣고 자는가, 이불 밖으로 내어놓고 자는가."

그 노인은 그 자리에서 답하지 못하였다. 수염을 이불 속에 넣고 자는지 내어놓고 자는지는 자기도 모르기 때문에 며칠의 말미를 얻어 왕에게 답할 것을 약속하고 물러나왔다. 그 노인이 수염을 이불 속에 넣고 잠을 잤더니 수염이 엉키고 곱슬거렸다. 이에 이불 밖으로 내어놓고 잠을 자니 목이 아프기 시작하여 새로운 고민이 생기고 마침내는 수염이 구차한 생각이 들었다. 왕의 질문이 커다란 부담이 되었다는 이야기다.

그 노인은 수염에 별다른 마음을 쓰지 않고 자연스럽게 살아온 것이다. 무심(無心)으로 생활한 것이다. 그런데 지나치게 수염에다 온 정신을 기울이게 되자 되려 골이 쑤시고 깨지는 듯한 고통이 떠나지 아니하였다.

유심(有心)이라는 것이 얼마나 곤혹스러운 것인가. 마음을 비우고 살아야 한다는 것은 그저 무심하게 자연적인 것이 되어야 하는 것이다. 그러나 우리는 그 마음에 팔만사천을 곱한 번뇌망상을 가득 채우고서 살고 있지 않은가. 번뇌를 줄이면서 사는 것도 하나의 생활 방편이다.

그러나 번뇌가 생기지 않도록 하는 것이 더 큰 수행의 길이다. 이미 생겼던 번뇌나 망상이 지워져 나가야 하지만 항상 마음 속에 번뇌의 그림이 그려지지 않도록 하는 것이 더 좋은 삶의 길이다.

번뇌의 생김을 끊어가는 길이 점수(漸修)의 수행일 것 같으면 번뇌 불생(不生)의 길을 찾는 것은 돈오(頓悟)의 수행이다. 우리들은 불각(不覺) 중에 많은 망상이 번뇌·삼독을 자아내고 있다는 사실을 모른다.

그러나 그 불각은 본각이 찰나에 자리를 비웠을 때 일어나는 마음자리 옮김의 현상이다. 우리는 빈 마음을 항상 돈오의 위치에다 바꾸고 살아야 한다.

그 길이 어려우면 빈 마음을 가지려는 점수의 수행도 게을리하
지 말아야 할 것이다. 빈 마음은 빛이 깃드는 곳이요, 가득찬 마
음은 어둠이 가득찬 것이다.

우리는 빛이 자재롭게 발광할 수 있도록 마음을 비우면서 살아
야 할 것이다. 눈이 티끌을 싫어하듯 마음은 일체의 번뇌를 버려
야만이 해탈이란 편안함을 감득하게 될 것이다.

-대원 86년 9월호-

이 세상 아무렇게나 살아서는 안 된다

보리가 파랗게 자라고 있다. 온 벌판이 푸른 융단을 깔아 놓은 것처럼 훈훈하고 부드럽게 느껴진다. 보리밭 위로 종달새가 즐겁게 노래한다. 아지랑이도 일렁거린다. 좋은 날씨다. 사람들은 이런 날씨 속에 하루를 즐기려 한다. 자연이 주는 신비다. 이 신비 속에 안기면 사람도 신비한 존재로 환생한다. 그 환생 속에 신성감을 느끼게 된다.

그러나 모든 사람들은 자기 자신이 자연이 되기보다 합리적 생활에 젖어들기를 좋아했다. 사실 합리적이라고 하는 것은 무엇을 의미하는 것인가. 억지로 표현하자면 반자연적인 생활을 하는 것이며 탈순수가 아닌가. 사람은 순리대로 살아야 한다. 사계절 속에 가만히 사는 슬기를 배워야 하는 것이다.

불교의 교설은 자연적인 생활을 익숙하게 하는 방법을 가르쳐 주는 것이다. 부처님께서 수순하라고 한 것은 인간이 하루하루 생활을 자기 고집과 편견을 앞세워 살면 안 되고 자기 마음을 자유스럽게 하고 항상 조용히 열어가라고 일러주는 것이다.

겨울의 혹한이 한없이 넓은 벌판을 얼어붙게 하여도 땅 속에 묻혀있는 보리의 생명을 죽이지 못한다. 생명은 설한풍을 이기는 힘을 내재하고 있다. 이미 죽어 간 보리씨알은 땅에 뿌려지자마자 썩어 문드러지지만 생명의 핵이 있으면 그것은 어떠한 계절의 역경에도 불구하고 강인한 생명의 모습을 우리 앞에 현시하는 것이다.

봄 들판을 내달리고 싶은 마음은 우리들 생명과 동일성이 있음을 보이는 것이 아닐까. 긴 겨울 동안 움츠러들었던 생명도 이 봄날을 맞이하면 약동하는 밝은 호흡이 천지를 에워싼다. 안으로부터 풍겨 오는 삶의 호흡이 신비한 생명의 실상이다. 삶이 빛나고 있다는 것은 호흡의 박자가 끊임없이 뛰고 있는 현존이다. 현존적 맥박 속에서 우리는 삶의 고마움과 경이를 느낀다. 보리밭의 늘 푸름이 바로 생명의 실상인 것이다. 이것을 직시하고 생활할 수 있는 능력이 인간의 행복이다.

부처님께서는 이렇게 우리를 격려하여 주고 있다. "모든 부처님은 오직 일대사(一大事) 인연을 가지고 세상에 출현하시느니라. 사리불아, 어찌하여 모든 부처님 세존이 오직 이러한 일대사 인연을 가지고 세상에 출현하신다 하는고.

모든 부처님 세존이 중생으로 하여금 부처님의 지견을 열어주시어 청정함을 얻게 하고자 세상에 출현하시며, 부처님의 지견을 보여주고자 세상에 출현하시며, 중생으로 하여금 부처님의 지견을 깨닫게 하고자 세상에 출현하시며, 중생으로 하여금 부처님의 지견도(知見道)에 들여놓고자 함으로 세상에 출현하시느니라. 사리불아, 이것이 모든 부처님께서 일대사 인연을 쓰는고로 세상에 출현하신다고 함이니라."

이 소식은 무엇을 말함일까. 부처님은 하나 밖에 없고 오직 이 일을 위하여 세상에 오셨다고 하였다. 모든 중생이 중생의 본성을 지니면서 중생보다 높은 부처의 경지를 보이시기 위하여 부처님이 이 세상에 오셨다 한다. 부처님이 우리들 중생을 위하여 참 삶의 소식을 전하려 우리 앞에 화현하셨다.

우리들은 이렇게 살아도 되고 저렇게 살아도 된다는 것이 아니다. 사람은 절대적 사명의식을 갖고 이 세상에 살아야 할 의무와 권리가 있다는 것이다. 어떤 형태의 삶의 방법도 중생 마음대로 선택하면서 살아서는 안 된다고 하셨다. 왜냐하면 그 선별이 자유롭다면 수렁에 살든, 진개창에 살든 아무런 관계가 없다는 것이 아니다. 삶은 지고한 뜻을 갖고 살아야 함을 부촉하신 것이다.

부처님은 깨달음의 지견을 열어주시어 청정함을 우리 마음 속에 함양하기를 가르치신다. 지견이 청정이라고 하셨다. 해맑은 명징이 우리의 마음이다. 마음의 맑음에서 솟아나는 지혜는 모든 어둠과 간난을 무찌를 수 있다. 이것은 슬기의 빛이 모든 어둠을 치유하는 여래성을 의미하는 것이다.

우리는 불지견(佛知見)이 성성적적한 마음임을 가리킨다. 옛날 사람들도 어둠은 귀신이 사는 곳이라 하였다. 마구니나 악마는 언제나 암흑의 나락에서 살면서 우리들을 컴컴한 함정으로 끌어들이려 한다.

그러므로 부처님은 우리의 마음이 청정히 되어야 함은 물론 그 청정이 부처님의 지견이 되어야 함을 일러주고 있는 것이다. 그리하여 우리들 중생이 부처님의 지견을 직시하여 앞으로는 어떤 어려움이 닥치더라도 중생심으로 살 수 없다는 각오를 갖도록 하는 것이다. 지견의 보리심을 깨닫도록 함이란 한 단계 높이면 부처님의 지견으로 생활하게 함이다. 이것은 바로 부처님의 생활이 중생의 생활이 되어야 함을 말한 것이다. 이 얼마나 엄청난 발상인가. 그러므로 그것은 일대사 인연인 것이다.

부처님의 일을 불사(佛事)라고 한다. 이 불사는 불일대사(佛一大事)를 줄인 말일 것이다. 부처님만이 하는 일이 불사인 것이다.

그런데 그 불사를 우리들 중생이 마음 놓고 마음 먹은 대로 행하지 않는다. 중생이 하는 불교적 모든 일은 불사인 것이다. 부처님도 중생도 한결같이 불사를 하는 것이다.

부처님이 우리들에게 불사를 할 수 있는 공용을 주신 것은 부처님의 자비행이며 바라밀의 극치이다. 우리들은 이 세상에 태어나서 인사(人事)도 하기가 어렵다. 하루 세 끼 밥을 먹기 위하여 온갖 잔꾀를 다 부리면서 살아야 하는데, 사특한 행업으로는 도저히 감당하기가 어려운데, 우리들에게 불사(佛事)하시는 힘을 주시고 또한 공덕을 내려주시니 부처님은 유일무이의 세존이시다.

오늘날 부처님께서는 우리에게 불사할 능력을 주시고 불사의 기회를 주시고 있다. 그러면 우리는 얼마만큼의 불사를 하고 있는가.

명검(名劍)을 만들려면 그 쇠를 대장간에 넣어서 몇 번이고 달구어 두들기지 아니하면 보검이 될 수 없다. 완전히 빨갛게 달구어진 쇠덩이를 망치질을 하면 쇳녹이 가셔질 것이다. 쇠똥이 쇠 속에서 완전하게 빠지지 아니하면 명검이 될 수 없다. 잿불에 쇠를 넣으면 쇠가 달구어질 수 없다. 쇠는 작열하는 대장간의 불 속에서 다루어야 한다.

우리들 불교인의 마음도 신앙이라는 강렬한 일대사에서 용솟음치게 하여야 한다. 그 믿음의 용솟음이 쉼없이 발현될 때 불사할 수 있는 책임있는 불제자가 될 수 있다.

불자라는 이름을 물려받은 우리들은 그 수기가 무서운 것이라고 머리와 가슴에 담고 있어야 한다. 광활한 벌판에 솟아나는 보리의 싱그러움, 이것은 믿음의 핵이 일대사의 불사임을 시사하는 생명의 행진이 아닌가.

잘못했으면 고칠 줄 알자

세상이 날로 각박해 간다고 한다. 비가 오지 아니하여 메마른가 모르지만 모두들 하루하루 사는 살림살이가 부드럽게 흐르지 못한다고 한다. 이유가 어디에 있는지는 모르지만 세상 사람들이 저마다 자기 생각은 옳고 다른 사람의 생각이 잘못된 것이라고 판을 박기 때문이리라.

세상에는 여러 가지 유형의 삶이 있기 마련이다. 자기만의 삶을 남에게 요구하는 것은 무리인 것이다. 제멋에 사는 인정이 있어야 한다. 그러한 것이 자연의 이법이다.

그런데 요사이 삶에 대한 진지한 요구들이 만발하고 있다. 정치에는 민주화, 경제에는 균등화, 문화에는 편파성의 문제 등이 곳곳에서 일어나 서명을 하는가 하면 머리에 띠를 두르고 구호를 외치고 또한 '우리는 KBS 방송을 보지 않습니다.'라는 따위의 표딱지를 대문 앞에 붙이고 생야단을 부리고 있다.

모두가 삶의 방향을 바르게 찾고자 하는 몸부림인 것이다. 사람이 살아가는 데 있어서 어느 누군가 길을 가로막는다면 그 막음을 박차고 나가든가 돌아가든가 하는 방법이 있을 것이고, 아니면 왜 내 길을 막는가 하고 따져 물으며 서로 담론하여 막는 자와 막힌 자가 풀어나가야 할 것이다.

　그런데 막는 것을 힘으로 밀어부쳐 나가면 쌍방이 상하게 될 것이고, 돌아가면 그 길은 상당히 오랜 시간이 걸릴 것이다. 박차고 나가는 길이나 돌아가는 방법은 어쩌면 옳지 않을 경우도 있다.

　다시 말하면 방향이 바뀌게 되면 처음 하려 하였던 의도대로 되지 않기 때문에… 그러므로 막는 자와 막히는 자가 같이 담론하여 서로가 이해할 수 있는 길로 나아가게 하여야 할 것이다.

　조금 방향을 바꾸어 말해보면, 사람은 살아가다 보면 짜증도 나고 불편도 있기 마련이다. 하루의 삶에 있어서 짜증스러움도 없고 불편도 생기지 않는다면 그 사람은 성인이 아니면 다른 무엇이다. 우리 불교인은 초견성한 아라한인가, 아니면 모든 것을 여실히 보고 있는 관자재(觀自在)인가, 무엇인가 답답하다. 아니 내가 답답증에 걸린 것인가. 그렇지 않으면 내가 불교의 깊은 뜻을 터득하지 못하고 있는 무골맹충인가.

선(善)의 열매가 익기 전에는
착한 사람도 화를 받는다.
선(善)의 열매가 익을 때에는
착한 사람은 복을 받는다.

악(惡)의 열매가 익기 전에는
악한 사람도 복을 만난다.
악(惡)의 열매가 익을 때에는
악한 사람은 죄를 받는다.

　이것은 『법구경』의 말씀이다. 우리 불교인은 인과론의 심연에 빠져 있는 것인가. 모든 것을 인과의 역사에다 비추어 보고 그것을 체념의 시각에서 해결할 것인가. 이렇게 하는 것이야말로 진실한 불교인의 길이라고 마음 정할 것인가.

부처님께서 말씀하시기를 언제나 모든 일은 때가 있다고 하셨다.

그러면 그때가 언제인가. 오늘의 잘못, 오늘의 불행을 고쳐가야 한다는 의지를 길러야만이 그때가 속히 다가올 것이다.

시간이 약이다. 모든 것은 시간이 가면 해결된다고 생각하는 사고방식이 깊게 뿌리 박히게 된다면 해탈의식도 소멸될 것이다.

해탈이란 현존재에 대한 일체의 고통을 제거하고 불의를 뿌리 뽑아내어야만이 가능한 것이다. 그런데 모든 일을 서둘러 지금 금방 해결하려 면 오히려 분란만 야기될 것이고, 그 일의 풀림이 어렵다고 치부한다면 어느 세월에 그것이 해결될 것인가.

불교는 현재적 고(苦)에 대한 깊은 성찰을 하는 종교이다. 이 현존적 삶에는 짜증스러움과 불행이 뒤따르기 마련이다. 그러므로 항상 문제 해결을 하려고 노력해야 하는데 문제가 있고 불안이, 고통이 있어도 시간이 약이다 라고 하여 뒷짐을 지고 있으면 어느 보살마하살이 해결하여 줄 것인가.

문제를 직시하는 안목이 보살의 눈이요, 고통을 제거하는 것이 바로 보살의 손길이다. 보살은 문제를 찾아나선 구도자요, 해결을 안겨다 주는 구원자이다. 구도자적인 안목과 구원자적인 손길이 없다면 종교는 외면 당할 것이다.

흔히 사람들은 인종의 미덕을 강조하는 경우가 있다. 그러나 문제를 인식하면서 그것을 해결하기 위하여 새로운 방법을 내놓기 위하여 인내하는 것이 미덕인 것이다.

어려움이 있고, 서러움이 있고, 괴로움이 있음에도 불구하고 그

것과는 무관한 관계를 가지면서 그저 가만히 있으면 되고 참으면 된다고 하는 것은 구원자의 의무를 포기한 것이지 인종이 아닌 것이다.

실다운 바른 정법을 구현하기 위하여 백방으로 노력하면서 해결의 일선에서 생명을 바쳐가며 정진하는 것이 인내의 미덕인 것이다.

우리들 불교인은 너무나 양순하다. 자비의 바다에서 잠자고 있는 돌사자이다. 자비는 올바름의 벗이 되는 자(慈)와 불의의 고통에서 건져주는 비(悲)가 있으므로 거기에 생명이 있는 것이다.

이렇게 해도 합장, 저렇게 해도 기도하는 것이 자비의 정도가 아니다. 자비는 오늘의 현실을 진단하는 대의왕(大醫王)의 눈이요, 손이다.

사람은 현실에 살고 있는 생명의 실체이다. 이 생명의 실체는 언제나 자유와 평화를 공기처럼 공급받아야 하고, 음식으로 영양되어야 한다. 그런데 자유로운 공기가 오염되거나 평화로운 음식이 부식되면 사람은 질식하고 병고에 시달리게 된다.

그러므로 보살은 항상 자유가 자재하게 하여야 하고 평화가 변만하게 하여야 한다. 만약 불교인이라고 자처하는 사람이 자유와 평화를 갈구하는 사람에게 화를 미치게 하는 사람이 된다면 그것은 정도에 귀의한 불교인이라고 할 수 없을 것이다.

오늘날 지나치게 내 주장을 하는 부류도 있다. 자기들에게 온갖 편의와 이익이 치우치고 있음에도 불구하고 더 큰 편의와 이익, 단 하나의 이익이라도 모두 자기에게만 와야 된다는 편파적 성향으로 회오리바람을 불러오기도 한다.

그러나 사람이 살고 있는 이 현장에는 올바른 마음가짐으로 사는 사람이 있다는 것도 인정해 주는 겸손도 있어야 한다. 이익과

안녕은 오직 자기 땅에만 이룩되기를 갈구하는 병은 치유되어야
한다.

　한편으로 자비무원(慈悲無怨)이라는 형식적인 울타리에 갇혀 밖
에서 신음하는 많은 사람에게 해결의 눈초리를 돌리지 않는 것도
커다란 악연이 될 것이다. 옳은 것을 칭찬하고, 그른 것을 비판하
는 의식이 자비를 성숙케 하고, 이 땅에 해탈의 의미를 새롭게
인식시키는 길잡이가 될 것이다. 이 길잡이의 지팡이 위에 자유
와 평화를 휘날리는 깃폭을 매달아야 할 것이다.

-대원 86년 5월호-

하고 싶은 대로 함은 자유가 아니다

부처님께서는 다음과 같이 말씀하셨다.

"옛날 '보왕'이라는 임금이 있었다. 이웃나라의 네 임금과 친하게 지냈다. 한 때 이 네 왕을 청하여 큰 잔치를 베풀고 마음껏 먹고, 즐겁게 노닐다가 '보왕'은 친구인 네 왕들에게 다음과 같이 물었다.

'이 세상 사는 동안 무엇이 사람을 가장 즐겁게 하는가요?'

여기에 대하여 모든 왕은 각각 대답하였다. 첫째 왕은 '유희를 즐기는 것이 최상이요', 둘째 왕은 '친척들이 모여들어 음악을 즐기는 것이요', 셋째 왕은 '재물이 한량없이 많아 하고픈 일을 마음대로 하는 것이요', 마지막 왕은 '다들 옳은 말이오. 그러나 애욕을 마음대로 하는 것이 최상이오'라고 하였다.

그러나 '보왕'은 그들의 대답에 부정적인 의사를 표하였다.

'그대들이 말한 것은 모두가 고뇌의 근본이요, 근심의 바탕으로서 한동안은 즐거울 수 있지만 얼마 가지 아니하면 괴로울 것이다. 고요해서 구하는 것이 없고 마음이 청정하여 하나를 지켜 도를 얻는 즐거움이 최상의 것이 되리라'하였다."

옛날의 왕이라 하여 별다른 생각이 있을까마는 평범한 오욕락을 인생의 목적으로 삼는 왕이고 보면 환락을 즐기고, 일가 친척에게만 기쁨을 주는 것이 상당한 쾌감이 될 것이다. 그리고 한량없는 물량을 제 마음대로 부릴 수 있고, 눈 가고 손 닿는 대로 애욕을 누릴 수 있다면 그만한 행복도 없을 것이다.

오늘날도 조금 힘이 생기고 재력이 있으면 환락에 빠져들려고 갖은 애를 쓰는 사람이 많다. 그리고 그 연줄에 매달려 그 힘과 그 재력을 남용하려는 사람들이 줄을 서고 있지 아니한가.

그에 비하여 그 줄을 잡지 못하고 뒤처진 사람들은 언제나 곤고한 생활을 하고, 하루 한 끼의 끼니를 제대로 찾아 먹지 못하여 안간힘을 쓰면서 고생하고 있지 않는가.

누군가 일러 세상은 고르지 못한 것이 현실이라고 했지만 쉽게 불평등한 것이 사라지지 않을 것만 같으며 나아가 그것이 사회의 정의가 될 수는 없다. 이토록 불편부당한 일들에 대해 힘있는 사람들이 바르게 눈뜨고, 재력을 가진 사람들이 나눔의 철학을 깊이 깨달아 실천하도록 한다.

가난한 사람이 나누어 먹자고 고래고래 소리를 지르는 것보다 가진 사람이 가만히 베풂의 손길을 벌리는 것이 급선무이다. 그러나 가진 사람은 더 큰 위력을 움직이려 하고 더 큰 재물을 간탐하려고 눈알을 돌리고 있으니 나약한 사람들이 어디 하나 손을 휘젓고 부여잡을 실끈이 있겠는가.

우리는 '보왕'의 생각처럼 모든 힘이나 재력 그리고 애욕은 고뇌의 사슬이요, 근심의 덩어리임을 자각하여야 할 것이다. 그리하여 사람으로 하여금 고뇌가 생기지 아니하고, 근심이 일어나지 않는 참마음 자리를 깨달아야 할 것이다.

그러므로 '보왕'은 적멸을 추구하고 일심에 정주하려는 마음

을 앞세운 것이다. 적멸이란 무엇인가. 어떠한 대상에 부딪쳐도
마음이 움직여지지 않는 절대무경의 마음을 말하는 것이다. 애욕
이나 권력에도 흔들림 없는 마음을 갖고자 한 것이다.
『법구경』의 한 말씀을 되새겨보자.

사랑하는 사람을 가지지 말라.
미운 사람도 가지지 말라.
사랑하는 사람은 못 만나 괴롭고
미운 사람은 만나서 괴롭다.

사람은 사랑을 확대하고 증장시켜 나가는 속성을 가졌다. 사랑
이 커지면 기쁨이 높아 가기에 이 사랑을 한사코 가지려 애간장
을 태운다.
그런데 『법구경』에서는 사랑하는 사람을 갖지 말자고 한다. 사
랑하는 사람을 찾을 필요를 느끼지 아니함은 동시에 미워하는 사
람, 아니 미워하는 사람조차 마음에 새기지 않도록 하자는 것이
다. 이것은 『신심명(信心銘)』에 있는 말과 같은 뜻이다. 사랑은 만
나야 할 무엇이 선재하는 것이고 미움은 벗어나야 할 것이 있다
는 것을 뜻한다. 그러나 사람은 애증이 강한 것과 마찬가지로 한
번 물들면 그 물을 지우기가 힘든 것이다.
이것은 고도의 수행력을 발휘해야 하지만 보통 사람이 그렇게
쉽게 수행력을 내어 놓을 수 없다. 앞서 네 왕도 자기의 뜻대로
물욕이나 애욕, 권력욕을 남용하였지만 마음을 자재하는 힘은 턱
없이 부족했다.
사람이 이 세상을 살면서 가장 자유롭다고 느낄 때 그 자유는
어디서 오는 것일까. 일체의 권력이나 재력을 마음대로 부릴 수

있으므로 자유가 오는 것일까. 부처님은 단연코 아니라고 대답한
다. 그 자유는 애욕, 아집에서 벗어남이다. 즉,

　　그러므로 사랑을 하지 말라.
　　사랑은 미움의 근본이니라.
　　사랑도 미움도 없는 사람은
　　모든 구속과 걱정이 없나니.

『법구경』은 이렇게 노래하고 있다. 일체의 소유욕에서 벗어나
야 함을 가르쳐주고 있다. 사랑이 미움의 근본이라고 한 것은 공
덕성취로서의 발원일 때 선한 것이거니와, 아직 성취로서의 발원
이 미약할 때는 악함이라는 의미이다.

누구를 위하여 내가 무엇을 시여할 것인가를 항상 염두에 두고
기도하는 마음으로 수행하는 것은 행복이 가슴에 스며들지만, 나
만을 위하여 일체의 환락이 넘쳐나야 한다고 고집하는 것은 불행
의 씨앗이 싹튼다는 것이다.

오늘날 곳곳에서 일어나고 있는 일들을 곰곰이 생각하여 보자.
그 일들은 하나같이 원증과 원결이 먼저 가슴에 짓담겨 있지 않
는가. 마음에 걸림이 없는 일을 내가 하니 이 자재로운 일이 어
느 곳에든 어김없이 이룩되어야 한다는 기도가 없이 파행적으로
옮겨지고 있는 것이다.

그러므로 일을 하는 삶도 억지가 선행하고, 일을 맡기는 사람
도 무리가 앞서고 있다. 억지와 무리가 서로 갈등을 야기하니 그
일을 보는 사람도 가슴이 답답한 것이다.

우리 역사 속에 한 번이라도 사랑하는 마음으로, 미움이 떠난
마음으로 정치가 되어야 하고, 토론이 이뤄져야 한다. 힘과 힘이

대결하고, 돈과 돈이 맞서고, 애욕과 애욕이 뒤엉키면 남는 것은 무엇인가. 거기에는 압력과 저항이 칼과 돌로써 피투성이가 될 것이다.

우리 모두 냉정한 마음으로 돌아가 사랑도 벗어나고 미움도 던져버리고 심무가애(心無罣礙) 무유공포(無有恐怖)의 자리, 즉 반야의 마음에서 오늘을 살피고 내일을 키우자. 그 길은 바로 우리 모두가 하나 되는 길이다. 이 길만이 우리에게 평등한 자유를 줄 것이다. 우리 모두는,

바른 소견과 착한 아(我)를 맞추고
정성된 뜻에, 말은 참되며
스스로 하는 일이 법에 맞으면
그는 많은 사람의 사랑을 받는다.

이 길을 한사코 가야 하며, 이 사랑이 적멸의 사랑임을 자각하여야 한다.

-대원 86년 6월호-

행복과 불행을 가르는 업장

아무리 눈이 밝은 사람이라 하더라도 눈앞에 나타나는 현상에 대해서는 살펴볼 수 있어도 눈 뒤에 있는 일은 분별하거나 헤아릴 수 없다. 또한 인간의 상상력이 아무리 깊고 원대하다 하더라도 무량겁의 시간에다 그 초점을 맞추기가 어렵다. 대강 보고 적당히 추리하고 상상하기도 한다.

그러나 불교는 인간생성의 원초적(原初的) 시각에 자기의 본래면목(本來面目)을 찾게 만드는 것이다. 본래면목의 처음 자리에까지 한 번 내려가보지 못한 사람들은 세상을 살아도 철저한 삶의 역사가 현전되는 것이 아니라 보통의 삶이 되풀이될 뿐이다. 자기 생명의 출발이 이타적 자비행으로 시작되었다면 이 사람의 마음대로 언제나 보살의 행원이 부단히 이어지지만 그 반대로 남을 업수이 여기거나, 남의 고통에 대하여 관심을 갖지 않는 생의 출발이었다면 그 사람은 약간의 아만이나 남을 학대하는 업력이 남아 현현하게 된다.

부처님의 교설은 심심미묘하게 난해한 곳이 많다. 왜냐하면 부처님은 미시적인 무량겁의 업행을 하나 남김없이 밝혀 보이신 분이지만, 우리들 중생은 가시적 시간 속에 유전되는 것도 분간치 못하고 있기 때문이다. 인간은 현실 속에서 생활하려고 바둥대지만 무량한 삼세의 겁시에다 초월의 역사성을 직결시키는 부처님에게 귀의하면서 그 깨달음의 심오성, 완벽성, 지혜성에 우리는 법열을 느껴야 할 것이다.

"부처님이시여, 저는 이 마을의 기름장사입니다. 제가 이곳에서 처음 가게를 열었을 때는 장사가 번창하였습니다. 그런데 이삼 년 전후로는 도저히 기름이 팔리지 않고 지금은 거의 손님이 오지 않습니다. 게다가 기름을 넣어 두었던 큰 독 셋이 어떻게 구멍이 생겼는지 기름이 솔솔 새어나가 지금은 빈독이 되어 버렸습니다.

그런데 저희집 맞은 편에는 형님의 쌀가게가 있는데 어찌나 손님이 들끓는지 이삼 년 사이에 창고가 세 개나 불어났습니다. 사실 형님과 저는 쌍둥이로 태어나 똑같은 일을 하고 똑같은 생활을 하였는데 무슨 까닭으로 형님은 저렇게 번창하는데 저는 실패를 거듭하는지 그 이유가 궁금할 뿐입니다."

부처님께서는 이 기름장사의 현실적 고통과 가난으로 기우는 이야기를 잘 듣고난 다음 기름장사에게 다음과 같이 말씀해 주셨다.

"그대의 괴로움과 비감을 잘 들었다. 참으로 힘들고 어렵겠구나. 그러나 내 말을 잘 들어보고 그대가 왜 가난해졌는가를 알아서 삶에 도움이 되도록 하여라. 그대의 부모는 똑같이 정직하고 성실한 분이었다. 항상 서로 존경하고 화락한 마음으로 살았지만 슬하에 자식이 없어 언제나 쓸쓸하였다. 두 분은 항상 자식이 있었으면 얼마나 좋을까 하고 오랜 세월 동안 자식을 원하고 있었는데 마침 태기가 있어서 너희 두 쌍둥이 형제를 얻게 되었다. 너희 형제를 둔 부모는 기쁨이 한량없고 너희들을 금지옥엽으로 길렀다. 옷, 신, 장난감 등 모두를 똑같이 해주고 귀하게 귀하게 길렀다. 항상 쌍둥이 형제를 데리고 다니면서 좋은 구경도 시키고 나들이도 늘 함께하였다.

그런데 너희 형제가 다섯 살이 되었을 때 수레를 타고 아버지와 함께 시장에 가게 되었다. 아버지는 시장 한복판에 수레를 세워놓고 물건을 사러가고, 너희 형제는 수레 위에서 시장의 요모조모를 구경하게 되었다.

시장을 구경하는 가운데 너희 형제가 보게 된 일이 하나 있었는데, 그것은 늙은 말이 힘겹게 끄는 수레를 본 것이다. 짐은 산더미처럼 실렸고 늙은 말은 힘이 없어 헐떡거리며 괴로워하는데 마부는 사정없이 말을 때리며 욕을 하고 또 막대기로 후려치니 말등에서 피가 나고, 늙은 말은 비틀거리고 하는 비참한 광경을 너희 형제는 처음부터 지켜보았다. 마침 아버지가 시장일을 끝내고 나왔으므로 너희들은 다시 집으로 오게 되었는데 너희 형제는 불쌍한 늙은 말의 고통스러운 광경을 똑같이 보았지만 마음으로 생각하는 것은 똑같지가 않았다.

네 형님은 처음에는 늙은 말이 무거운 짐을 싣고 가는 것을 보고 가엾다고 생각했다. 그 말이 쓰러지고 괴로워하는 것을 보고는, 가여우니 어떻게 도와줄 수 없는가 하며 동정했고, 마부가 막대기로 때려 말이 피를 흘릴 때에는 차마 볼 수 없어 눈을 감고, 마부가 매질을 멈추게 해달라고 마음 속으로 빌었다.

그런데 그대는 그때 이와 같이 생각하였다. 뼈와 가죽밖에 없는 늙은 말이 무거운 짐을 싣고 비틀거리는 것을 보고 재미있다고 박수를 쳤다. 쓰러질 때는 저 늙은 말은 이제 쓸모 없는 것이라 비웃었고, 매질을 당하여 피를 흘릴 때는 그놈의 말 고소하다고 생각하였다. 집에 돌아와서도 네 형은 시장에서 본 늙은 말의 광경이 마음에 비추어져 도대체 밥맛이 없었다. 그런데 너는 아랑곳없이 저녁밥을 맛있게 먹었었다.

세월은 꿈같이 지나갔다. 부모도 돌아갔다. 너희들은 똑같이 재산을 상속하였다. 서로 마주볼 수 있는 곳에 집을 짓고 쌀가게와 기름가게를 내었다. 밖으로 보기에는 너희 형제는 조금도 차이가 있을 수 없었다. 하나는 쌀장사, 하나는 기름가게를 내게 되었기 때문이다. 그러나 지난 과거에 마음 속으로 지은 업이 달랐기 때문에 형은 부자가 되었고, 너는 자꾸만 가난해지는 것이다.

형은 생명있는 것의 고통을 보고 가엾고 슬픈 생각에 용서해 주었으면 하는 착한 마음의 씨 세 가지가 좋은 과보를 가져온 것이고, 한편으로 너는 가엾은 말을 보고 오히려 재미있어 하고, 웃고, 기분좋게 생각했던 세 가지의 사특한 마음이 종자가 되어 세 개의 기름통에 구멍이 나고 손님이 줄어들게 되어 가난하게 된 것이다. 내가 너에게 들려주고 싶은 이야기는 바로 이것이다."

참으로 기이한 일이다. 기름장수의 어릴 때의 일을 환하게 알고 계시는 부처님, 틀림없는 현실이었다. 늙은 말, 휘청거리는 말, 매질당하는 말을 보고 보잘 것 없는 말, 우스운 말, 고소한 말이라고 잘못 보았던 그 현장을 부처님은 꿰뚫어 보신 것이다.

그러한 광경을 보고 웃고 재미있어 한 것이 무거운 업이 되어 기름장수를 할 때 독에 구멍이 나서 가난하게 되었는데 짐짓 그것은 이야기에 불과한 것이라고 웃어 넘기기 쉬운 것이다. 만약 또 부처님의 말씀을 정말 그럴 수 있는가고 의심하거나 또한 업이란 것이 그렇게 오래도록 사람을 따라다니면서 괴롭게 할 수 있을까 하고 지나쳐버릴 수 있을 것이다.

그러나 불교의 업설은 그렇게 간단한 것이 아니다. 그것은 자업자득이라는 소박한 말로 표현되지만 그 의미는 심장한 것이다. 우리들이 하루하루 살아가는 것은 업행의 연속이다. 업의 역사성이다. 업은 의식과 행위의 결과이다.

우리는 가시적 현실성인 업과에 놀래고 있지만 미시적이지만 삼세의 업행을 깨쳐보려는 공부가 있어야 한다. 원초적인 본래 면목의 자리에서 청정성이 현행될 수 있는 자아형성이 있을 때 인간은 불성의 공덕에서 행복을 누릴 수 있을 것이다. 기름장수의 쌍둥이 형제는 우리에게 업력의 시원을 암시하는 화두가 될 것이다.

-대원 86년 7월호-

발심한 선덕화

초파일 저녁 때 귀한 손님을 만났다. 일본 대정대학교 불교과 학생 130여 명이 수학여행차 온 것이다. 숫자가 너무 많기에 꼭 손님이라고 할 수는 없지만 그래도 한국을 방문한 사람들이므로 손님인 것이다.

그들은 인솔교수와 함께 경주 불국사를 참배하고, 법보종찰 해인사를 들러서 부처님 오신 날에 서울에 온 것이다. 그들은 장거리 여행임에도 지친 모습은 볼 수 없고, 서울시내 절마다 거리마다 연등이 걸린 것을 보고 아 이것이 "한국의 불교이구나"라고 감탄하였다.

일본에는 하나마쯔리(花祭)라 하여 양력 4월 8일에 부처님 오신 날을 기념한다고 한다. 그러나 일본의 불탄행사는 꽃 구경하는 것이 주를 이루는 듯 불교와 무관한 듯하다. 일본의 초파일은 사원마다 관욕도 하고 헌등도 하지만 그것은 사찰 경내에만 국한되어 범국민적 행사가 아니라고 한다. 불교인구가 국민의 전체를 차지하고 있으면서도 거리마다 불교적 문화를 차고 넘치도록 만들지 못하는 것은 무엇인가 자문해 본다고 한다.

학생 130명의 눈에 비추인 조계사, 봉은사 등의 휘황찬란한 등불이 그들의 마음을 밝힌다 하니 여간 기쁜 일이 아니다. 이런 저런 환담을 나누다가 '여러분은 불교과 학생이고, 앞으로 스님이 될 터이니 여러분 세대가 힘을 발휘할 때 제등의 문화를 형성해 보는 것이 어떠냐'고 제의하였더니 모두가 꼭 시도해 보아야겠다 는 화답을 얻었다. 정말 반갑고 힘이 솟는 손님 접대였다.

그런데 또 한 손님을 초파일이 지난 목요일에 맞았다. 이 손님 은 자그마한 키에 얼굴이 옹골차게 생긴 여인이었다. 불명이 선 덕화(善德華)라 하고 본명은 신옥(申玉)이었다. 중국 길림(吉林) 도 문(圖們)에서 불교활동을 하고 있는 여성 불교인이었다. 약 1시간 가량 만나서 얘기를 나누었는데 가슴이 아프다. 도문시에다 불교 사찰을 건립하려고 갖은 고생을 마다 않는 여성보살이고 보니….

중국은 신앙의 자유는 보장되었지만 집회결사의 자유는 당국 의 제약을 받는다고 한다. 종교가 자유롭게 허용된다면 그 종교 를 믿는 사람이 한 곳에 모여 집회할 수 있는 자유도 있어야 한 다. 외형적으로 자유가 허용된 듯 선전되기도 하지만 속을 들여 다 보면 한치의 자유도 없고 감시와 제약으로 억누르고 있음을 직시하게 된다.

이와 같은 체제 아래에서 선덕화보살이 발심한 것은 대단한 원 력이다. 그러나 선덕화보살의 눈앞에 나타난 한국불교계는 정말 극락천지라고 한다. "마음 속에서만 그리는 극락세계가 한국 곳 곳 어디에 가든지 나타나고 있으니 이 얼마나 복된 생활을 누리 고 있느냐"고 부러움이 가득찬 눈으로 말하고 있다.

선덕화 보살은 조선족 교포 가운데서도 불교를 믿었던 사람이 있다고 말한다. 광복 이전에 수월(水月) 스님이 두만강변에 행화 한 전설적 이야기를 알고 있는 사람도 있지만 지금은 종교생활에 빠져 들 수 있는 여유를 가질 수 없다고 한다.

그러나 중국을 방문한 많은 한국 사람들을 보니 자유의지, 신앙의식이 잠재적으로 발생하게 되는 사람도 있다고 한다. 이러한 감정이 이미 선덕화 보살 앞에 먼저 발홍하였을 것이다. 조용조용하게 말하는 것을 듣고 보니 '이 사람은 마음 깊은 곳에 믿음의 세계가 자리하고 있구나'하고 느껴졌다. 이러한 것은 감상적인 표현만은 아니다.

나는 이 보살이 꼭 도문에다 화엄사를 창건하기를 바란다.

왜냐하면 경제대국이요, 불교국가라고 하는 일본에서는 초파일 행사가 하나마쯔리라고 축소되어 있는 데 비하여 종교가 존립할 수 없는 길림에다 불교를 뿌리내리게 하려는 서글픈 대조를 보면서 그 원력에 거듭 찬사를 보냈다.

이미 있는 곳에서 새롭게 한다는 것은 기성의 문화습속의 위력에 매몰되고 말 것이다. 그러나 불모지인 길림에다 절을 짓는다는 것은 먼저 중국 정부의 허락이 있어야 한다. 공산국가로서 종교는 아편으로 간주되는 나라에서 어떻게 허가를 받을 수 있을는지…. 그러나 조그만 몸매를 이끌고 다니면서 관공서 출입을 매일같이 하면서 끝내 허가를 받아내었다 하니 선덕화 보살의 원력이 얼마나 성스러운 것인가.

부처님께서 말씀하셨다. "부루나여, 수로나 나라 사람이 포악하고 살상을 일삼는 사람들인데 어찌 그처럼 흉폭한 나라에 전법하려고 하느냐."고 하셨을 때 부루나는 "그 나라 사람들이 흉폭하고 살상하더라도 불법보다 더 고귀하고 유일한 법이 없으므로 수로나 국에 전법하러 가겠습니다라고 대답했다."

이것이 전법하는 사람에게 던져주는 순수하고 열렬한 마음의 자세요, 신앙의 정도일 것이다.

선덕화 보살이 황무와 같은 벌판에, 삭풍만 불고 폭설만 내리는 길림에다 부처님의 빛을 내리려고 원력을 세운 것은 현대판

부루나일 것이다.

우리 여기 살고 있는 불자여, 법사여, 안이하게 전법할 것인가. 그저 상식선에서 전법하는 법사로 안주할 것인가. 아니면 선덕화 보살이 발심하고 발원한 것처럼 신명을 다하는 마음으로 전법의 여래사(如來使)가 될 것인가. 기성사회의 물림으로 승계하는 신앙문화는 박진감이나 성취감이 없다.

무에서, 절대금지 사회에서 하나씩 하나씩 만들어 내는 신앙조직은 위대한 발심이 아니고는 불가능한 것이다. 이 불가능의 사회, 인간의 실존적 질곡이 연속되는 시간과 공간 속에다 신앙의, 부처님의 혜명을 꽃피우려는 선덕화의 위력은 화엄의 바다에 연꽃을 피우게 하는 순후하고 무구한 보살 정원사(菩薩庭園師)로 탄생하게 될 것이다.

믿음은 부유와 풍요의 꽃이 아니라 핍박과 죽음 속에서 생명을 싹트게 하는 씨알이고 뿌리인 것이다. 씨알 없는 뿌리 없고, 뿌리 없는 꽃과 열매가 없을 것이다. 길림의 씨알이여, 보살이 되어 화엄바다에 연꽃이 만발하게 하소서.

삶의 질 유감

한국사회에 새로운 말이 대두되었다. 언제나 유행어가 나돌게 되는 현실에 비추어 이번에 대두된 말은 상당한 상징성이 있다. 철학적인 의미가 내재되어 있는 말이기도 한다. 삶의 질을 높이자고 하는 말이다. 삶의 질을 높인다는 것은 먼저 삶이 무엇인지가 잘 이해되지 아니하면 안 되고 질이라는 문제도 윤리적 차원에서 재고되어야 할 것이다. 보통 질이라고 할 때는 자연물이나 공산품은 그 물산에 대하여 양질의 성향이 되지 않으면 안 될 것이다.

물건이 짜잘하거나 변질되었거나 골았거나 썩었거나 하면 좋은 생산품이라 할 수 없다. 공산품도 매한가지다. 영구히 사용할 수 있는 공산품이 아니라면 양질의 기구라고 할 수 없다. 그러므로 질에 우선하는 성향은 누구라도 기호의 성향이다. 그러나 삶의 질이라고 할 때는 물건과는 전혀 딴판으로 해석하지 아니하면 안 될 것이다. 일반적으로 삶이란 사람들이 생활하는 살림을 말한 것이다. 살림이란 사람이 살아가는 인생의 문제인 것이다.

인생은 함부로 살거나 무작위하게 사는 것이 아니다. 언제나 살림에 대하여 자기 살림과 남의 살림이 서로 호의적으로 상응하도록 하여야만 한다. 제 살림에만 국집하여 나아간다면 다른 사람에게 피해를 주는 경우가 야기된다. 강자 위주의 생활이 되어야 한다고 말하는 사람도 있긴 하지만, 약자의 살림에 대하여 관심을 소홀히 한다면 약육강식의 먹이 사슬이 작동하게 된다.

그러므로 살림이란 말은 상호적 생명의식의 존엄성이 발현되어야 한다. 그러한 입장이 서지 않으면 핍박과 전멸의 행위가 부단하게 일어나게 된다. 이러한 악한 행위의 억압이 화평으로 이루어지려면 윤리적 묘법이 생활상에 자연스럽게 발현되어야 할 것이다. 삶의 질을 높이는 것이 정법의 윤리로 체계화되지 않는다면 그것은 경제 생활의 윤택한 삶의 질을 앙고(仰高)시키는 것으로 둔갑할 여지도 있을 것이다.

이러한 점에서 보면 '삶의 질'이란 인간이 도덕적·윤리적인 가치 위에서 고양되어야 한다는 것이 전제되어야 할 것이다. 왜냐하면 인간의 삶의 질이란 경제적 풍요만을 의미하는 것에 절대적으로 부합시킬 수 없기 때문이다.

그러므로 현금 대두된 삶의 질을 높이는 것은 도덕적·윤리적·민족적 문화의식으로 재고되지 아니하면 불가능할 것이다. 여기에 대하여 우리 한국인은 무슨 종교를 신앙하고, 그 교육의 수준이 어떠한 입장에 있고 윤리적 생활이 선질의 위치에 환원되어야 하며, 또한 새로운 민족적 자긍심을 앞세우는 한국인의 역사의식이 훈습되어야 한다. 삶의 질은 역사 속에서 우리 민족이 어떻게 고양하여 왔는가를 점검하고 자존심 있는 민족으로 성장 발전할 때 타민족이 넘보지 않는 민족으로 살아갈 것이다.

우리는 불교적 입장에서 민족사관을 살리는, 그리하여 물질적·문화적 '삶의 질'을 높이는 국민이 되어야 한다는 사실을 잊어서는 안 될 것이다.